이래호의 중국 이야기
差不多 · 1

이래호의 **중국 이야기·1**

差不多
차 부 다

한솜미디어

서문

#1. 중국의 사회·경제에 남들보다 조금 일찍 눈을 떴습니다. 90년대 초 타이완을 처음 다녀온 뒤 중국에 관심을 갖기 시작하였습니다. 무작정 중국에 가고 싶었습니다. 처음엔 중국이라는 나라가 저에게 세상의 모든 것을 다 가져다줄 현실의 보석이라 생각하였습니다.

마음속의 변화를 실천으로 옮기는데 긴 시간이 걸리지 않았습니다. 30, 40대 청춘과 꿈을 중국에 쏟아부었습니다. 중국에 대한 도전은 좋았지만 IMF라는 반갑지 않은 손님이 제 갈 길을 막았습니다. 북경올림픽을 대비하여 시작한 북경사업까지도 실패해 실패의 경험 보따리를 안고 귀국하였습니다.

중국에서 귀국 후 최소한의 생계로 시작한 작은 사업이 마침 운 좋게 잘 풀렸습니다. 한편으론 체계적으로 중국에 대해 공부를 하였습니다. 대학에 초빙되어 겸임교수로 중국 관련 강의도 7년 넘게 하였습니다. 또 각종 국제세미나, 교육단체, 기관 등에 초청강의도 많이 하였습니다. 2009년엔 중국 지역연구 최초의 도서라고 자긍심을 가진 『산동성에서 장보고를 만나다』도 출판하였습니다. 주재원 현장 경험과 대학강의, 저서 등 이론과 실무를 경험한 중국통, 중국인보다 더 중국 사회를 이해하는 중국 전문가라는 소리를 듣게 되었습니다.

#2. 이 정도면 더 이상 중국 관련 스토리를 만들지 않아도 되는데, 최근 가슴 한 곳에 중국이 다시 저를 부르는 것 같은 느낌을 받았습니다.

한중 수교 이후 정상적으로 외국에 자본을 투자하고 중국 현지에서 법인을 설립한 저는 중국 투자 1세대 혹은 1.5세대 범주에 속합니다. 그리고 한중 수교 이후 중국에 거주하는 한국인에 대한 연구는 제가 처음 시작한 것으로 자평하고 있습니다. 한중 수교의 역사 초기부터 현장에 근접해 중국을 보아온 제가, 다시 중국 속의 한국 이야기를 연구하고 싶습니다. 한국을 대표하여 중국 속의 한국인 사회, 문화를 정리하는 저의 미래를 그려 봅니다.

한중 수교 이후 중국 속 한국인의 역사는 이래호가 증인이 되고 싶습니다. 이 분야만큼은 주류가 되고 싶습니다. 꿈은 이루어진다고 하였습니다. 이 꿈은 저에게는 만족이지만 넓게 보면 누군가 정리해야 할 한중 관계의 소중한 자료가 될 수 있으니 귀중하고 보람된 일이 아닐 수 없습니다. 꿈이라도 이런 꿈을 꾸고 있으니 얼마나 좋습니까?

#3. 중국 관련 책을 쓰다 보니 제목도 조금 웃습니다. 『이래호의 중국 이야기 차부다(差不多)』. 왠지 저를 닮은 것 같기도 해서 정이 갑니다.

'차부다'라는 거창한 명사를 넣으니 대단한 중국 이야기 같지만 사실 제목 그대로 이래호가 쓴 그렇고 그런 중국 이야기라는 내용입니다.

이 책의 주요 내용은 중국과 중국인의 생활 속에 소소하게 일어나는 작은 소재를 가지고 흥미 있게 풀어쓴 단편 내용입니다. 머리를 질끈 매고 읽거나 그렇다고 밑줄 긋고 읽을 내용도 아닙니다. 대학에서 리포트로 인용할 내용이 있는 도서도 아닙니다. 중국 여행을 가거나 근무 중 잠시 휴식을 취할 때 가벼운 마음으로 어떤 소재를 선택해 한 편씩 읽어보아도 되는 내용입니다.

고마운 동기는 페이스북입니다. SNS의 영향력이 커짐에 따라 주 2회 정도 '이래호의 중국 이야기'를 꾸준히 게재하다 보니 1년이 지나자 130회가 넘었습니다. 그냥 정리하려고 하였다면 중도에 포기했을 것입니다. 그런데 페이스북의 눈과 귀와 입을 의식하니 부족한 내용은 나 스스로도 많은 책을 보게 되었으니 일거양득이 되었습니다. 내년에는 중, 그 다음해에는 하권도 출판할 당찬 약속을 합니다.

내 인생은 차부다처럼 그저 그런 삶은 되지는 않아야 될 텐데 하고 되새겨 봅니다. 빈 그릇(孟空)을 제 스스로 채울 것인지, 타인이 채워줄 것인지 어리석음을 알고도 지키고(守愚) 있습니다.

  이 책의 출간을 위해 도와주신 한솜미디어 편집팀에 감사드립니다. 그리고 가끔은 아빠와 중국어로 대화를 하면서 엄마를 놀리는 딸 띨띨이와 아내와 함께 이 출판의 기쁨을 함께 나누고자 합니다.

이래호

목차

서문 _ 6

첫 번째 이야기

흥미감락(興味感樂) 중국

1. 중국 입문 _ 20
2. 중국을 가장 중국답게 표현한 것 _ 22
3. 중국에 인구가 많은 이유 _ 24
4. 중국 건국 기념일 _ 26
5. 중국의 고층 빌딩 _ 28
6. 중국인의 평균 지능지수(IQ) _ 30
7. 세계에서 가장 빠른 엘리베이터 _ 32
8. 중국의 부처님 오신 날 _ 34
9. 중국의 4대 기서(奇書) _ 36
10. 중국의 4대 미인(美人) _ 38
11. 중국인의 숫자 스케일 _ 40
12. 중국어 통역 이야기-1 역관(譯官) _ 42
13. 중국어 통역 이야기-2 노걸대(老乞大) _ 44
14. 중국어 통역 이야기-3 물건 값 흥정하기 _ 46
15. 중국이 쏘아올린 우주선 선저우(神舟) 8호 _ 48
16. 중국의 최초 우주인-1 양리웨이(楊利偉) _ 50

17. 중국의 최초 우주인-2 양리웨이와 중국요리 _ 51

두 번째 이야기
차부다가 본 중국 강산도(江山島)

18. 중국의 5대 명산-1 황산(黃山) _ 54
19. 중국의 5대 명산-2 무이산(武夷山) _ 56
20. 중국의 5대 명산-3 노산(盧山) _ 58
21. 중국의 5대 명산-4 아미산(峨嵋山) _ 60
22. 중국의 5대 명산-5 태산(泰山) _ 62
23. 중국 성(省) 지명의 유래-1 옛 도시 이름의 인용 _ 66
24. 중국 성(省) 지명의 유래-2 자연 이름의 인용 _ 68
25. 중국 강(江) 이야기-1 황허(黃河) _ 70
26. 중국 강(江) 이야기-2 양쯔강·장강(揚子江·長江) _ 72
27. 중국의 섬 이야기-1 하이난 섬(海南島) _ 75
28. 중국의 섬 이야기-2 충밍 섬(崇明島) _ 77
29. 중국의 섬 이야기-3 헝친다오 섬(橫琴島) _ 79

세 번째 이야기
여유(旅遊)가는 중국

30. 주중 한국 영사관 _ 82
31. 여권(旅券)과 비자(査證) 이야기 _ 84
32. 한국을 관광하는 요우커(遊客) _ 87
33. 고속철도 개통으로 베이징과 상하이는 일일생활권 _ 89

34. 랜드마크 이야기-1 국가의 상징 _ 92
35. 랜드마크 이야기-2 도시의 상징 _ 94
36. 베이징의 랜드마크-1 베이징의 현대 건축물 _ 96
37. 베이징의 랜드마크-2 2008년 올림픽 주경기장(鳥巢) _ 99
38. 베이징의 랜드마크-3 국가대극원(國家大劇院) _ 101
39. 베이징의 랜드마크-4 중국중앙방송국(CCTV) 사옥 _ 103
40. 베이징의 랜드마크-5 베이징 수도국제공항 _ 105
41. 베이징의 랜드마크-6 베이징 지하철 _ 107
42. 제주도에 있는 중국 이야기-1 제주 산지천 중국 피난선 _ 109
43. 제주도에 있는 중국 이야기-2 서복(徐福, 서불) _ 111
44. 도시 국가-1 홍콩과 마카오 _ 113
45. 도시 국가-2 홍콩의 역사 _ 115
46. 도시 국가-3 홍콩의 유명 대학 _ 117
47. 도시 국가-4 마카오의 간략한 역사 _ 119
48. 도시 국가-5 마카오 관광 _ 121
49. 중국 주석 집무실 중난하이(中南海) _ 123

네 번째 이야기
눈으로도 취하는 중국술

50. 한·중·일 술 문화-1 건배(乾杯) _ 126
51. 한·중·일 술 문화-2 대표적인 건배사 _ 128
52. 한·중·일 술 문화-3 건배를 세 번 하는 이유 _ 130
53. 중국술 배갈 이야기-1 배갈의 의미 _ 132
54. 중국술 배갈 이야기-2 배갈의 탄생 _ 134
55. 중국술 배갈 이야기-3 배갈의 대명사 이과두주(二鍋頭酒) _ 136

56. 중국술 배갈 이야기-4 베이징 홍성 이과두주 _ 138
57. 박정희와 마오쩌둥-1 배갈의 중국 _ 140
58. 박정희와 마오쩌둥-2 막걸리의 한국 _ 142
59. 중국술 이야기-1 중국술 입문 _ 145
60. 중국술 이야기-2 중국술의 종류 _ 147
61. 중국술 이야기-3 중국 8대 명주 _ 149
62. 중국술 이야기-4 오량액(五糧液) _ 151
63. 중국술 이야기-5 오량액 제조비법 _ 153
64. 중국술 이야기-6 오량액 스토리텔링 _ 155
65. 중국술 이야기-7 공부가주(孔府家酒) _ 157
66. 중국술 이야기-8 공부가주 술맛 _ 159
67. 중국술 이야기-9 술병이 아름다운 공부가주 _ 161
68. 중국술 이야기-10 죽엽청주(竹葉靑酒) _ 163
69. 중국술 이야기-11 죽엽청주 유래 _ 165
70. 중국술 이야기-12 중국 3대 명주 수정방(水井坊) _ 167

다섯 번째 이야기
중국 명절 이야기

71. 중국의 신년(新年) 인사 _ 170
72. 중국의 연말(年末) 인사 _ 172
73. 설 이야기-1 한·중·일 설날 음식 _ 174
74. 설 이야기-2 중국의 춘절 휴가 1개월 _ 176
75. 설 이야기-3 중국의 작은설 _ 178
76. 설 이야기-4 세뱃돈 스토리 _ 180
77. 설 이야기-5 춘련(春聯) _ 182

78. 추석 이야기-1 월병(月餅) _ 184
79. 추석 이야기-2 월병과 소득세 _ 186
80. 추석 이야기-3 월병 포장법 _ 188
81. 추석 이야기-4 황금 월병 _ 190
82. 동국세시기(東國歲時記)와 형초세시기(荊楚歲時記) _ 192
83. 용띠 해 용(龍) 이야기-1 용의 특징 _ 194
84. 용띠 해 용(龍) 이야기-2 용의 상징 _ 196
85. 용띠 해 용(龍) 이야기-3 등용문(登龍門)의 유래 _ 198
86. 주역(점) 이야기-1 미신(迷信)과 일상생활 _ 200
87. 주역(점) 이야기-2 미신(迷信)과 주역(周易)의 해석 _ 203
88. 주역(점) 이야기-3 중국에서 점(占)의 발전 _ 205
89. 주역(점) 이야기-4 점(占)의 종류 _ 207
90. 주역(점) 이야기-5 사주팔자(四柱八字) _ 209
91. 주역(점) 이야기-6 토정비결(土亭秘訣) _ 211

여섯 번째 이야기
중국학 노트

92. 포항제철의 박태준과 중국의 덩샤오핑 _ 216
93. 중국의 역대 지도자 _ 218
94. 중국의 6세대 지도자 7080세대 _ 220
95. 중국의 권력기구-1 전국인민정치협상회의 _ 222
96. 중국의 권력기구-2 전국인민대표대회 _ 224
97. 지도전쟁-1 중국과 한국의 이어도 해상 관할 분쟁 _ 226
98. 지도전쟁-2 중국과 일본의 해상 영토 분쟁 조어도 _ 228
99. 지도전쟁-3 조어도 역사 _ 230

100. 지도전쟁-4 조어도 분쟁의 시작 _ 232
101. 지도전쟁-5 중국의 북한 황금평 특구개발 _ 235
102. 중국 77학번, 한국 58년 개띠생-1 대학입시 제도 _ 238
103. 중국 77학번, 한국 58년 개띠생-2 대학 진학 방법 _ 240
104. 중국 77학번, 한국 58년 개띠생-3 엘리트 77학번 _ 242
105. 중국 77학번, 한국 58년 개띠생-4 77학번 유명인사 _ 244
106. 88올림픽과 중국 국민소득 _ 246
107. 중국의 부자도시 _ 249
108. 중국의 최저임금 _ 252
109. 브릭스(BRICS)를 아시나요? _ 255
110. 중국 화폐 이야기-1 화폐 종류 _ 258
111. 중국 화폐 이야기-2 화폐 인물 마오쩌둥 _ 260
112. 주식 이야기-1 중국의 증권거래소 _ 262
113. 주식 이야기-2 주가 상승과 하락을 나타내는 색상 _ 264
114. 주식 이야기-3 한국·중국·일본 주식 _ 266
115. 주식 이야기-4 주가상승장 소(牛), 주가하락장 곰(熊) _ 268
116. 주식 이야기-5 주식시장에 소와 곰이 등장하게 된 배경 _ 270

일곱 번째 이야기

한자를 알면 세계가 보인다

117. 알아야 면장(面牆)을 하지 _ 274
118. 성기(星期) _ 277
119. 일요일의 유래 _ 279
120. 미국에 간 중국의 고사성어-1 클린턴의 고사성어 _ 280
121. 미국에 간 중국의 고사성어-2 오바마의 고사성어 _ 282

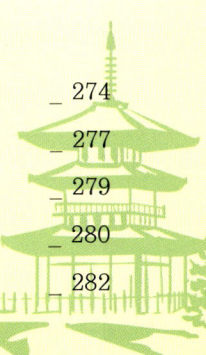

122. 차부뚜오(差不多)-1 차부다(差不多)의 의미 _ 284
123. 차부뚜오(差不多)-2 호적(胡適)의 차부다 선생 _ 287
124. 차부뚜오(差不多)-3 차부다 선생의 중국생활 _ 289
125. 이런 한자 乒乓 보셨나요? _ 292
126. 서울의 중국어 표기 _ 295
127. 외래어의 중국 개명 _ 297
128. 한자로 표현하는 감탄사 _ 299
129. 바둑 프로기사와 한자 _ 301
130. 숫자 0(零)에 대하여 _ 303
131. 숫자 8(八)에 대하여 _ 305
132. 하늘의 숫자, 황제의 숫자 9(九) _ 307
133. 10월 10일 타이완 국경일의 유래 _ 309
134. 우공(盂空) _ 311

여덟 번째 이야기

음식은 중국이다

135. 중국인이 좋아하는 한국요리 _ 314
136. 중국요리 화과(火鍋) _ 317
137. 중국요리 모기 눈알-1 재료 수집 _ 319
138. 중국요리 모기 눈알-2 양식 모기 _ 321
139. 중국요리 곰 발바닥 _ 323
140. 중국요리 불도장(佛跳牆) _ 325
141. 중국요리 기스면(鷄絲麵) _ 327
142. 중국요리 마파두부(麻婆豆腐) _ 329
143. 중국의 엽기음식 _ 332

144. 순대 이야기-1 요리법 _ 334
145. 순대 이야기-2 순대의 역사 _ 336
146. 순대 이야기-3 한국 순대의 역사 _ 338
147. 순대 이야기-4 선짓국 _ 341
148. 만두 이야기-1 한국만두와 중국만두 _ 344
149. 만두 이야기-2 만두피와 만두소 _ 346
150. 커피 이야기-1 중국과 스타벅스 _ 349
151. 커피 이야기-2 중국과 스타벅스 CEO _ 351
152. 커피 이야기-3 스타벅스 중국어 _ 354
153. 가비를 좋아한 임금-1 커피의 중국말 _ 356
154. 가비를 좋아한 임금-2 커피 마니아 고종 _ 358
155. 가비를 좋아한 임금-3 커피의 한국 전래 _ 361
156. 가비를 좋아한 임금-4 최초의 야외 커피숍 정관헌 _ 363

※ 일러두기 : 이 책 내용의 중국어 발음은 표준국어대사전 외래어 표기로 하였습니다. 그러나 일부는 한국인에게 익숙한 한자 발음을 그대로 사용하였습니다.

첫 번째 이야기

흥미감락(興味感樂)
중국

중국 입문 ▮ 중국을 가장 중국답게 표현한 것 ▮ 중국에 인구가 많은 이유 ▮
중국 건국 기념일 ▮ 중국의 고층 빌딩 ▮ 중국인의 평균 지능지수(IQ) ▮
세계에서 가장 빠른 엘리베이터 ▮ 중국의 부처님 오신 날 ▮
중국의 4대 기서 ▮ 중국의 4대 미인 ▮ 중국인의 숫자 스케일 ▮
중국어 통역 이야기 ▮ 중국이 쏘아올린 우주선 선저우 8호 ▮ 중국의 최초 우주인

CHAPTER 001 중국 입문

중국의 정식명칭은 중화인민공화국(中華人民共和國)입니다.

세계 4대 문명의 발생지답게 중국의 역사는 수천 년 이어오고 있습니다. 장구한 역사만큼 나라(왕조) 이름도 하, 은, 주나라에서 당, 송, 원, 명, 청나라에 이르기까지 소멸과 신생의 반복으로 짧게는 수십 년에서 길게는 수백 년에 이릅니다.

현재의 국호는 1949년 10월 1일 선포되었습니다. 이제 63년이 되었습니다. 인생으로 비유하자면 귀가 순해진다는 뜻으로 어떠한 사안에 대해 경지에 이른다, 도달한다는 이순(耳順)의 나이입니다.

수도는 베이징(北京 북경)으로 인구 1천만이 넘는 세계적인 도시이자 중국의 정치 중심 도시입니다. 국토 면적은 남·북 길이가 5,500Km이며, 동·서 길이가 5,200Km로 남한의 96배, 한반도의 44배입니다.

아시아 동부에 있는, 세계에서 면적이 4번째로 큰 나라입니다. 중국과 접경하고 있는 국가도 한반도를 비롯하여 러시아, 몽골, 인도, 파키스탄 등 14개국입니다.

홍콩과 마카오의 특별행정구 2개, 베이징시, 상하이시, 텐진시, 충칭

▲ 조선족이 가장 많이 거주하는 옌지시(延吉 연길시)

시 등 4개의 직할시 네이멍구(내몽고), 광시장족(광서장족), 신장웨이우얼(신강유오이, 신장위구르), 닝샤후이족(영하회족), 시짱(서장: 티베트) 자치구 등 5개의 자치구 그리고 타이완을 제외한 22개의 성으로 구성되어 있습니다.

면적이 큰 만큼 민족 구성도 다양하여 약 93%를 차지하는 한족과 기타 55개의 소수민족이 있습니다.

▼ TIP

※ 동북 지린성 연변 지역에 많이 거주하고 있는 조선족도 55개 소수민족 중 하나입니다. 조선족이 많이 거주하는 연변 지역은 조선족 자치주로 지정되어 조선족이 중심이 되어 도시의 사회·행정·문화 등을 자치 관리하고 있습니다.

CHAPTER 002 중국을 가장 중국답게 표현한 것

　　　　　　　　　　　중국은 1949년 10월 1일 건국되었습니다. 이때의 지도자는 마오쩌둥(毛澤東 모택동)입니다. 1976년 문화대혁명이 끝난 후 1978년 덩샤오핑(登小平 등소평)이 최고 권력자로 등장하면서 개혁개방을 시행하였습니다.

개혁개방을 한 지 약 34년이 지난 최근 중국은 소위 G2라 하여 세계 최대의 경제 영향력을 가진 국가로 성장하였습니다. 19세기 중·후반 아편전쟁을 전후로 하여 열강의 유럽 국가들에게 적지 않은 수모를 당한 중국이 건국 후 63년 만에 세계의 정치와 경제를 변화시키고 있습니다.

63년의 세월이 흐르는 동안 중국이라는 나라의 가치와 무게의 변화를 표현한 내용을 전문도서에서 읽은 적이 있어 소개합니다.

이 용어를 사용한 저자가 기억나지 않아 내용만 소개합니다.

1) 1949년 중국 건국시기입니다. '사회주의만이 중국을 구할 수 있다.' 이 말의 뜻은 사회주의가 중국 건국의 이념이고 사회주의가 중국을 지탱하는 힘으로 해석할 수 있습니다.
2) 1979년 개혁개방을 선포한 후의 시기입니다. '자본주의만이 중국

을 구할 수 있다.' 개혁개방의 성공 요인은 자본주의 국가의 중국 투자가 절대적 영향을 차지합니다. 그런 까닭에 이 말뜻은 중국에 투자하라. 중국은 세계의 자본을 받아들이겠다는 뜻으로 해석됩니다.

3) 1990년대 중국의 고속 경제성장 시기입니다. '중국만이 사회주의를 구할 수 있다.' 지금 중국은 경제성장 결과 그 영향력이 사회주의 국가의 중심이 되었습니다. 따라서 이 말뜻은 지구상에 몇 개 남지 않은 사회주의 국가의 맏형이 중국이다 하여도 이의를 제기할 명분이나 대안이 없는 뜻으로 해석됩니다.
4) 2010년대 이후 세계경제 대국으로 부상한 시기입니다. '중국만이 자본주의를 구할 수 있다.' 고도의 경제성장 결과 이제 세계경제의 흔듦은 중국이 절대적입니다. 이 표현은 중국의 경제가 세계경제의 기준이 되었다는 뜻으로 여겨집니다.

위의 네 가지 표현에 대해 각각 해석을 하다 보면 자만과 교만일 수도 있고 또 다른 방향으로 해석하면 당당한 자신감일 수도 있습니다. 그러나 분명한 사실은 무시할 수 없는 중국이 아니라 세계 정치, 경제의 중심이 중국이라는 것에 다른 국가도 크게 이의를 달지 않는다는 사실입니다.

CHAPTER 003 중국에 인구가 많은 이유

중국 인구는 2011년 기준 약 13억 5천만 명입니다. 세계에서 인구가 가장 많은 국가입니다. 통계기관에 따라 14억이라고 발표하는 곳도 있고, 13억이라고 하는 자료도 있습니다. 1~2백만 명도 아닌 한국 인구 전체인 5천만 명을 중국에서는 가볍게 늘였다 줄였다 하는 통계를 보니 역시 대국답습니다. 그 뒤를 인도가 약 11억으로 2위를 차지하고 있습니다.

2011년 11월 기준 세계 인구 약 70억 중 중국이 20%를 차지합니다. 그러고 보니 세계 각국의 공항에서 5명이 줄을 서면 그중 1명꼴로 중국인을 만나게 되는 이론이 성립됩니다.

인구가 많은 만큼 도시 규모도 대단합니다. 1천만 이상인 도시가 충칭시(2천 8백만 명), 상하이시(1천 8백만 명), 베이징시(1천 6백만 명), 청두시(1천 2백만 명), 텐진시(1천 1백만 명), 광저우시(1천만 명)로 6곳이나 됩니다. 이 6곳의 도시 인구만 1억 명입니다.

더 놀라운 사실은 충칭시 + 상하이시 = 한국 인구와 비슷하다는 겁니다. 두 도시 인구가 남한 인구와 비슷하니 이들이 살고 있는 도시 면적은 얼마나 될까 상상이 갑니다. 그리고 중국에서 인구가 가장 많은 성(한국

▲ 언제나 수많은 사람들로 붐비는 왕부정 거리

의 도(道) 단위 행정기관)은 허난성, 산둥성, 광둥성 순으로 각각 약 1억 명 전후입니다. 성 하나가 국가라는 표현에 놀라지 않을 수 없습니다.

한국과 가까운 산둥성(성도 제남, 칭다오시와 태산이 있는 곳)도 약 1억 명 거주합니다. 중국은 5백만 명 이상 거대도시가 무려 60곳이나 됩니다. 제가 살고 있는 경남 창원시 인구는 약 110만 명입니다. 한국에서 1백만 명 이상 도시는 서울, 부산, 인천, 광주, 대전, 대구, 울산, 수원, 창원 등 10곳이 채 되지 않습니다. 이에 반해 중국은 1백만 명 이상 도시도 모두 190여 곳입니다.

▼ TIP

※ 중국 인구가 이렇게 많은 이유에는 식량으로 대용한 '고구마'가 큰 역할을 하였다는 설(說)도 있답니다. 고구마는 주식을 대체할 구황식물로도 활용할 수 있습니다. 배고픔이 해소되니 다른 불만이 없어 부부간의 사랑이 더 푸르게 싹이 트나 봅니다. 최근 한국은 인구가 감소한다는데 고구마를 활용하여 자녀 출산에 도움이 되는 연구를 해볼까요?

CHAPTER 004 중국 건국 기념일

10월 1일은 중국 최대의 국경일인 건국 기념일입니다.

1949년 10월 1일 톈안먼 광장에서 마오쩌둥 주석이 중화인민공화국(중국) 건국을 선포하였습니다. 올해로 벌써 63년째로 인생으로 비교하면 경륜과 위엄이 함께할 최적의 나이입니다.

건국 60세가 지난 중국은 아직도 좁쌀에 불경을 새기는 섬세함을 가지고 있습니다. 반면에 건국 기념일 전후 10일간 휴가를 주기도 하였습니다. 스케일 큰 판단과 행동을 보면 상식을 뛰어넘습니다. 양극과 양면성이 교차하는 것이 어색하지 않은 국가가 지금의 중국이라고 말할 수 있습니다.

중국의 10월은 휴가 날도 많아 월급 받는 분이 쪼끔 미안한 달이기도 합니다. 경제성장 결과 사회의 풍요로움이 중국인으로 하여금 외국관광을 많이 떠나게 하였습니다. 연휴 때 1만 명만 경남에 관광을 와도 지역 경제가 확 달라질 텐데 경남에는 왜 관광을 오지 않는지 답답합니다. 그런데 사실 중국 관광객이 비싼 돈 들여 창원에 와서 볼 것이 뭐 있겠습니까?

국경일이 있는 10월은 단풍도 하늘도 아이도 하루하루가 달라집니다. 그래서 10월의 가을은 다양한 계절이며 변화의 계절입니다. 가을의 중심에 있는 10월은 12달 중에 심신이 가장 넉넉해지고 풍요로운 달입니다. 그래서인지 우리 생활 속에는 가을과 연관된 속담이 많이 있습니다.

1) 가을 들판이 딸네 집보다 낫다 – 풍요로움의 표현입니다.
2) 가을 들판엔 대부인 마님도 나섰다 – 가을철 바쁜 일상을 묘사합니다.
3) 가을장마에 다된 곡식 썩힌다 – 가을 날씨의 변덕을 표현합니다.
4) 가을비는 한 번 올 때마다 추워진다고 합니다.

▼ TIP

※ 저에게 있어 가을은 괴로운 계절입니다. 몇 개 남지 않은 머리숱이 이상하게 낙엽이 지듯 가을에 많이 빠지더군요. 꼭 털갈이하는 것처럼. 이에 비례하여 마누라님 잔소리도 늘어갑니다.
"에그그, 온 집구석(집안 구석구석)이 머리카락이다. 좀 쓸든지(청소하든지), 아예 다 뽑아버리든지~"
이보다 더한 고문은 멋과 젊음을 유지한다며 휴일에 아내가 가끔 제 앞에서 흰 머리카락(일명 새치)을 뽑을 때입니다. 미국에 있을 때 구입한 인디언 북이 있습니다. 북의 평면에는 소형 받침대가 있는 거울을 놓고, 북 손잡이가 달린 공간은 뽑은 머리카락을 테이프에 붙이는데 테이프 걸이와 머리 뽑는 족집게 걸이로 제격입니다.
햇살 따스한 오후 창가에 앉아 이러고 있는 아내의 풍경이 여러분은 행복으로 상상이 됩니까?

CHAPTER 005 중국의 고층 빌딩

최근 사우디에 높이가 1,000m나 되는, 세계에서 가장 높은 '킹덤타워' 건물을 짓는다고 합니다.

총공사비 1조 3천억 원으로 호텔, 아파트, 콘도미니엄, 사무실 등이 들어설 예정입니다. 이를 계기로 현재 세계에서 제일 높은 빌딩 10개를 살펴보았더니 역시 중국권이 6개나 되었습니다.

세계에서 제일 높은 빌딩 순위
1위. 두바이, 부르즈 칼리파, 2010년, 162층, 828m(아랍에미리트)
2위. 타이베이, 101빌딩, 2004년, 101층, 508m(타이완)
3위. 상하이, 세계금융빌딩, 2008년, 101층, 492m(중국)
4위. 홍콩, 세계상업센터, 2010년, 118층, 484m(중국)
5위. 말레이시아, 페트로나스타워, 1998년, 88층, 452m
6위. 난징, 그린랜드 금융센터, 2010년, 89층, 450m(중국)
7위. 시카고, 시어스타워, 1974년, 108층, 442m(미국)
8위. 광저우, 국제금융센터, 2010년, 103층, 440m(중국)
9위. 시카고, 트럼프 국제호텔타워, 2009년, 98층, 423m(미국)

10위. 상하이, 진마오타워(金茂大廈), 1999년, 88층, 421m(중국)

▲ 아시에서 제일 높은 타이베이 101빌딩(국제금융센터빌딩)

▼ TIP

※ 한국의 현대자동차 그룹에서도 서울 뚝섬에 110층 규모의 '글로벌비즈니스센터'를 짓는다고 합니다. 그리고 부산 영도다리 입구에 100층이 넘는 롯데타워가 건립되고 있습니다. 끊임없이 개발되는 인간의 기술 한계를 보여주는데 이렇게 계속 높게만 짓는 것이 좋은 것인지 아직은 판단이 서지 않습니다. 하늘에 구멍이라도 낼 듯 높이 오르면 구름 다니는 길도, 바람 다니는 길도 막아버리지 않을까 걱정됩니다.

※ 중국 남부 해안도시 주하이(珠海 주해)에 가면 중국 전통양식으로 건축된 2~3층 규모의 호텔이 있습니다. 그런데 특이하게 층수는 낮고 길이가 수백 미터가 됩니다. 입구 안내데스크에서 접수하고 방 배정을 받는데 끝자락 방을 배정받으면 큰일(?) 납니다. 아침에 식사를 하고 호텔방까지 돌아가는 왕복거리가 중국식(?)으로 표현하면, '식당에서 조식을 끝내고 호텔방으로 돌아오니 점심시간이 되더라.' 그 정도로 길다는 것을 풍자한 말입니다.

CHAPTER 006 중국인의 평균 지능지수(IQ)

세계에서 머리가 좋은 국가에 한국이 당당하게 1위에 올랐습니다. 지구촌 세계 185개국 국가 지능지수(IQ)를 검사한 결과 공식적으로 발표된 자료는 홍콩이 평균 지능지수 107로 1위입니다. 한국은 세계 2위의 지능지수를 가진 국가로 평균 106입니다. 현재 홍콩은 중국 본토에 귀속되었으므로 국가의 개념이 아니니 한국이 1위라 하여도 무방할 것입니다.

홍콩은 1997년 7월 1일 중국에 회귀되어 인접한 마카오와 함께 중국의 지방행정구역의 한 곳입니다. 홍콩을 제외한 중국 본토의 국가 평균 지능지수는 100으로 싱가포르와 함께 공동 13위입니다.

특이한 점은 동북아시아 국가가 1위~5위까지 차지하고 있다는 것입니다. 3위는 일본과 북한으로 각각 105입니다. 5위는 타이완으로 104입니다. 그다음이 독일, 이탈리아, 스웨덴, 스위스, 벨기에, 네덜란드 등 대부분의 유럽국가가 지능지수 101~102로 발표되었습니다.

동북아시아 국가 중 몽골이 미국과 함께 지능지수 98로 캐나다 97보다 앞선 위치입니다. 세계에서 교육을 잘하고 머리가 좋다는 이스라엘이 94로 45위권에 있습니다.

다시 정리하면 아시아 국가 순위는 홍콩, 한국, 북한과 일본, 타이완, 중국과 싱가포르, 몽골, 베트남 순입니다.

한국은 물론 아시아 대단합니다! 그러나 지능지수가 국가의 경쟁력을 반드시 결정하지는 않는다고 봅니다.

▼ TIP

※ 꾸준한 노력과 한 자루의 몽당연필이 세계 최고의 경쟁력이라 생각합니다. 이 말뜻은 '메모를 하라'는 것입니다. 세계적인 학자 토인비의 말처럼 저도 믿고 실천하였더니 가끔은 상대로부터 비공식 IQ200 정도 인정받는 경우가 있었습니다.

세계에서 가장 빠른 엘리베이터

　　　　　　　　　　　　타이완(臺灣)의 수도 타이베이에 2004년 완공된 국제금융센터빌딩의 높이는 508m입니다. 층수로는 지상 101층입니다. 2010년까지 세계 최고 높이였지만 두바이 부르즈 칼리파 빌딩(162층, 828m)에 자리를 내주었답니다.

　　타이베이 101빌딩의 외부 모양은 당나라 때 불탑 형태입니다. 그러나 멀리서 보면 만개한 꽃처럼 첩첩이 펼쳐진 것 같기도 하고 하늘을 향해 죽순이 피어나는 모습 같기도 합니다. 이런 다양성이 관광객의 시선을 받을 만한 매력을 가진 빌딩인 것 같습니다. 솔직히 빌딩 입구에서 위를

▲ 세계에서 가장 빠른 E/V 안내문

쳐다보면 끝이 보이지 않습니다. 저의 뻣뻣한 목이 젖혀지지 않고 뒤로 넘어갈 정도입니다.

이 빌딩의 내부를 들여다보면 기네스북에서 인정한 놀라운 것이 있습니다. 그것은 세계에서 가장 빠른 엘리베이터(E/V)입니다. 얼마나 빠른지 상상해 보십시오. 눈 한번 깜빡하는 1초면 2층 높이 이상 이동합니다. 전망대가 있는 88층 높이까지 37초 만에 도달합니다. 고지대에 오를 때 통상 느끼는 기압 상승도 체감하지 못할 정도입니다.

안내양이 "여러분, 반갑습니다, 자~ 출발합니다." 하고 인사를 하니 벌써 60층까지 눈금이 올라가더군요.

인사말을 조금 길게 "신사숙녀 여러분, 반갑습니다, 자~출발합니다." 하면 88층 전망대라는, 우스운 표현도 있습니다.

설계는 타이완 사람이 했고 빌딩 건축공사는 1999년부터 2004년까지 우리나라의 삼성물산에서 지었습니다. 한국, 역시 대단합니다.

▼ TIP

※ 장가제(張家界 장가계)에 가면 절벽에 지지대를 설치한 야외에 건설된 엘리베이터가 있습니다. 높이 약 330m로 절벽을 타고 수직으로 올라갑니다. 이름이 백룡엘리베이터입니다. 입장료를 내고 탑승하면 관광객들은 투명 유리창을 통해 3면의 계곡을 감상할 수 있습니다. 어떠한 수식어나 형용사로 설명하여도 설득력이 없습니다. 백문이 불여일견입니다.

중국의 부처님 오신 날

중국에도 부처님 오신 날이 있을까요? 네, 있습니다.

한국은 음력 4월 8일을 부처님 오신 날 혹은 석가탄신일(釋迦誕辰日)이라 하여 법정 공휴일로 지정하였습니다. 기독교에서는 예수 탄생일인 양력 12월 25일을 성탄절(聖誕節)이라 하여 역시 법정 공휴일입니다. 그러나 중국에서는 석가탄신일과 성탄절이 공휴일이 아닙니다. 그냥 365

▲ 장보고에 의해 세워진 적산법화원(赤山法華院)

일 중 하루입니다.

　중국은 사회주의 국가이지만 종교의 자유를 보장하고 있습니다. 중국 헌법 제36조에 '중국은 종교의 자유를 보장한다'고 명시되어 있습니다. 그러나 아직 특정 단체가 종교 활동을 하는 것은 제한하고 있습니다.

　한국, 중국, 일본, 홍콩, 마카오, 타이완 등 동북아시아 국가에서는 음력 4월 8일이 부처님 오신 날입니다. 이들 나라도 한국만큼 성대한 행사를 합니다. 그러나 태국, 캄보디아, 라오스, 미얀마, 베트남 등 동남아시아 국가에서는 음력 4월 15일이 부처님 오신 날입니다. 생일이 한 날짜가 아니라 나라마다 다르니 조금 이상하지 않습니까?

▼ TIP

※ 생일을 음력으로 하는 사람, 혹은 양력으로 하는 사람 등 사람마다 선택이 다릅니다. 부처님 오신 날이 동남아시아와 동북아시아가 차이가 나는 것은 양력, 음력도 있지만 인도력으로 둘째 달 보름을 선택하다 보니 4월 15일이 되었습니다. 그리고 부처님이 머물면서 설법을 하신 날 등 입장에 따라 선택하는 날이 달라 부처님 오신 날도 나라마다 조금씩 다릅니다.

CHAPTER 009 중국의 4대 기서(奇書)

중국의 고전은 당시는 물론이고 현재에도 응용되거나 인용되어 기업경영이나 정치인에게 많은 가르침을 제공하고 있습니다.

논어, 맹자, 대학, 중용의 사서와 시경, 서경, 역경의 3경은 우리 생애 꼭 한 번은 읽어야 할 책입니다. 이것 외에도 삼국지, 초한지 등이 어른은 물론이고 초등학교 학생 눈높이에 맞게 각색 혹은 만화로 제작하여 널리 애독되고 있습니다.

재미가 있는 반면에 읽기가 조금 지루한 중국의 도서를 소개할까 합니다. 중국의 4대 기서(奇書)에 삼국지, 수호지, 서유기, 금병매가 있습니다. 삼국지, 수호지, 서유기는 우리에게 널리 알려진 책으로 학생 시절 한 번쯤 읽어본 도서입니다. 그러나 금병매는 미성년자가 읽어서는 안 될 도서입니다.

4대 기서는 페이지가 쉽게 넘어가는 종류의 책은 아닙니다. 또한 등장인물을 잘 이해하지 못하면 혼란스럽기도 한 도서입니다. 시간적 여유가 있을 때 혹은 휴가를 갈 때 마음 한 번 굳게 다짐하고 꼭 한 번 읽어보시기를 권유합니다.

『삼국지(三國志)』는 저자가 진수(陳壽 233~297년)로 중국의 위(魏), 촉(蜀), 오(吳) 3국의 정사(正史)를 다룬 내용입니다. 『수호지(水滸誌)』는 중국 명대(明代)의 장편무협 소설이며, 북송시대 산둥성 지역을 중심으로 양산박에서 봉기하였던 호걸들의 실화를 배경으로 쓴 책입니다. 동물인 손오공이 주인공으로 나오는 오승은의 『서유기(西遊記)』는 돼지 저팔계, 사오정, 삼장법사가 주요 역할로 등장하여 고난의 길을 거쳐 가는 내용입니다.

마지막으로 강력 추천 도서인 난릉소생의 『금병매(金甁梅)』입니다. 반금련, 이병아, 춘매라는 세 여성의 이름 중 한 글자씩 따서 제목을 지은 책으로 내용을 설명하자니 조금 민망합니다. 직장인이 드러내 놓고 읽기에는 주변의 시선을 의식해야 하는, 조금 야한 남녀 간의 정사를 다룬 책입니다.

어떻습니까? 한 번쯤 이들 고서로 독서삼매경에 빠져 보시는 것이….

CHAPTER 010 중국의 4대 미인(美人)

경국지색(傾國之色)**이란** 고사성어는 여성의 아름다움이 나라를 무너뜨린다는 뜻입니다. 경국지색으로 불리는 중국을 대표하는 4대 미인이 있습니다. 이들은 각자의 아름다움을 상징하는 애칭으로 불리고 있습니다. 아름답다고 다 아름다울까요? 겉으로는 화려하고 아름답지만 속으로는 말 못할 고민도 있답니다.

아름다움에 숨겨져 드러나지는 않았지만, 중국 4대 미인도 내부적으로 치명적 결함이나 단점을 가지고 있었습니다.

1) 서시 : 애칭이 침어(侵魚)입니다.
　　서시의 미모에 '물고기가 눈이 멀어 헤엄치는 것을 잊고 바닥에 가라앉았다'는 뜻입니다. 가슴이 아파 그 통증에 눈을 찌푸리는 게 윙크하는 것처럼 보여 이 모습이 더 아름다웠다고 합니다. 서시의 단점은 왕발 즉, 여성으로서는 상당히 큰 빅 사이즈였습니다. 왕발이 부끄러워 긴치마로 발을 가리고 다녔답니다.
2) 왕소군 : 애칭이 낙안(落雁)입니다.
　　'기러기가 왕소군을 보고 미모에 놀라 날갯짓을 못해 땅에 떨어졌다'는 뜻입니다. 왕소군의 단점은 늘어진 어깨로 늘 큰 윗옷을 걸치고 다녔습니다. 민소매도 입지 못하고 여름에는 짜증났겠어요.

3) 초선 : 애칭이 폐월(閉月)입니다.

초선이가 화원에서 달을 보고 있는데 초선의 눈과 마주치자 '달이 부끄러워 구름 뒤에 숨었다'는 뜻입니다.

초선의 단점은 못생긴 귀였습니다. 그래서 항상 귀고리를 하고 다녔습니다. 초선이표 귀고리는 어떤 디자인일까요? 그 귀고리는 과연 오늘날 유행이 될까요?

4) 양귀비 : 애칭이 수화(羞花)입니다.

이는 양귀비의 미모에 '꽃잎도 수줍어서 잎을 말아 올렸다'는 뜻입니다. 미인박명이라고 38세에 사망하였습니다. 양귀비의 단점은 몸에서 냄새가 나 목욕과 향수를 즐겼다고 합니다. 좋은 아이디어가 떠올랐는데 양귀비표 향수 한번 판매해 보면 어떨까요?

▼ TIP

※ 중국 4대 미인이 사용한 향수, 귀고리, 윗옷, 빅 슈즈(Big shoes) 등 이것을 다시 현대에 맞게 디자인하여 상품으로 판매하면 대박나지 않을는지요.

CHAPTER 011 중국인의 숫자 스케일

서양에서는 숫자 7을 Lucky Seven 이라 하여 행운의 숫자라 부릅니다. 중국에서 7의 숫자는 그렇게 큰 의미를 지니지 않으며 또한 인기 있는 숫자는 아닙니다. 그러나 한국에서는 7을 행운의 숫자라 하여 많은 사람이 좋아합니다.

우리 속담에 7월은 '게으름뱅이 칠팔월에 애달프다', '게으른 머슴은 칠월이 바쁘다', '게으른 놈 칠월에 후회한다'고 하였습니다. 모두 게으름과 장마, 홍수와 관련된 내용입니다.

모든 일은 순서가 있고 때가 있는 법인데, 일을 제때에 하지 않고 미루다가는 수확도, 씨를 뿌리는 것도 어정쩡한 7월에 후회하게 된다는 뜻입니다.

7월 장마 끝물의 참외는 거저 줘도 안 먹는다는 말이 있습니다. 직역하면 장마철이라 비가 많이 와 과일 맛이 없다는 뜻입니다. 그러나 이 속담은 장마철 과일이 맛없음을 강조하기보다는 비가 많은 시기임을 강조하고, 또 장마철에 비를 조심하라는 뜻으로 판단됩니다.

그리고 보니 '삼년 가뭄은 견뎌도 한 달 홍수나 장마는 못 견딘다'는 속담이 생각납니다. 이 말뜻 역시 가뭄 피해는 사람이 견딜 수 있지만,

홍수 피해는 견디기 어렵다는 내용입니다. 결국은 장마철 홍수를 잘 관리하라는 교훈인 것 같습니다.

7월 1일은 1년의 절반이 지난 시점입니다. 세상에서 가장 긴 시간 차이가 어제와 오늘입니다. 어제와 오늘은 평생을 가도 만날 수 없습니다.

지난 6월까지 급하게 오신 분은 한 번 뒤돌아보시고 천천히 오신 분은 지금부터라도 조금 바쁜 걸음으로 가시어 연말 목적지에 순조롭게 착륙하시길 기원합니다. 장마 대비도 하고, 1년이 꺾어지는 시점에 일상생활도 잘 점검하여 소중하게 보내라는 7월인 것 같습니다.

덩치가 제법 무거워 보이는 사람을 보고 한국에서 체중이 얼마나 되는가 하고 물으면 "100kg입니다." 하는 대답이 일반적입니다. 그러나 중국식 대답은 "0.1톤입니다." 사용하는 단위가 다릅니다. 사람 몸무게를 톤 단위로 표현하는 중국인의 스케일입니다.

나이를 묻게 되면 한국인은 직접 올해 00살입니다, 하거나 아님 출생연도를 말하기도 합니다. 가끔은 "00띠입니다." 하고 상대방으로 하여금 추측하게 합니다. 그런데 차부다 선생의 중국 나이 대답은 아주 걸작입니다. 만약 49살이라면 "내 나이가 반백년에 1년 모자라는 세월을 보냈네." 합니다. 허~얼입니다. 반백년은 50살이고 1년이 모자라니 49살입니다. 100년이라는 큰 그릇에 나이를 넣어 표현하는 게 우리와 또 다른 스케일입니다.

CHAPTER 012
중국어 통역 이야기-1
역관(譯官)

　　　　　　　　　　두 국가 간의 교류에 있어 중요한 수단은 언어가 아닐까 생각합니다.

　최소 2개 국가 이상의 언어를 사용하는 자가 상대방의 대화내용을 제3자의 소속국가 해당 언어로 전달하는 사람을 통역인이라 합니다.

　한국인의 중국어 통역 역사는 고려 시대부터 추정됩니다. 이 시기 통역하는 사람을 역관(譯官)이라 불렀습니다.

　고려 충렬왕(1276년) 때는 한국 최초의 외국어 교육기관인 통문관(通文館)이 설치되었습니다. 이곳에서는 주변국의 전문 어학을 연구하고 또 해당 언어의 역관을 양성하였습니다. 조선 시대에는 사역원(司譯院)으로 명칭이 바뀌어 중국어, 몽골어, 만주어, 일어, 위구르어, 유구어(동남아 지역 언어) 등 각종 외국어 교육을 체계적으로 가르쳤습니다.

　외국어 교육의 종류를 보면 국가의 대외활동 상황을 추측할 수 있습니다.

　당시 조선은 아시아를 벗어나지 못한 주변국과 교류한 사실을 알 수 있습니다. 조선 시대 사역원 설립 근거는 조선이 주변국과 교류나 물품의 거래가 증가하자 사신들과 개인의 왕래가 늘어났기 때문입니다. 당시에는 외국어 교육을 체계적으로 받지 못한 '설인(舌人)'들로 인해 통역 역시 체계적이지 못하였습니다. 이에 조선 정부가 무분별하게 이뤄지던 통역을 체계화하고 바로잡기 위해 설치한 기관이 사역원입니다. 일종의 국립 통역인 양성기관입니다.

▼ TIP

※ 지금은 외국에 나가기가 쉽습니다. 일반인도 1~2년 정도 해당 국가에 가서 언어 집중 연수를 받고 오면 특별한 전문직 내용 외는 일상통역에 큰 지장이 없습니다. 한국에서는 전문 통·번역대학원에서 전문가를 집중적으로 양성하고 있습니다. 그러나 최근 해당 국가 언어 공부를 위해 외국연수를 직접 갔다 오는 분이 많아 이전보다 통·번역가 희소가치가 줄어든 느낌입니다.

CHAPTER 013 중국어 통역 이야기-2
노걸대(老乞大)

　　　　　　세계 최고(最古)의 중국어 회화책은 노걸대(老乞大)입니다.

　그럼 이 시기에 통역원이 중국어를 배우기 위해 사용했던 교재는 무엇일까요? 지금이야 중국어회화 교본 등이 수십 종류가 되고 또 원어민 발음으로 녹음된 CD나 위성방송 등을 통해 현지에 가지 않고도 중국어 공부하기가 참 쉽고 편리해졌습니다.

　당시에 사용된 중국어 회화 교재는 '노걸대'입니다. 노걸대는 '박통사(朴通事)'와 함께 역관(譯官) 양성을 위해 고려 말부터 조선조까지 외국어 교육기관이었던 통문관(通文館), 사역원(司譯院)에서 사용했던 현존하는 세계 최고의 중국어 회화책이기도 합니다.

　내용은 1280년경 원나라에 고려 상품을 팔러 가던 상인 3명(이씨, 김씨, 조씨)이 길에서 우연히 만난 중국 상인과 동행하면서

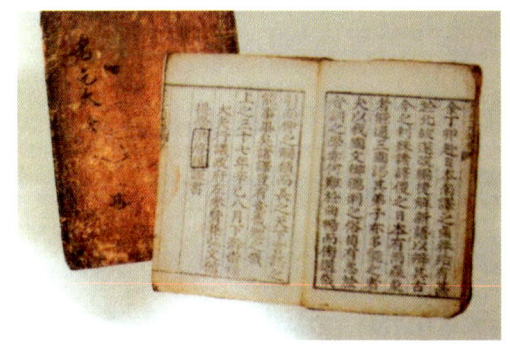
▲ 세계 최고의 중국어 회화책 노걸대(老乞大)

여행 중 일어난 에피소드를 대화체(구어체)로 엮은 책입니다.

'노걸대'의 '걸대'는 중국 또는 중국인을 의미하는 만주어(키타)입니다. '노'는 경칭을 나타내는 접두사입니다. 즉, 노걸대는 조선 사람이 이름을 모르는 중국인을 부르는 호칭입니다.

▼ TIP

※ 통역원의 응시자격 : 40세 미만의 관원 중 신체와 용모가 단정한 사람을 선발, 중국어(漢語)를 익히게 하였습니다.
처음에는 서인(庶人) 출신을 임명하였지만, 뒤에는 양반계급의 상당한 지위와 학식을 가진 사람도 이 과정을 학습할 정도로 역할이 커졌습니다.

CHAPTER 014 중국어 통역 이야기-3
물건 값 흥정하기

중국에 짝퉁(가짜) 물건만 전문적으로 파는 곳이 많이 있습니다. 제가 자주 가는 곳은 산둥성 칭다오시에 있는 지모루(卽墨 즉묵) 시장과 베이징 슈수이제(秀水家 수수가) 상점이 대표적입니다. 이곳에는 유명 브랜드와 유사한 제품의 디자인이 아주 저렴한 가격으로 판매되고 있습니다. 중국에 가면 이곳에서 한 번쯤 쇼핑을 하시라고 추천하고 싶습니다.

중국을 몇 번 다녀간 분은 여행사에서 지정한 코스가 아닌 이런 쇼핑 코너도 견학하는 것을 여행 스케줄에 포함해 최근 인기 코스가 되었습니다. 단 짝퉁이라는 브랜드가 사회적 가치를 낮추는 비도덕적 제품이라는 따가운 눈초리는 감수할 각오를 해야 합니다.

단체 여행객이 슈수이제에 쇼핑하러 가면 가이드가 전달하는 주의 사항이 있습니다. "이곳에서는 주인이 가격을 부르면 절반이나 3분의 1 가격부터 흥정하십시오."라고 귀띔을 해줍니다. 그만큼 바가지를 많이 씌운다는 뜻입니다. 그런데 일단 비싼 값을 부른 후 상대의 반응을 봐가며 에누리를 해주는 중국 상인의 관행은 600년 전에도 마찬가지였습니다.

최초의 중국어 회화책인 '노걸대'에도 이런 내용이 등장합니다. '중국에 가서 물건을 살 때는 부르는 값의 반을 깎아야 한다'는 대화 내용의 중국어 표현이 있습니다. 이것으로 미루어 중국인의 가격 바가지와 흥정은 이 시기에도 있었다는 것을 알 수 있습니다.

노걸대의 주요 내용은 흥정할 때, 계산할 때, 계약서 작성할 때 등 상황에 맞는 주제별 대화 내용을 구어체로 기록하였으며 총 48장 106절로 구성되어 있습니다.

결론적으로 노걸대는 오늘날 중국을 여행할 때, 혹은 중국과 물건을 거래할 때 사용하는 기본회화를 편집한 실용, 실무 생활회화책입니다.

온고지신(溫故知新)이라고 하였던가요? 노걸대 한 권으로 이번 여름 폭염 이기는 방법을 권해 봅니다.

중국이 쏘아올린 우주선 선저우(神舟) 8호

　　　　　　　　　　2011년 11월 1일 간쑤성 주취안시에 있는 우주센터 발사기지에서 중국이 선저우 8호 우주선을 발사하였습니다. 그리고 11월 3일 우주공간에서 티엔공 1호와 우주선 도킹을 한다고 합니다.

　이 실험이 성공하면 중국은 구소련(현재 러시아), 미국에 이어 세 번째 우주도킹 성공국가가 됩니다. 신문에 표기된 간쑤성, 주취안, 선저우, 티엔공, 창정 등 한국인의 귀에 익숙한 중국어에 무슨 뜻이 있는지 살펴보았습니다.

1) 간쑤성(甘肅省 감숙성) 중국 서북부 내몽고와 칭하이성에 접한 지역으로 중국 성(省) 명칭입니다. 인류 문화 시조인 복희씨가 탄생한 곳입니다.
2) 주취안(酒泉 주천) 간쑤성의 도시로 우주 발사기지가 있습니다.
3) 선저우(神舟 신주) 직역하면 신의 배입니다. 우주선에 비유하여 하늘이 내린 배라고도 합니다. 장쩌민 중국 주석이 1999년 11월 중국이 최초로 무인우주선을 발사할 때 직접 작명한 것입니다.

4) 티엔공(天宮 천궁) 하늘의 궁전이란 뜻이 함축되어 있습니다.
5) 창정(長征 장정) 직역하면 '먼 노정에 걸쳐 정벌하다.'라는 뜻입니다. 우주까지 정복하겠다는 의지가 보입니다. 마오쩌둥이 1934~1936년 국민당과의 전투에서 1만2천km를 해방군인 홍군(紅軍)을 데리고 이동한 것을 대장정이라 합니다.

▲ 중국 선저우(神舟) 8호 발사 장면

▼ TIP

※ 주취안은 중국의 우주 발사기지가 있는 도시입니다. 그런데 이 도시 이름을 직역하면 술이 샘솟는 곳입니다. 이곳에 첨단 과학시설이 설립된 게 어색한 조합이지만 또 다른 인연이 있는 곳이 아닐까 생각합니다.

CHAPTER 016 중국의 최초 우주인-1
양리웨이(楊利偉)

중국은 우주라는 표현을 태공(太空)이라 합니다. 2011년 11월 3일 새벽, 선저우 8호와 티엔공 1호가 우주도킹에 성공하였습니다. 높은 하늘에 오색홍기를 휘날리는 우주 정거장을 만들었습니다. 이로써 중국은 미국, 구소련에 이어 세계에서 3번째로 과학기술의 기량을 과시하는 우주 강국으로 부상하였습니다.

구소련은 1961년 4월 12일 가가린이 보스토크(뜻: 東方) 1호를 타고 우주를 108분 동안 비행하였습니다. 인류 최초의 우주 비행이었습니다. 미국은 1969년 7월 16일 아폴로 11호 유인 우주선을 타고 암스트롱이 인류 최초로 달에 착륙하였습니다.

과학기술이 최고의 생산력이라고 주장하는 중국도 우주선 개발에 심혈을 기울여 왔습니다. 그 결과 2003년 10월 15일 양리웨이(楊利偉 양리위, 공군)가 중국 최초의 유인 우주선 선저우 5호를 타고 21시간 동안 지구를 14바퀴 돌았습니다. 중국 최초의 우주인 탄생입니다.

중국 최초의 우주인 양리웨이가 좋아하는 음식, 바바오판·위샹러우스·궁바오지딩이 화제가 되었습니다. 우주인이 즐겨 먹는 음식이라 하여 외국의 미식가에게 소개되어 주목을 받았습니다.

CHAPTER 017 중국의 최초 우주인-2
양리웨이와 중국요리

우주인 양리웨이가 좋아한 중국요리를 소개합니다. 사실 이 요리는 우주인 양리웨이가 먹어서 유명한 것이 아니라 중국인들이 평소 즐겨 먹는 요리로 대중성이 있는 음식입니다. 또한 한국인에게도 익숙한 요리이기도 합니다.

한국의 음식과 요리 중 오곡 찰밥, 돼지고기 두루치기, 닭볶음탕은 중국 최초의 우주인 양리웨이가 좋아하는 바바오판(八寶飯 팔보반), 위샹러우스(漁香肉絲 어향육사), 궁바오지딩(宮爆鷄丁 궁폭계정) 요리와 특이하게도 비슷한 것이 많습니다. 그래서인지 중국을 여행하는 한국인의 입맛에 적합하여 중국요리 선택 1순위 그룹 요리들입니다.

1) 바바오판 : 한국의 오곡 찰밥이 연상됩니다. 연밥, 대추, 용안과육, 은행, 건포도, 잣, 팥소 등에 찹쌀과 함께 8가지 재료로 지은 밥입니다. 이 밥에 얼음사탕을 끓는 물에 용해하여 전분을 넣고 걸쭉하게 한 소스를 밥 위에 덮어 먹는 요리로 겨울에 많이 먹는 음식입니다.
2) 위샹러우스 : 맵지 않은 한국의 돼지고기 두루치기와 비슷합니다.

돼지고기를 실처럼 가늘게 썰어 죽순, 목이버섯, 파, 생강 등의 재료와 맵고, 짜고, 달고, 신맛이 나는 일종의 소스(어향)와 함께 볶습니다. 한국인이 중국 현지에서 많이 먹는 사천요리입니다. 고추장을 소스로 하면 두루치기와 비슷합니다. 조금 짠 듯한 게 공깃밥과 먹으면 우리 입맛에도 잘 맞습니다.

3) 궁바오지딩 : 닭볶음탕 요리와 흡사합니다. 궁보계정이라는 표현도 사용하는데 한자 발음과 중국 발음을 병행해 사용하니 혼란을 가져온 것 같습니다. 스토리가 많은 요리입니다. 토막 낸 닭고기 가슴살과 볶은 땅콩을 넣고 볶은 요리로, 맵고 짜고 달고 신맛이 나는 사천요리입니다. 한국인이 즐겨 찾는 요리이며 반찬으로 적합하지만 맥주 안주로도 좋습니다.

두 번째 이야기

차부다가 본
중국 강산도(江山島)

중국의 5대 명산(황산, 무이산, 노산, 아미산, 태산) ┃
중국 성(省) 지명의 유래(옛 도시 이름의 인용, 자연 이름의 인용) ┃
중국 강(江) 이야기(황허, 양쯔강 · 장강) ┃
중국의 섬 이야기(하이난 섬, 충밍 섬, 헝친다오 섬)

CHAPTER 018 중국의 5대 명산-1
황산(黃山)

중국은 유명한 산 10곳을 선정하여 각각 5악(岳)과 5대 명산(名山)으로 구분하고 있습니다.

안후이성의 황산, 푸젠성의 무이산, 장시성의 노산, 쓰촨성의 아미산, 산둥성의 태산을 5대 명산이라 합니다. 이중 황산은 5대 명산 중에서도 한국인에게 가장 널리 알려진 산입니다. 서울이나 부산 등 한국에서 거리가 비교적 가까워 여름철 백두산과 함께 한국인이 가장 많이 찾는, 기암괴석과 산세가 아름다운 자연관광지이자 명산입니다.

황산은 1년 중 8개월이 안개 속에 있습니다. 그리고 1년 중 180일 즉, 6개월은 비가 내리는 지역입니다. 이틀에 한 번 비가 내리는데 황산에서 비를 맞지 않고 관광을 한다면 평소 좋은 일을 많이 했거나 조상님 은덕(?) 때문입니다. 기암과 수목이 조화를 이루는 황산은 너무 많이 알려져 있어 설명을 붙이면 사족이 될 것입니다.

백문이 불여일견(百聞不如一見), 황산을 직접 보고 느낀 감흥이 곧 자신만의 황산에 대한 스토리가 됩니다. 그래서 황산은 365일 해석이 달라지는 산입니다. 황산을 소개하려면 책 한 권의 분량으로도 부족할 듯합니다.

▼ TIP

※ 제가 살고 있는 주변 주택상가에 최근 한국의 각종 등산복 브랜드숍이 밀집하여 타운을 형성하였습니다.

국민소득이 3천 불, 5천 불 등 소득에 따라 소비성향도 단계적 절차가 있다고 합니다. 최근 중국에도 자가용 구입자가 늘어나면서 낚시, 등산, 캠핑 등 레저 붐이 시작되었습니다. 등산용품 관련 사업이 최근 아주 전망이 높은 사업으로 각종 통계나 보고서에 등장합니다.

중국 투자를 생각하고 있다면 이 분야를 검토해 보시기 바랍니다.

CHAPTER 019 중국의 5대 명산-2
무이산(武夷山)

푸젠성과 장시성의 경계에 위치하고 있습니다. 유네스코가 지정한 세계문화 및 자연유산으로 등재되어 있으나 여행하기에는 교통이 불편해 한국인들이 즐겨 찾는 산은 아닙니다.

구이계곡(武夷九曲 무이구곡)이라는 아홉 굽이 골짜기 곡선의 물길은 인간선경(人間仙境)이라 하여 '중국에서 가장 아름다운 계곡'으로 인정받고 있습니다. 이 계곡을 대나무로 엮어서 만든 뗏목 형태의 배를 타고 유람하면 풍경은 무릉도원이요 인생은 신선이 될 정도로 그림보다 더 아름다운 풍경입니다.

황산이 남성적이고 동적이라면 무이산(武夷山 우이산)은 여성적이고 정적이라 할 수 있습니다. 36개 봉우리, 72개의 동굴, 99개의 암산으로 이루어져 있습니다.

인간의 신체 중 가장 먼저 활동을 시작하고 마지막으로 하루를 끝내는 것이 두 눈을 뜨고 감는 것입니다. 그래서 여행을 좋아하지 않는 분도 세상에 태어나서 볼 것 못 볼 것 다 겪은 게 눈입니다. 그런 까닭에 두 눈(眼)에 조금이라도 미안한 마음과 감사하다는 마음이 있다면 살아생전에 꼭 가봐야 할 곳입니다. 두 눈에 최소한의 보답을 하고 싶다면 무이산을 보여주십시오.

산과 관련된 속담이 생각납니다.

'산은 물이 없으면 수려하지 않다'고 하였습니다. 무이산을 걸으면 천하제일의 기생을 가슴에 품는 것처럼 흥분됩니다.

'물은 산이 없으면 맑지 못하다'고 하였습니다. 물과 산이 서로를 칭찬하는 것이 참 보기가 좋습니다. 무이산의 물길을 타고 노를 저어가면 신랑 신부 첫날밤 기다리는 듯 설렘이 일어나는 곳입니다.

▼ TIP

※ 무이산은 조용히 왔다 조용히 떠나는 산입니다. 바쁜 일상에 지친 분만 무이산을 다녀오십시오.
느림이 있고 문명이전이 있는 곳입니다. 이곳에서 바쁘다는 언어를 사용하는 것은 인간의 영혼을 파괴하는 행위입니다. 이곳에서만큼은 인간의 뇌세포가 바쁘다는 단어를 잊어버려도 아무런 지장이 없습니다.

CHAPTER 020 중국의 5대 명산-3
노산(盧山)

노산이 얼마나 아름답기에….

노산을 왜 중국의 5대 명산 중의 하나라 했는지 다 이유가 있습니다. 노산은 상하이 남쪽 장시성의 지우지앙시(九江 구장)에 위치하고 있습니다.

노산은 1996년 세계문화유산에 지정된 해발 1,474m의 지질공원입니다. 그리고 고대부터 중국인에게 있어 정신과 문화 그리고 종교적 영향을 많이 준 곳으로 생활과 밀접한 곳이기도 합니다.

노산은 중국인도 잘 몰라 쉽게 가지 않는 곳입니다. 그래서 노산에 대한 정보가 미약해 한국인은 거의 찾지 않는 곳입니다. 아마도 외국인은 물론 중국인조차도 노산을 보는 것이 아까워서 신이 산을 숨겨놓았나 봅니다.

노산을 한 번 다녀온 사람은 노산을 잊지 못합니다. 정확히 설명하면 노산의 안개와 산수, 노산 내 도시의 아름다움을 잊지 못합니다. 노산은 안개와 폭포의 산이 아닙니다. 정(情)이 있는 산입니다.

얼마나 아름답기에 노산에 세계 20여 개 국가의 800여 개 별장이 있을까요? 노벨문학상을 받은 펄 벅도 이곳 별장에 거주하면서 세계적인 명작소설 『대지(大地)』를 지었습니다.

노산에서는 바쁜 것을 찾지 못합니다. 천천히 시간을 필요로 하는 산

▲ 노산에서 잊어버려야 할 것, 시간

입니다. 왕복 3천 계단을 지나야 만나는 삼첩폭포는 육체를 수고롭게 한 후에야 얻을 수 있는 결과입니다. 삼첩폭포에 오면 마음과 육신이 진동하지만 느낌도 감탄사도 사설도 필요 없습니다.

노산에서 1시간이면 10년의 세월을 보내는 긴 시간입니다. 그래서 노산에서 하루를 쉬고 나면 3,600년이 지나 신선이 되어 다시는 도시생활을 하지 못하는 치명적인 결함을 가진 산입니다. 밀란 쿤데라의 소설을 생각해 보면 '느림의 행복'을 증명받은 곳이 노산입니다.

만약 당신이 문인이 되고자 한다면 반드시 노산을 다녀가야 합니다. 주태백의 장진주를 인용해 '그대여 아직 보지 못하였는가? 노산의 계곡과 하늘을….' 그래서 노산을 보지 않고 내가 "문인(文人)입니다." 하면 산이 노여움을 줍니다. 그래서 노산은 산 중의 산입니다.

CHAPTER 021 중국의 5대 명산-4
아미산(峨嵋山)

아름답다! 아름답다! 아름답다!

이백은 고(告)하였습니다. 아미산(峨嵋山 어메이산)의 아름다움을 표현할 단어가 없다고.

아미산은 중국의 내륙 쓰촨성 중부에 있는 산입니다. 아미산의 풍경은 산, 물, 구름의 아름다움이 비춰나 검푸른 귀밑머리와 같습니다. 그리고 그 모양은 흐름이 가늘고 길어서 아늑하고 아름다운 것이 인간세상의 미인 이마와 같고 미인의 눈썹과 같이 아름답다 하여 아미산이라 부릅니다. 이것으로 아미산의 아름다움을 표현하기에는 뭔가 부족한 듯합니다.

당신이 만약 살아서 하늘로 가고 싶다면 높이 71m로 세계에서 가장 큰 낙산대불에 가서 먼저 절을 하고 기도를 하십시오. 그리고 부처님께서 허락하면 높이 3,099m에 있는 하늘로 가는 길, 만불정으로 가면 됩니다.

걸어서 가는 길에 지구상에서 가장 높은 곳이 에베레스트 산입니다. 그러나 눈과 마음으로 가는 길에 가장 높은 산은 아미산이라 표현하고 싶습니다.

90년 걸려서 완공된 낙산대불은 자연의 아름다움에 인간의 손으로 오묘함, 신비로움을 합하여 더 자연스럽고 더 경이롭습니다. 그리고 아미산은 중국에 불교가 처음 들어와 정착한 곳으로 알려져 있습니다. 얼마나 사찰이 많은지 골짜기마다 절이고 봉우리마다 불명입니다. 그래서인지 아미산에서 가장 높은 최고봉도 만불정입니다.

   아미산에는 4계절이 있습니다. 산 밑은 여름이고 중턱은 가을이고 고지대는 겨울입니다. 4계절이 있으니 중국에서 가장 풍부한 생태계가 서식하여 식물도 5천여 종이 됩니다.
   지구에는 두 개의 바다가 있습니다. 한 곳은 물이 있는 바다이고, 다른 한 곳은 구름이 있는 구름바다입니다. 성스러운 마음의 고향 같은 아미산에서 일출을 볼 수 있는 확률은 불과 5~10%입니다. 인간에게 쉽게 문을 열지 않는 곳입니다. 그 이유는 구름이 덮어 놓고 있기 때문입니다. 그래서 아미산은 지구상에서 가장 아름다운 구름바다를 가진 곳입니다.

▼ TIP

※ 중국의 4대 불교 명산은 아미산(보현보살), 오대산(문수보살), 보타산(관음보살), 구화산(자장보살)입니다. 중국의 3대 영산은 아미산, 오대산, 천태산입니다.

CHAPTER 022 중국의 5대 명산-5
태산(泰山)

중국의 유명한 산 5악(五嶽) 중 마지막으로 태산(泰山 타이산)입니다. 저와 비슷한 시기에 중고등학교 공부를 했다면 태산과 관련된 시조 한 편 정도는 외우고 있을 것입니다. 그것은 아마도 봉래 양사언(1517~1584년)님의 시조가 아닐까 생각합니다.

태산이 높다 하되 하늘 아래 뫼이로다.
오르고 또 오르면 못 오를 리 없건마는
사람이 제 아니 오르고 뫼만 높다 하더라.

태산은 스토리가 많습니다. 태산은 산동성 태안에 위치하고 있어 상대적으로 거리가 가까워 한국인의 방문객이 끊이지 않는 곳입니다.

중국의 5악 중에서 으뜸으로 꼽히는 곳으로 태안 지역 평야지대에 홀로 우뚝 솟아 기세가 웅장하고 신성한 모습의 산입니다. 예로부터 중국인들이 가장 성스럽게 여겼던 산입니다.

태산은 황제가 오르는 산입니다. 중국을 최초로 통일한 진시황제가 왕이 된 후 이 태산에 올라와서 하늘에 제사를 드리고 옥황상제에게 예

▲ 태산 정상에 있는 자물통

를 갖추었습니다. 당시 케이블카, 등산화도 없이 제왕들이 힘들게 태산에 올랐던 이유는 무엇 때문이었을까요? 그 이유는 길일을 택하여 하늘에 봉선의식을 하는 산이기 때문입니다.

이렇게 해야만 천하가 태평해지고 황제는 천자의 아들이 되었던 것입니다.

태산 정상의 명칭도 옥황상제를 기리는 옥황정(玉皇頂)입니다. 봉선의식을 지낸 역사적 근거는 기원전 219년 진나라 시황제(始皇帝)가 이곳에 올라 하늘에 제를 지낸 것을 시작으로 합니다. 그 후 한나라를 세운 유방한 무제, 후한 광무제, 당 고종, 당 현종, 송 진종, 원 쿠빌라이, 청 강희제, 청 건륭제 등 많은 제왕들이 지속적으로 이곳에서 봉선의식을 치렀으니 중화민족의 상징이요, 산 중의 산이라는 칭호를 부여하여도 부족함이 없는 것 같습니다.

현재 태산을 오르는 방법은 케이블카를 타고 오르거나 아니면 걸어서 6,366개의 계단을 밟고 가야 합니다. 태산의 묘미는 이 계단 오르기입니다. 계단을 오르면 인간의 희로애락(喜怒哀樂)을 만납니다. 저는 이 계단을 나이테라고 불렀습니다. 왜냐하면 계단 아래와 중간 그리고 정상 부근까지 가는 동안 육체와 정신이 받는 느낌이 다르기 때문입니다. 계단 아래는 왜 내가 이곳에 오르고 있는지, 왜 내가 사는지 모르기 때문입니다.

중간은 지쳐서 쉬어 가지만 쉬고 있는 자리가 육신은 땅에 떨어져 있고 정신은 허공으로 가는 육체이탈지입니다. 그래도 태산에 오른다고 하니 그저 인간의 속성상 두 발걸음만 움직일 뿐입니다. 정상은 경륜도 풍부하고 나이테도 지긋한 곳입니다. 우주선 안이라 할까요. 그래서 피곤함이 느껴지지 않고 하늘이 아름답게 보이니 나이테 계단이지요.

　태산의 높이는 그렇게 높지 않은 1,532m이지만 정상에 올라서면 누구나 탄성을 자아냅니다. 태산을 표현하는 감탄사 중에 가장 멋진 탄성의 감탄사는 '과연(果然)'입니다. 생각할수록 오묘한 깊이가 있는 평범한 단어입니다. 일반 산은 아름답다, 훌륭하다, 웅장하다 등으로 표현하지만 태산은 '과연 000하다' 하면 됩니다. 여기에 모든 감탄이 함축되어 있어 제맛을 냅니다. 더 이상의 수식어가 필요 없습니다.

　태산이 중국인의 영산이다 보니 이곳에는 종교 사원과 사당, 누각들이 일찍부터 건립되었습니다. 황제들이 봉선의식을 거행한 천황전(天皇殿)은 베이징 자금성의 태화전(太和殿), 곡부 공자묘의 대성전(大成殿)과 함께 중국 3대 전각입니다.

　산 중턱에는 오송정(五松亭)이 있는데 이는 한국의 속리산 정이품송 벼슬과 비슷한 스토리가 있습니다. 진시황이 태산에 봉선행사를 하러 가던 중 폭풍우를 만나 소나무 아래서 잠시 비를 피했습니다. 황제는 감사의 뜻으로 소나무에 오대부(五大夫)란 벼슬을 주었다는 이야기입니다.

　태산은 일상생활에 좋은 교훈으로 인용되는 사례가 많습니다. 제가 알고 있는 태산과 관련된 속담이나 교훈적인 내용 몇 가지를 소개합니다.

　티끌 모아 태산.

　태산에 오르니 천하가 작아 보이는구나.

　태산같이 무겁다.

　태산같이 굳건하고 안정하다.

태산을 알아보지 못한다.

갈수록 태산이다.

태산명동 서일필(泰山鳴動 鼠一匹) 등입니다.

속담에 높다, 크다, 장엄하다, 무게가 있다는 뜻이 포함되어 있는 것 같습니다.

정상에는 일출을 보기 위해 올라온 관광객을 위한 식당, 호텔 등 많은 건물이 하늘거리 즉, 천가(天街)라 하여 형성되어 있습니다.

산 정상에 조성된 수많은 건축물은 한국에서는 상상도 못할 일입니다.

> **TIP**
>
> ※ 여러분!
> 무언가 큰 결심을 하고 그 결심을 이루기 위해서라면 한 번쯤은 태산에 오르길 추천합니다. 그리고 본인만의 장엄한 의식(?)을 치른 후 반드시 정상에 있는 천황정에 가서 자물쇠 하나를 채워놓으십시오. 그 후 자물통의 열쇠는 산 밑으로 멀리 던져버리세요.
>
> ※ 태산!
> 분명 산은 산이되 말할 수 없는 장엄함과 숙연함을 주는 신비로움이 있는 산입니다. 어느 곳에서나 일출을 볼 수 있지만 태산에서 보는 일출을 왜 으뜸으로 치는지 직접 가서 본인이 느껴야 할 것 같습니다.

CHAPTER 023 중국 성(省) 지명의 유래-1
옛 도시 이름의 인용

같은 행정단위라도 중국의 행정단위 명칭과 한국의 행정단위 명칭에는 차이가 있습니다.

한국은 도(道)-시(市)-군(郡) 단위의 명칭을 사용합니다. 그러나 중국은 성(省)-시(市)-현(縣) 명칭으로 사용합니다.

한국의 행정단위 도(道)에 해당하는 것이 중국에서는 성(省)입니다. 시(市)의 명칭은 한국과 중국이 동일합니다. 그러나 한국의 군(郡) 단위 명칭을 중국에서는 현(縣)을 사용합니다.

한국의 지역 이름에는 유래되는 근거가 여럿 있습니다. 경주(慶州)와 상주(尙州)의 도시이름을 가져와 경상도(慶尙道)라고 합니다. 전라도(全羅道)는 전주(全州)와 나주(羅州)의 첫 머리글에서 붙여진 이름입니다. 강원도(江原道)는 강릉(江陵)과 원주(原州), 충청도(忠淸道)는 충주(忠州)와 청주(淸州)의 머리글 이름입니다. 그리고 지역 명칭은 아니지만 왕이 있는 외곽이라 하여 경기도(京畿道)라고 하였습니다.

중국 23개 성(省) 명칭의 작명에도 여러 가지 유래가 있습니다. 그러나 중국 지역 명칭의 작명 유래를 살펴보면 크게 세 가지로 분류할 수 있습니다.

1) 지역 중심의 도시 이름 조합.
2) 역사 속 옛 이름의 재인용.
3) 관할 지역 내의 자연 명칭 인용 등입니다.

첫 번째 : 성의 관할 지역 내 지역 중심의 도시 이름으로 조합된 성입니다. 강소성(江蘇省 장쑤성)은 강녕(江寧)과 소주(蘇州)의 첫 자입니다. 안휘성(安徽省 안후이성)은 안경(安慶)과 휘주(徽州)의 첫 자입니다. 복주(福州)와 건안(建安)의 첫 자를 따서 복건성(福建省 푸젠성)으로 하였습니다.

두 번째 : 인근 지역 역사 속 옛 이름에서 따온 성의 명칭입니다. 섬서성(陝西省 산시성)은 섬원(陝原)의 서쪽에 위치했다고 섬서성이라 부릅니다. 강서성(江西省 장시성)은 고대에는 장강 하류 지역을 강동(江東)이라 불렀지만 송대에 와서는 강서성을 강남서로(江南西路)라고 하였습니다. 여기에 강서(江西)라는 이름이 붙여졌습니다. 남부지방에 있는 광동성(廣東省 광동성) 역시 송(宋)대에는 광남동로(廣南東路)라고 불러서 광동(廣東)이라 불렀습니다.

CHAPTER 024 중국 성(省) 지명의 유래-2
자연 이름의 인용

중국은 자연적인 지형을 경계로 행정경계를 지정한 곳이 많습니다. 사실 현재 중국의 행정명칭은 자연의 이름에서 인용하여 지정한 곳이 많습니다. 중국의 지역 명칭 중 성(省) 이름의 탄생 배경으로 첫 번째 도시 이름, 두 번째 옛 이름에 이어 세 번째는 자연 이름에서 가져온 성을 소개합니다.

세 번째 : 지방의 유명한 산천이나 호수 등 자연의 이름에서 따온 경우, 귀주성(貴州省 구이저우성)은 고을(州) 내에 귀산(貴山)이 있어 귀(貴)에다 고을(州)이라는 이름을 붙여 귀주성이라 합니다.

흑룡강성(黑龍江省 헤이룽장성)은 성내에서 가장 긴 흑룡강에서 유래하였습니다. 요녕성(遼寧省 랴오닝성)은 성내에 중국 7대 강의 하나인 요하(遼河 랴오허)가 흐르고 있습니다.

절강성(浙江省 저장성)은 성내에 전당강(錢唐江)이 있습니다. 그런데 이전에 전당강의 다른 이름이 절강(浙江)입니다. 사천성(四川省 쓰촨성)은 성내에 장강, 민강, 타강, 가릉강 등 4개의 큰 강이 있어 사천성이 되었습니다.

청해성(青海省 칭하이성)은 성내에 청해호(青海湖)에서 유래하였고, 산동성과 산서성은 이곳에 큰 산맥을 가진 태행산(太行山)을 중심으로, 동쪽은 산의 동쪽 산동성(山東省)이라 하였고 산의 서쪽은 산서성(山西省)으로 구분합니다.

하남성(河南省 허난성)과 하북성(河北省 허베이성)은 황허강 남북에 위치해서 강의 남쪽, 강의 북쪽으로 구분하였습니다. 호남성(湖南省 후난성)과 호북성(湖北省 후베이성)은 동정호(洞庭湖)라는 중국 내륙에서 큰 호수를 중심으로 남북에 위치해서 얻은 명칭입니다.

▲ 1903년에 설립한 칭다오 맥주, TSINGTAO로 표기되어 있다

한국의 도시 지명에는 의미가 있습니다. 중국도 성 이름을 잘 살펴보면 그 지역에서 전래되는 역사나 이전의 중심 도시, 그리고 자연지명의 명성을 추측할 수 있는 의미가 담겨 있다는 사실을 기억하시기 바랍니다.

▼ TIP

※ 중국 청도 맥주의 표기가 TSING TAO로 표기되어 있습니다. 산동성 청도(青島)시의 중국어 발음은 Qingdao입니다. 틀린 표현은 아닙니다. 왜 이런 표기가 되었는지 상상해 보십시오.

CHAPTER 025 | 중국 강(江) 이야기-1
황허(黃河)

중국 국가 대표 강(江)은 황허(黃河)와 양쯔강(揚子江)입니다. 이 두 강은 중국인의 생명이며 또한 중국문명의 발상지입니다.

황허는 중국 북부를 서에서 동으로 전장 5,400km를 흐르는 나일강, 아마존강, 양쯔강, 미시시피강에 이어 중국 제2의 강이자 세계 5대 강에 속합니다. 중국 서부 내륙 칭하이성 쿤룬산맥에서 발원하여 쓰촨성, 간쑤성 등 9개의 성을 거쳐 최종 산둥성 둥잉시(东营市 동영시)에서 한국의 서해와 연결되어 발해만(渤海湾)으로 유입되고 있습니다.

쿤룬산맥에서 시작해 황해까지 장장하게 흐르다 보니 강 유역의 황토지대는 토양이 비옥하고 수분이 충분해서 곡창지대를 이루고 있습니다. 이러한 자연환경 덕분에 중국의 고대 문명 즉, 황허문명(黃河文明)이 이곳에서 발생했습니다. 황허문명은 중국 황허 유역의 비옥한 황토지대에서 BC 5천 년경에 일어난 신석기 문명으로 세계 4대 문명 발생지의 하나이자 중국의 고대 문명을 통틀어 지칭하는 말입니다.

이전에는 황허문명을 세계 4대 문명으로 분류하였지만 현재는 장강문명, 룽산문화 등 여러 가지 다양한 문명이 중국 각 지역에서 발견되었기에 황허문명만을 채택하지 않으며, 4대 문명에 황허·장강문명(黃河揚子江文明)이라 합니다.

> **TIP**
>
> ※ 황허, 메소포타미아, 이집트, 인더스 문명을 세계 4대 문명이라 합니다. 그런데 만리장성 서북쪽 1,000km 전후 지점에 놀라운 고대 문명이 발견되었습니다. 랴오허(遼河) 상류 지역으로 황허문명보다 최소 1천 년 이상 앞선 고대 문명이 존재했다고 합니다. 이를 근래 들어 '제5의 문명' 혹은 '랴오허 문명(遼河文明)'이라 합니다.
> ※ 황허와 연결된 고사성어 두 가지를 소개합니다. 만절필동(萬折必東)과 백년하청(百年河淸)입니다.
> 만절필동은 『순자(荀子)』의 유좌(宥坐) 편에 실린 공자의 말씀입니다. 동쪽으로 흐르는 황허를 바라보고 '일만 번이나 꺾여 흐르지만 반드시 동쪽으로 흘러가니 의지가 있는 것과 같다'고 설명하면서 군자가 큰물을 볼 때 반드시 살펴야 할 점이라고 일렀습니다. 즉, 황허의 강줄기는 굴곡이 심하지만 서고동저(西高東低)인 중국 지형의 특성상 반드시 동쪽으로 흘러가는 것을 군자의 의지나 절개로 풀이한 것입니다. 여기서 유래하여 만절필동은 어떤 일이 곡절을 겪게 되더라도 결국은 원래 뜻대로 됨을 비유하거나 충신의 절개를 꺾을 수 없음을 비유하는 고사성어로 사용하고 있습니다.
> 다음은 백년하청(百年河淸)입니다. '100년을 기다린다 해도 황허의 흐린 물은 맑아지지 않는다'는 뜻입니다. 이는 오랫동안 기다려도 바라는 것이 이루어질 수 없다. 그리고 아무리 세월이 가도 일을 해결할 희망이 없다는 뜻을 비유할 때 사용하는 고사성어입니다.

CHAPTER 026 중국 강(江) 이야기-2
양쯔강·장강(揚子江·長江)

물과 관련하여 중국은 이전부터 강(江)과 하(河)가 구분되어 있습니다. 하는 황허(黃河)를 상징합니다. 강은 양쯔강(揚子江 다른 이름은 長江 장강)을 가리키는 고유명사가 되었습니다.

중국의 지형에 따른 지역 구분도 장강 이남을 강남(江南)이라 부르고 남부의 동해안 지역을 강동(江東)이라고 부르고 있습니다.

한반도의 남북과 동서를 대표하는 낙동강과 한강은 길이가 약 500km 정도입니다. 세계에서 제일 길다고 하는 나일강과 아마존강은 약 7,000km 전후입니다. 강물이 흐르는 길이를 보아도 국토의 면적이 얼마나 큰지 간접으로 측정할 수 있습니다.

중국에서 제일 긴 강은 중국 중앙부를 횡단하는 강 길이 6,300km인 양쯔강입니다. 강의 길이로 순위를 정하면 중국의 양쯔강, 황허, 헤이룽강 순으로 세 강 모두 세계 10대 강에 속합니다. 세계에서는 나일강, 아마존강(세계 1, 2위로 표시되지만 출판도서마다 순위가 다른 경우도 있음)에 이어 세 번째로 긴 강입니다.

양쯔강은 중국 서부의 칭하이성(青海省)에서 남동쪽의 상하이(上海)까지 연결됩니다. 6,000km 넘게 흘러가기에 발생하는 스토리도 많습니다. 양쯔강 이야기가 나오면 빠질 수 없는 것이 삼협댐(三峽 싼샤)입니다.

　삼협이란 양쯔강 중상류인 중국 후베이성(湖北省)의 이창(宜昌)에 있는 구당협(瞿塘峽 취탕샤), 무협(巫峽 우샤), 서능협(西陵峽 시릉샤)입니다. 이 세 곳의 협곡을 잇는 세계 최대의 댐이 삼협댐입니다. 1994년 착공하여 2008년에 완공하였습니다. 물막이 제방과 수문, 발전소의 기능과 1만 톤 선박이 댐을 넘어갈 수 있는 갑문식 운하도 건설되어 있습니다. 높이 185m, 길이 2,309m, 너비 135m가 되는 어마어마한 규모입니다.

　저도 이 삼협계곡을 유람한 적이 있습니다. 시간이 조금 많이 소요되는 단점이 있습니다만 양쯔강 줄기를 따라 적벽루, 악양루 등 역사의 흔적을 살펴보는 여행이라 재미가 있습니다. 그리고 유람의 핵심은 세 협곡의 웅장하고 스케일 큰 광경을 볼 수 있다는 것입니다.

　양쯔강의 물길은 의창(宜昌 이창)과 우한(武漢 무한) 사이에서 S자형 혹은 뱀 모양 형태의 줄기를 반복하면서 흐르고 있습니다. 이런 까닭에 강줄기 좌우에는 늪이나 호수가 형성됩니다. 이렇게 하여 생긴 대표적인 호수가 동정호(洞庭湖)입니다. 동정호는 양쯔강의 물은 물론 주변의 강줄기 물을 받아들이고 흘려보내는 증수(增水) 조절기능을 하고 있습니다.

　동정호는 한때 민물 호수로는 중국 최대의 규모였지만 많은 토사가 퇴적으로 인해 유입되어 호수가 분할되거나 그 면적이 줄어들고 있습니다. 동정호를 바라보는 악양루는 중국 4대 누각의 하나로 선정된 아름다운 곳입니다.

▼ TIP

※ 삼협댐 공사가 완료됨으로써 양쯔강을 따라 길이 660㎞, 평균 강폭이 1.1㎞, 총면적 632㎢, 총저수량 393억 톤에 달하는 거대한 인공호가 만들어졌습니다. 이 저수량은 한국 춘천에 있는 소양호의 13배 정도 되는 저수량입니다. 아울러 일본 전체의 담수량과 맞먹는 규모입니다.

서부 내륙 중국 4대 직할시의 한 곳인 충칭(重慶)까지 1만 톤급 선박의 운항이 가능합니다. 이로 인해 물류 운송량이 획기적으로 증가하였습니다. 10년 주기로 찾아오는 양쯔강 홍수가 100년 단위로 늦춰지고, 댐 일대를 중국 최대의 관광지 가운데 하나로 개발함으로써 21세기 중국의 지도를 변화시켜 가고 있습니다. 그러나 이러한 경제적 이익과 더불어 부작용도 많이 나타나고 있습니다. 1천 건이 넘는 문화재 가운데 보존 가치에 따라 이전되거나 현지에 보존되는 지상 문화재 287건을 제외한 모든 문화재가 그대로 수몰되었습니다.

또 삼협댐 완공 후에는 유량 감소로 양쯔강의 수질오염이 10배 이상 증가하였습니다. 뿐만 아니라 양쯔강 물의 해양 유입 감소로 서해와 동해의 염분 농도가 증가해 한국 등 주변국의 기온 상승은 물론 해양 생태계에도 심각한 영향을 미칠 것으로 전문가들은 보고 있습니다. 그리고 많은 양쯔강 원주민들이 수몰된 고향을 떠나 삶의 터전을 찾아 이주하였습니다. 그리고 안개와 습기로 인해 농작물의 재배 품종이 바뀌는 등 자연 변화가 심하게 일어나고 있습니다. 자연은 자연스럽게 두는 것이 가장 효과적이라고 합니다. 개발된 이익만큼 자연은 인간에게 피해를 준다고 합니다. 지구촌의 환경문제를 깊이 고민해야 할 시기입니다.

CHAPTER 027 중국의 섬 이야기-1
하이난 섬(海南島)

중국 하이난 섬의 애칭은 '동양의 하와이'입니다. 하이난 섬(海南島 해남도)은 한국에서 겨울에 떠나도 좋습니다. 여름 날씨를 만날 수 있기 때문입니다.

중국은 땅 면적에 비해 큰 섬이 많지 않습니다. 경상남북도 면적의 크기인 타이완(대만)을 제외한 가장 큰 섬이 중국 남부, 베트남 동북에 위치한 하이난 섬입니다. 하이난 섬 역시 면적은 경상남북을 합친 정도 크기입니다.

이곳 하이난 섬은 중국이 개혁개방하면서 섬 전체를 경제특구로 지정한 곳입니다. 이로 인해 오래된 섬마을이 새로운 도시개발 세력과 콘크리트 휴양시설에 밀려나면서 제자리를 잃어버리는 것 같아 안타깝지만 그래도 아직은 여유가 있는 마을입니다.

기후도 1년 내내 여름 날씨로 동양에서 남태평양의 정취를 느낄 수 있는 관광 휴양 섬입니다. 섬 내에 철도도 있어 여행의 묘미를 배가시켜 줍니다.

사람이 많이 붐비고 번잡한 태국이나 필리핀 등의 휴양지와는 전혀 다른 느낌을 받는 곳입니다.

▲ 철도가 있는 최대의 휴양지 하이난 섬

　휴가철이 되면 지인들이 중국박사라고 존중한다며 저에게 중국 여행지를 추천해 달라고 전화나 사무실 방문이 잦습니다. 저는 중국의 하이난 섬과 산동성의 웨이하이(威海 위해), 옌타이(烟台 연태), 그리고 일본의 오키나와를 망설임 없이 수년 전부터 일관되게 대답하였습니다. 물론 개인의 취향에 따라 차이는 있겠지요.

　하이난 섬에 가면 느림이 주는 행복이 있습니다. 또 행복이 주는 여유의 묘약을 마음껏 드실 수 있습니다. 이렇게 제가 강력히 추천하는 이유는 하이난 섬에 가면 20년 전의 과거(원주민 마을과 구도시)에서 세상을 배울 수 있는 흔적이 있기 때문입니다.

　그리고 현재는 물론 10년 후의 미래(최신식 신개념 콘도, 레저, 휴양시설)를 동시에 느낄 수 있는 조화로움이 있고 다양한 선택을 할 수 있는 곳이 많기 때문입니다.

CHAPTER 028
중국의 섬 이야기-2
충밍 섬(崇明島)

충밍 섬은 중국인들도 잘 모르는, 중국에서 두 번째로 큰 섬입니다. 상하이시 앞 양쯔강과 태평양 바다가 만나는 곳에 생긴 생태환경 섬이자 국립삼림공원입니다. 그런데 사실 이 섬도 진국입니다.

충밍 섬(崇明島 숭명도)은 순천만의 갈대밭과 같은 곳이 많으며 또한 삼림욕도 하기 좋아 중국 정부에서 지정한 국가지질공원입니다. 크기는 제주도 절반 정도입니다. 하이난 섬이 바다 중심으로 휴가를 보내는 곳이라면 이곳은 삼림 중심으로 휴가시설을 더 느낄 수 있습니다. 상하이에서 쾌속정으로 30분 거리에 있어 교통도 편리하답니다.

중국에서 세 번째 큰 섬은 저우산도(舟山島 주산도)입니다. 저장성의 양산과 상하이를 중심 대상 도시로 하는 공업 항구도시 지역으로 성장하고 있는 섬입니다. 한국의 거제도보다 조금 더 큰 규모입니다.

4위는 한국 남해나 강화도 섬 크기의 랴오닝성 다롄시 앞바다에 있는 창싱도(長興島 장흥도)입니다.

이곳은 한국의 STX 조선소가 설립되면서 우리에게 잘 알려진 섬입니다. 이곳에도 한류(?)가 강하게 휘몰아치고 있습니다.

섬 주민 대부분이 한국의 STX 기업 근무복을 입고 다닙니다. 출퇴근 하는 모습을 보면 한국인지 중국인지 구분이 되지 않습니다.

한국, 대단합니다.

▼ TIP

※ 한국에서 섬 크기로 볼 때 제주도가 가장 큰 섬인 것은 알고 계시죠. 그럼 2,3위는 어디일까요? 이 기회에 우리나라 섬 공부 좀 할까요?

참고로 남한 면적은 약 10만㎢입니다. 경남의 면적은 1만㎢ 정도, 서울이 605㎢입니다. 한국에서는 제주도가 가장 큰 섬으로 1,809㎢입니다. 다음이 거제(면적 383㎢), 진도(353㎢), 강화(300㎢), 남해(298㎢) 순입니다. 이를 통해 중국의 섬 크기를 비교해 보면 쉽게 이해할 수 있을 겁니다.

CHAPTER 029

중국의 섬 이야기-3
헝친다오 섬(橫琴島)

낮보다 밤이 더 아름답고 활동적인 섬, 홍콩과 마카오.

홍콩은 중국어로 시앙강, 마카오는 아오먼이라 합니다.

홍콩은 중국 본토의 주룽반도와 함께 크고 작은 섬 230여 개로 구성된 서울의 1.5배 정도 크기입니다.

대표적인 섬이 백만 불짜리 야경을 자랑하는 홍콩 아일랜드와 새롭게 번창하고 있는 경남의 남해 절반 크기인 란타우 섬입니다.

이렇게 크지도 않은 면적을 가진 홍콩의 작은 섬은 다국적 기업과 산 중턱은 물론 꼭대기까지 빌딩 숲으로 이루어져 있습니다. 세계경제와 금융의 중심 도시이자, 쇼핑의 천국 도시, 아시아의 허브 도시 등 애칭도 다양합니다.

홍콩에 근접한 마카오는 경남 남해의 10분의 1도 되지 않는 크기입니다. 유럽풍의 도시 관광지와 섬과 섬을 잇는 기하학적 특이한 교량이 있는 도시입니다. 미국 라스베이거스와 함께 세계 카지노 중심 도시입니다. 그리고 '작은 도시의 대도시'답게 도시 전체가 관광지입니다. 도시 인구는 약 50만 정도입니다.

마카오와 이웃한 섬 헝친다오(橫琴島 횡금도)가 있습니다. 중국 정부가 홍콩의 개발이 포화상태가 되자 이곳에 글로벌 대기업을 유치해 제2의 홍콩으로 새로운 국제도시를 건설한다는 계획을 발표하였습니다. 이렇게 되면 홍콩, 마카오, 헝친다오는 도시의 섬들끼리 하나로 연결되는 라인을 형성합니다.

다국적 기업은 환경이나 근무, 관세, 투자법률 등 인프라 조건이 좋은 곳으로 이전합니다. 그러므로 이곳에 신국제도시가 들어서면 중국에 진출을 많이 한 우리나라에도 직간접 많은 영향이 발생합니다.

남해의 4분의 1도 되지 않는 면적의 한적한 작은 섬에 2020년 세계가 주목하는 도시를 만든다는 야심 찬 중국의 추진력이 그저 놀라울 뿐입니다.

▼ TIP

※ 한국에도 크고 작은 섬이 많이 있습니다. 홍콩처럼 세계적인 섬도시를 형성할 수 있는 곳으로 어디가 적합할까요?
홍콩과 마카오, 헝친다오가 서로 교차하는 다리가 놓이면 중국 부동산의 가격이 또 한 번 요동칠 것 같습니다. 홍콩의 집 가격이 내릴지, 오를지 예측해 보는 것도 국제문제에 관심을 가지는 작은 방법입니다.

세 번째 이야기

여유(旅遊) 가는 중국

주중 한국 영사관 ▍ 여권과 비자 이야기 ▍ 한국을 관광하는 요우커 ▍
고속철도 개통으로 베이징과 상하이는 일일생활권 ▍
랜드마크 이야기 ▍ 베이징의 랜드마크 ▍
제주도에 있는 중국 이야기 ▍ 도시 국가 ▍ 중국 주석 집무실 중난하이

CHAPTER 030 주중 한국 영사관

중국인이 한국을 여행하려면 중국 내 한국대사관, 영사관에 가서 한국 비자를 받아야 합니다. 한국과 일본은 상호협정에 따라 비자 없이 언제든 양국을 오고 갈 수 있습니다. 그러나 한국과 중국은 아직도 외교적으로 무비자 협정이 되어 있지 않아 반드시 비자를 받아야 합니다.

중국의 주요 대도시와 한국인이 많이 거주하는 곳에는 한국 영사관이 설치되어 있습니다. 1992년 8월 24일 한중 수교 이후 현재 베이징에 있는 대사관을 비롯해 상하이, 칭다오, 선양, 광저우, 청두, 시안, 우한 등에 영사관이 설치되어 있습니다.

1949년 설립된 홍콩을 포함하면 주중 한국 영사관은 8곳입니다. 대사관이 수교국가의 수도에 설치하는 본점이면, 영사관은 비교적 한국 교민이 많이 거주하거나 중국 내 권역별 큰 대도시를 중심으로 설치하는 지점 성격입니다.

영사관은 중국인의 비자발급 업무 외 중국에 거주하는 한국인 보호업무, 민원, 비자 등 각종 발생하는 사안에 대해 도움을 받을 수 있는 한국의 공식 정부 관청입니다. 그리고 법적으로 대사관은 설치한 국가의 영토입니다. 그래서 허가 없이 외국인이 함부로 출입할 수가 없습니다.

▼ TIP

※ 중국은 한국에 서울 주중대사관과 부산총영사 그리고 광주에 영사관을 설치하였습니다. 그리고 서울에는 중국문화를 알리는 중국문화원이 있습니다. 중국 관련 요리를 배우거나 중국문화, 자료수집 등을 위해 활용하면 참 편리합니다.

CHAPTER 031 여권(旅券)과 비자(査證) 이야기

여권은 자국을 떠나 타 국가에 갈 때 정부가 발행하는 공식 국제적 신분증명서입니다. 목적이 관광이든 국가 업무와 관련한 공무이든 국가 간의 방문은 반드시 방문국의 입국승인을 받아야 합니다. 준비된 양식에 신청서류를 접수하여 문제가 없으면 방문국가 기관에서 입국 승인서를 여권에 승인표시의 도장을 찍거나 스티커를 부착하여 줍니다.

여권발급은 대한민국 국민이면 남녀노소 구분 없이 누구나 거주지 시, 군청 민원실에 가면 발급이 가능합니다.

여권을 영어로 '패스포트(Passport)'라 합니다. 영문으로 해석하면 '항구(Port)의 통과(Pass)'라는 뜻입니다. 패스포트가 여권이라는 뜻의 배경에는 재미있는 내용이 있습니다. 지금처럼 항공이 발달하지 않은 시기, 국가 간의 이동이 필요할 때 많은 사람들은 배를 이용하여 국경을 통과하였습니다. 배가 부두에 정박하기 위해서는 당연히 그 지역의 항구에 입항하고 이곳을 통해 입국하였습니다. 이때 사람들은 부두를 통과한다(Passport) 하여 만들어진 신분증 이름이 오늘날 우리가 여권이라고 하는 것입니다.

한국에서는 한자 표기로 여권(旅券)이라 합니다. 정부가 발행한 것으로 외국에서 공식적으로 인정받는 대외 신분증입니다. 여권은 신분증명서라 주민등록증 혹은 면허증과 함께 국내에서도 각종 신분증으로 인정받고 있습니다. 그런데 일정 부피가 있어 주머니에 넣고 다니기에는 조금 불편합니다. 그러나 외국에 나가면 항시 휴대하여야 합니다. 중국에서 분실한 한국인의 여권은 비싼 금액에 불법으로 거래됩니다. 한국에 입국하려는 분이 많은 이유 탓도 있겠지요. 분실한 경우 곧바로 해당 대사관, 영사관 등에 신고해야 합니다.

▎비자(査證) 이야기

여권이 준비되었다고 해서 곧바로 외국을 나갈 수 있는 것은 아닙니다. 비자(Visa 査證 사증)가 필요합니다. 외국을 방문하려면 반드시 그 국가의 허가를 받아야 합니다.

비자는 방문국가에 신청을 하면 들어와도 좋다는 공식 출입허가서입니다. 한국과 수교를 맺고 있는 세계 여러 나라의 경우, 비자 없이 출입이 가능한 국가도 있지만 중국은 현재 반드시 비자발급을 받아야 입국할 수 있습니다.

한국 내 중국비자를 발급하는 곳은 서울 주한 중국 대사관, 부산·광주에 있는 주한 중국 영사관입니다. 중국 비자는 발급일로부터 3개월 내 1회, 6개월 내 2회, 1년 내 무제한 출입 등 다양한 종류가 있습니다. 직접 방문하여 비자를 받거나 중국 방문에 앞서 여행사에 대행 수수료를 주고 의뢰하여 비자를 발급받을 수 있습니다.

한국은 통상적으로 비자라 부릅니다. 한자로 표기하면 사증(査證)입니다. 이 비자의 중국어 표기는 簽證(첨증, 치엔증)입니다. 굳이 해석하자면 서명하여 증명한 것입니다.

▼ TIP

※ 여권은 영어로는 '패스포트(Passport)'라 하여 '항구의 통과'라는 뜻입니다. 한국어로는 여권이라 하며 한자 뜻은 여행하는 사람의 문서입니다. 그러나 중국에서는 여권을 호조(護照 후자오)라 합니다. 이렇듯 여권 명칭 하나에도 영어와 중국어, 한국어 표기에 각각의 차이가 있습니다. 그 본질은 차이가 없지만 작은 차이는 알 수 있습니다.

※ 비자는 충분한 시간을 갖고 여유 있게 발급받아야 합니다. 출국에 임박해서 비자 신청을 할 경우 수수료를 비싸게 부담하여야 합니다. 소위 말하는 급행료도 부담해야 합니다. 5인 이상 단체로 여행을 갈 경우 단체비자를 신청하면 아주 저렴한 발급비를 부담합니다. 단, 단체비자는 입국과 출국을 비자에 표기된 일행이 함께하여야 한다는 단점이 있습니다.

CHAPTER 032 한국을 관광하는 요우커(遊客)

최근 한국을 관광하는 중국 여행자의 수가 폭발적입니다. 아울러 한국을 방문하는 중국 관광객과 관련한 방송이 연일 보도되고 있습니다. 최근에는 '서울 명동 지역, 큰손 쇼핑 – 중국 여행객'이란 톱기사도 보았습니다. 언론도 1면 머리기사에 처리하거나 특집으로 편집하여 취급하는 등 계속 보도하고 있습니다.

2011년 10월 1일부터 시작된 중국 국경일 연휴 기간과 2012년 5월 1일 전후한 노동절 공휴일 기간에만 한국을 방문하는 중국 관광객이 10만 명을 초과하였습니다. 중국인 관광 쓰나미라 할 정도입니다. 특히 지난 9월 중순부터 중국 일용품 회사 바오젠(寶健 보건) 그룹에서는 1만 명이 넘는 직원을 연차적으로 제주 특별자치구에 관광을 보냈습니다. 이에 호응하여 제주도에서는 아예 시내 중심지 일부에 중국 회사 이름을 붙인 보건(寶健) 거리를 선포하여 중국 관광객을 계속 불러들이고 있습니다.

이렇게 한국을 여행하는 중국인 관광객을 언론에서 '요우커(遊客)'라는 특정 용어를 선택해 부르고 있습니다.

▌요우커의 의미

요우커(遊客)란 중국인 관광객을 지칭하는 용어로 표현하고 있는데 이는 한자어 遊客(놀 유 遊, 중국어 발음 요우, 손 객 客, 중국어 발음 커)의 중국어 발음입니다. 중앙일보에서 언어의 통일과 홍보를 위해 명사화하여 추진하고 있는 신생단어입니다.

중국말에 여행과 관련된 표현으로 여유(旅遊 리요유)와 여행(旅行 리싱)이 있습니다. 일본에서는 여행(旅行)이라 쓰고 료코우(りょこう)로 발음합니다. 한국도 한자는 旅行(여행)이라 씁니다.

▌관광객 유치가 도시경제를 살린다

저는 작년 초 공개적인 자리에서 중국 관광객이 한국을 방문하도록 창원시와 경상남도가 특별히 관심을 가져야 한다고 강력하게 주장한 적이 있습니다.

굴뚝 없는 공장으로 신성장 산업의 핵심이 관광산업이라 생각합니다. 소득이 증대하여 여유 있는 생활을 즐기려는 중국의 중산층이 지속적으로 늘어나고 있습니다. 씀씀이나 지출의 스케일이 큰 중국 여행객이 창원이나 경남 지역의 관광지에도 올 수 있도록 관계자의 노력이 절실히 필요한 시기라 생각합니다.

CHAPTER 033 고속철도 개통으로 베이징과 상하이는 일일생활권

중국의 양대 도시는 당연히 베이징과 상하이입니다. 일반적으로 베이징을 정치 중심지, 상하이를 경제 중심지로 지칭합니다.

베이징과 상하이의 거리는 서울과 부산 거리의 3배인 1,300km 정도입니다. 2011년 6월 고속전철이 개통되어 베이징과 상하이의 공간적 거리가 더욱 가까워졌습니다. 기존 12시간이나 소요되던 시간이 4시간대로 8시간이 단축되었습니다. 그야말로 베이징에서 아침을 먹고 상하이에서 점심 먹고 간단한 일을 보고 다시 베이징에서 친구를 만나 저녁 시간을 가질 수 있게 되었습니다.

한국은 70년대 서울~부산 간 고속도로가 건설되어 5시간 소요로 일일생활권이 되었습니다. 그러나 최근에는 이 5시간도 길고 지루하여 고속철도가 건설되면서 서울·부산을 2시간대 오고 가는 반나절 생활권이 되었습니다. 중국의 국가 대표 두 대도시가 일일생활권에 진입하여 더 큰 도시 간의 시너지를 생산할 것 같습니다.

고속철도 요금

베이징~상하이 간 4시간대 고속철도가 2011년 6월 30일 개통하였습니다. 아울러 중국 공산당 창당 90주년 기념일인 2011년 7월 1일에 맞춰 대대적인 행사를 병행한다고 보도하였습니다. 이 행사를 통해 대외적으로 중국의 기술력은 물론이고 국가 경제력의 근간이 되는 정치, 군사, 문화, 과학 등 성장을 전 세계에 알리는 의미도 포함될 것 같습니다.

첨단기술과 과학이 있는 고속철도의 개발로 중국 최대의 두 도시가 연결되면 새로운 중국문화, 새로운 중국의 정치, 경제가 일어날 것으로 예측됩니다. 고속철도는 개혁개방 후 중국 경제성장의 결실 중 대표적 성과라 생각합니다. 중국의 성장을 고속철에 비유하면 중단 없이 질주하는 상황입니다. 베이징·상하이의 일일생활권이 육로로도 가능한 것이 시사하는 것은 앞으로 우리가 지켜보아야 할 중국의 변화 꼭짓점입니다.

이 시기에 한국의 중국 관련 기관이나 경제인들은 어떠한 도전과 반응을 가져야 할지 평소보다 더 많은 중국의 변화에 관심을 가져야 합니다.

최고 시속 300km면 베이징·상하이가 5시간이 채 걸리지 않습니다. 특히 이 고속철 노선의 경유지는 모두 동부 연안 해안도시와 밀접하게 연관되어 있습니다. 중국의 동부 해안도시는 개혁개방의 진원지이고 중국 성장의 엔진 역할을 하는 도시입니다.

통과 지역의 거주 인구는 중국 전체의 25%, 국내총생산(GDP)은 40%를 차지하고 있습니다. 소위 천문학적 숫자라고 하는 총공사비 36조 원이 투입된 베이징·상하이 고속철도의 요금이 얼마인지 짐작이 갑니까?

시속 300km 열차의 경우 직행이면 최소 4시간 48분 만에 종점에 도착합니다. 특등석은 1,750元(1元=180원 기준)이며 한국 돈으로 약 30만 원을 초과합니다. 일등석은 935元이고 이등석은 410元입니다.

시속 250km는 중간에 몇 곳을 경유하게 되는데 약 8시간이 소요될 것으로 예상합니다. 따라서 요금은 상대적으로 저렴합니다. 일등석은 650元이며 이등석은 410元입니다. 이 요금은 2011년 6월 개통 당시의 요금으로 조금씩 변동이 있을 수 있습니다.

> **TIP**
>
> ※ 만리장성이 1949년 신중국 건국 이전 최대의 토목공사라 합니다. 중국 대륙을 거미줄처럼 만드는 철도공사는 신중국 건국 이후 최대의 토목공사라 할 만합니다.
> 베이징에서 홍콩까지 약 2,400km를 10시간대 고속철도로 갈 수 있는 토목공사도 한창입니다. 참 바쁘게 사는 세상입니다. 인생에서 삶의 속도는 저속전철이나 리어카 속도로, 아니 달팽이 이동처럼 만만디가 되었으면 하는 게 솔직한 바람입니다.

CHAPTER 034 랜드마크 이야기-1
국가의 상징

세계 3대 랜드마크(Landmark)는 중국의 만리장성, 미국의 자유의 여신상, 프랑스의 에펠탑입니다. 누구에 의한, 어떤 근거에 의한 결정인지 알 수 없지만 사실 저도 긍정적으로 동의합니다.

도시나 국가 혹은 지역의 대표적인 특성을 나타내기 위해 랜드마크라는 말을 자주 사용합니다. 이 말뜻의 사전적 의미는 '지역의 대표적인 표지 목표물로서 주변의 경관 중 눈에 띄는 물체이다.'라고 되어 있습니다. 랜드마크는 넓은 의미로 한 국가를 상징하고, 좁은 의미는 한 도시를 상징하는 대표적인 목표물, 건축물, 상징물, 자연물이기도 합니다.

그러나 일반적 의미는 어떤 도시나 특정 지역, 혹은 국가를 식별하는 데 자국민은 물론 외국인도 인정하는 대중적인 건축물이거나 자연물이기도 합니다.

랜드마크가 중요한 것은 나라를 잘 몰라도 랜드마크가 되는 건축물을 보여주면 그 나라를 연상할 수 있기 때문입니다. 어떤 나라는 도시의 랜드마크가 국가의 랜드마크가 되기도 합니다. 그런 점에서 국가의 랜드마크는 결국 국력이라 할 수 있습니다. 국력이 강해야 세상의 중심에

▲ 국가와 도시의 랜드마크인 중국의 만리장성

있고, 중심에 있어야만 세계인에게 많이 노출되고, 많이 노출되어야만 세계인이 기억하고 명소가 되어 관광이나 방문을 하기 때문입니다.

주관적 관점에 차이는 있지만 통상적으로 인정하는 주요 국가의 랜드마크로는 미국은 뉴욕의 자유의 여신상과 나이아가라 폭포, 프랑스는 파리 에펠탑과 개선문, 영국 런던의 국회의사당과 런던타워, 호주 시드니의 오페라하우스와 하버 브리지, 브라질 리우데자네이루의 예수상, 중국 베이징의 만리장성과 톈안먼 광장, 타이완 타이베이 시의 101빌딩, 이집트의 피라미드, 이탈리아 로마의 콜로세움, 독일의 브란덴부르크문(Brandenburg Gate), 일본의 후지산 등이 대표적입니다.

그러면 한국을 대표하는 랜드마크는 무엇일까요? 사실 한국의 랜드마크는 바로 떠오르지 않습니다. 서울 여의도 63시티, 남대문, N서울타워. 과연 외국인들이 이곳의 사진을 보고 한국이라는 것을 기억할까 궁금합니다.

CHAPTER 035 랜드마크 이야기-2
도시의 상징

랜드마크는 국가를 상징하지만 동시에 도시를 상징하기도 합니다.

에펠탑 하면 프랑스를 연상하지만 항상 파리의 에펠탑이라고 도시 이름을 붙여 말하기도 합니다. 마찬가지로 호주의 랜드마크도 시드니 오페라하우스라 부릅니다. 미국에 있는 자유의 여신상보다는 뉴욕의 자유의 여신상이 더 친숙하게 느껴집니다.

이렇듯 상징물 앞에는 항상 그 도시의 이름이 고유명사처럼 붙여져 있습니다. 저는 이것이 브랜드 파워라 생각하고 아주 좋은 현상으로 인정하고 있습니다.

한국의 대표적인 랜드마크는 떠오르지 않습니다. 그런데 저는 부산의 랜드마크하면 곧바로 다이아몬드 브리지라는 영문이름보다 귀에 익숙한 광안대교와 해운대가 즉각 떠오릅니다. 인천이나 대전, 광주, 울산 등 대도시를 상상해 보니 그 도시를 상징하는 대표적인 건축물이나 조형물이 떠오르지 않는군요.

중국에는 도시를 상징하는 건축물이 중국을 상징하는 역할을 하는 몇 곳이 있습니다. 중국을 보는 시각에 따라 차이는 있을 것입니다. 제가

▲ 도시의 대표적 랜드마크 뉴욕의 자유의 여신상

보는 입장에서 말씀드리면 베이징의 자금성, 천단공원, 톈안먼 광장, 상하이의 동방명주탑, 시안 병마용, 구이린(계림) 여강과 산수, 칭다오 붉은 기와지붕과 잔교, 정주의 소림사 등이 대표적 랜드마크라 생각합니다.

그런데 중국은 지역도시의 건축물과 자연물이 그곳 지역도시보다는 중국을 먼저 연상할 정도로 지역의 상징이 국가의 상징처럼 넓게 인식되어 세계 각국에 많이 알려져 있습니다.

타이완 101빌딩, 싱가포르 사자분수, 라스베이거스 카지노 등 세계 유명 관광 도시는 그 도시를 대표하는 랜드마크가 있습니다. 랜드마크는 인공적이든, 자연적이든, 나라든, 도시든 곧바로 연상되는 1~2개 정도는 꼭 필요하다고 생각합니다.

관광업계에 종사하고 있는 분들은 굴뚝 없는 성장 동력 관광수요를 위해 이미지와 스토리가 필요하다고 합니다. 세계 어느 나라에 가서 언제 누구에게라도 한 장의 사진을 내보이면 '오! 코리아' 할 시기가 왔습니다. 관광은 황금이라는 열매를 직접 주워 담는다고 하였습니다.

CHAPTER 036 베이징의 랜드마크-1
베이징의 현대 건축물

많은 한국인이 처음 중국 여행을 갔다면 제일 먼저 찾는 곳이 아마 베이징일 것입니다. 제가 이렇게 단정을 하는 데에는 2가지 이유가 설득력이 있을 것 같습니다.

첫 번째는 한국에서 항공으로 2시간대라 교통이 편리하여 쉽게 갈 수 있는 중국의 대표적인 도시로, 우리에게 가장 많이 노출된 도시이기 때문입니다.

두 번째는 베이징 도시의 유명 관광지가 한국인에게 널리 알려진 것이 많기 때문입니다. 이는 수천 년 동안 역사의 축을 같이 한 관계로 인해 문화적 동질성이 있기 때문에 역사를 통해 친숙하게 기억하기 때문이 아닐까 생각합니다. 톈안먼 광장, 자금성, 이화원, 천단공원 그리고 만리장성 등을 처음 보는 한국인은 대부분 "우~와!" 하는 감탄사로 장식합니다. 톈안먼 광장이나 자금성, 만리장성의 규모에 입을 다물지 못할 수밖에 없지요.

제가 중국에 거주한 95년 시기에는 베이징의 야간 풍경을 흡사 암흑도시로 비유하였습니다. 2000년 넘어서자 하루가 다르게 베이징의 밤거리가 밝아지기 시작하였습니다. 볼거리가 하나, 둘 생겼습니다. 건물

▲ 베이징 시내의 특이한 형태의 신건축물

외형을 따라 설치된 야간조명도 그중 일부입니다.

그리고 당시에는 야간문화를 체험할 곳이 없었는데 이제는 베이징 시내 곳곳의 규모 있는 호텔이나 극장에서 상시로 경극이나 서커스 관람을 할 수 있습니다. 아마 이 코스는 베이징 여행의 상징적이자 일반적인 여행사의 필수 코스가 된 듯합니다.

그리고 보니 아직도 일반인들은 잘 모르는, 중국 관련 대학생이나 역사, 사회학자 등 극소수만 알고 있는 야간공연을 상설 운행하는 곳이 있습니다. 그곳은 톈안먼 광장에 근접한 중국 현대문학을 대표하는 노사(老舍) 선생의 차관(茶館)입니다. 90년대 중반 당시로는 아마 제가 기억하는 유일한 야간 공연장이었다고 생각합니다. 지금은 그때보다 더 알차고 다양한 프로그램으로 외국인에게 북경의 밤 추억을 제공하고 있습니다.

2000년 초반까지 베이징 시내 관광의 아이콘이자 랜드마크는 만리장성과 톈안먼 광장, 자금성이었습니다. 그런데 최근 베이징시가 인터넷으로 베이징의 대표적 랜드마크를 선정하는 투표에서 의외의 결과가 나왔습니다.

새둥지 형태의 외형을 한, 니아오차오(鳥巢 조소)라는 베이징올림픽 주경기장이 1위였습니다. 그다음이 국가대극원입니다. 톈안먼 광장 부근에 있는 국립 대공연장으로 외형은 마치 UFO가 내려앉은 모습입니다. 세 번째가 CCTV 신사옥입니다. 건물의 특징을 한 마디로 표현하기 어려운 현대 건축물의 걸작들입니다.

네 번째는 베이징국제공항입니다. 이런 건물들이 베이징의 새 아이콘으로 부상하였습니다. 그 이유는 아마 기존의 건축물에 식상한 시민들이 새롭고 특이하게 지어진 건축물로 인해, 새로운 도시 디자인이 형성되면서 사람들의 삶을 강력하게 이끌어주기 때문인 것 같습니다.

그리고 건축물은 아니지만 베이징의 랜드마크를 다니는데 최고의 교통수단은 지하철입니다. 출퇴근 시간 베이징 시내의 교통정체를 직접 겪어 보시기 바랍니다. 제한된 시간으로 여행할 경우, 베이징의 랜드마크는 대부분 지하철 역 주변이라 일반 차량보다 지하철 이용이 몇 배 유익할 것입니다. 베이징을 여행할 기회가 있다면 이 같은 숨은 진주를 꼭 볼 수 있도록 가이드에게 부탁해 보시기 바랍니다.

과거와 현재 그리고 미래를 예측하게 하는 베이징의 도시 이야기는 매력이 있습니다.

CHAPTER 037 베이징의 랜드마크-2
2008년 올림픽 주경기장(鳥巢)

'2008년 올림픽 주경기장인 이곳에 가보지 않고 베이징에 갔다고 하지 말라.', '만리장성에 올라가 보지 않은 사람은 대장부가 아니다.'라는 표현을 빌려서 꼭 이곳에 가보라는 뜻의 우회적 표현입니다.

니아오차오(鳥巢 조소)는 한자 그대로 새 둥지라는 뜻입니다. 베이징국가체육장(北京國家體育場)의 다른 명칭입니다. 이곳은 2008년 8월 8일 개최된 제29회 베이징올림픽 주경기장입니다.

이 건축물은 외형부터가 특이합니다. 외부에서 보면 철근이 기하학 곡선으로 얽히고설켜 있습니다. 외형이 꼭 새가 나뭇가지를 물고 와서 둥지를 튼 것 같습니다. 그래서 애칭으로 부르는 이름이 새둥지(鳥巢)입니다. 베이징의 옛 지명이 제비가 들어가는 연경(燕京)이라, 새둥지라는 이름이 어쩜 풍수지리적으로 일치하는 것 같습니다.

길이 300m, 폭 220m, 높이 69m의 개폐형입니다. 철근 4만5천 톤, 철근 길이만 36Km가 소모되었습니다. 관람석에는 무려 10만 명이 들어간다고 합니다.

얼기설기 짚을 엮은 듯한 독특한 외관이 기존의 건축물이나 운동장이

▲ 베이징올림픽 주경기장과 수영장

라는 고정관념의 상상에서 벗어나 천지개벽하는 아이디어로 지어졌습니다. 역시 중국다운 사고, 생각을 현실로 실천하는 무서운 집념의 결과물입니다. 이 건물은 중국의 재래시장에서 발견한 서민적인 도자기에서 영감을 얻었다고 합니다.

건물의 형태를 놓고 해석은 각각입니다. 베이징 외곽에 있는 운동장을 무(武)로 비유한다면 도심에 있는 국가대극원은 문(文)으로 비유합니다. 제비 알을 넣기에는 너무 웅장하여 세계경제 대국으로 부상한 중국의 위상에 비유하여 새집이 아닌 봉황의 집이라고도 합니다.

중국문화를 세계에 알리는 베이징시의 심장부에 있는 국가대극원의 외형이 봉황 알과 비슷하여 무언가 연결되는 것이 있는 것 같습니다.

▼ TIP

※ 서울올림픽은 1988년에 개최하였습니다. 이로부터 20년 후 베이징올림픽은 2008년 8월에 개최하였습니다. 중국이 금메달 51개로 우승하고 미국이 36개, 러시아 23개로 3위를 차지하였습니다. 한국은 금메달 13개로 영국 19개, 독일 16개, 호주 14개에 이어 7위를 하였습니다.

CHAPTER 038 베이징의 랜드마크-3
국가대극원(國家大劇院)

백문이 불여일견(百聞不如一見)입니다.

설명보다 직접 가서 보고 감탄하라는 명제를 던져 놓고 국가대극원을 소개합니다. 한자 표현 그대로 국가대극원(國家大劇院)이라고 하면 명칭이 조금 생소하게 들릴 것입니다. 한자를 아시는 분은 이해가 조금 빨리 되셨으리라 봅니다.

국가대극원은 한국으로 비유하자면 예술의 전당, 호주의 유명한 오페라하우스와 유사합니다. 단일 공연장 건물로 세계 최대 규모입니다.

호수 가운데 계란 반쪽을 거꾸로 덮어 놓은 반원 형태입니다. 수면 위로 올라온 모습이 반쯤 드러난 봉황 알 같기도 합니다. 공연장 둘레가 호수라 지하 문을 통해 출입하며 호수 아래 지하에 공연시설이 있습니다.

2007년 9월에 완공하였으며 톈안먼 광장에 있는 인민대회장(한국의 국회의사당) 뒤편에 있습니다. 동서 길이 212m, 남북 길이 143m, 외관 높이 46m, 내부는 지하 32m로 세계 최대 규모인 5,500여 좌석이 있습니다.

극장에 들어서면 인공호수 안 물속을 걷는 기분입니다. 공연을 보지 않을 경우 입장료를 내고 내부 구경을 할 수 있습니다. 인근에 톈안먼 광장, 자금성, 인민대회당이 있습니다. 이 서너 곳은 마음만 먹으면 걸

▲ 국가대극원(國家大劇院)

어서 관광이 가능한 지역입니다. 저녁 공연이 있다면 국가대극원에 가서 관람하시며 지친 몸의 피로를 풀기 바랍니다. 만약 저녁 공연이 없는 시기라면 365일 공연을 하는 노사차관에서 야간 시간을 유용하게 보낼 수 있습니다.

국가대극원, 베이징에 가면 한 번쯤 꼭 봐야 할 코스로 베이징의 랜드마크 그룹으로 강력히 추천합니다. 다른 사전적 설명보다는 '백문이 불여일견'입니다.

▼ TIP

※ 제 생각에는 올림픽 주경기장이 봉황의 알을 품는 봉황 집(새집, 새둥지) 형태에 비유한다면 국가대극원은 주경기장에서 뛰쳐나온 봉황의 알처럼 느껴집니다. 중국의 음양 이치를 적용한 것인지 우연의 결과 교묘한 맞춤이 된 것인지 알 수 없지만 제법 어울리는 표현인 것 같지 않습니까?

CHAPTER 039

베이징의 랜드마크-4
중국중앙방송국(CCTV) 사옥

21세기 불가사의한 건축물이 베이징에 세워졌습니다. 천 년이 유지된다면 이 건물도 신비의 건물이 될 것입니다. 최근 기형적이고 움직이는 특이한 건축물이 많이 건립되는 시기이고 그에 비례하여 건축학도 발전되었지만 그래도 이 건물은 여러 가지 측면에서 지구촌의 주목을 받을 만합니다.

이집트에 피라미드가 있다면 중국의 베이징에는 CCTV 사옥(China Central Television, 中國中央電視台, 중국중앙텔레비전방송국)이 있습니다. 어찌 건축물로도 저렇게 만들 수 있나 놀라울 뿐입니다.

베이징은 2008년 올림픽을 대비하여 2007년 국가대극장을 완공하고 이어 올림픽 주경기장 등 베이징 도시의 풍경을 새롭게 만드는 거대한 체인지 역사를 진행하였습니다.

CCTV 건축물도 그중 하나입니다. CCTV 본사 건물은 중국에 세워진 최초의 유럽식 고층건물로 2008년 베이징올림픽 개최와 때를 같이 해 완공되었습니다. 한국인은 한글 'ㄱ'자 2개가 엇비슷하게 돌출된 모양이라 하지만 세계의 건축가는 영어 'Z'를 닮았다고 합니다.

230m 높이의 55층 건물로 6도 정도 기울어져 있습니다. 이 건물은 또 다른 44층 건물과 엇비슷하게 연결되어 독특한 모양을 나타내고 있습니다. 약간 기울어져 있는 것이 중국판 피사의 사탑으로도 불립니다.

▲ 기하학 형태의 CCTV 사옥

CCTV는 고층 건물기법의 새로운 역사이며 건축의 사회적, 문화적, 기술적인 극한 국면을 현실화하였습니다. 그리고 모더니즘의 역사 이래 가장 시각적인 작품 중 하나로, 건축을 극한까지 밀어붙인 프로젝트입니다. 외형이 너무 특이하니 '건축이 무슨 장난감 만들기냐(?)'라는 비판으로도 더 유명한 건물이 되었습니다.

건축학도라면 누구나 한 번쯤은 들어봤을 OMA(Office for Metropolitan Architecture)가 설계하여 완공한 건물입니다. 중동 지역의 움직이는 빌딩, 싱가포르의 하늘 풀장 등 건축에 대한 인간의 노력은 끊임없습니다. 결국 도시의 이런 랜드마크가 관광산업을 확장시키는 일석이조의 효과를 가져오지 않을까 생각합니다. 건축물로 도시의 풍경을 뒤바꾸는 중국, 인위적이지만 상상을 현실로 만드는 중국다운 도전에 놀랄 뿐입니다.

CHAPTER 040 베이징의 랜드마크-5
베이징 수도국제공항

　　　　　　　　　　공항은 그 도시의 첫인상입니다. 그
래서일까요? 세계적인 건축가가 설계한 공항을 소유하고 있다는 건 그
도시의 자존심을 말해 주는 것 같습니다.
　'동양의 관문에 들어서다. 이제야 당신은 아시아에 왔습니다.'
　베이징 수도국제공항(北京首都國際空港)은 중국에서 규모와 수송량이 가
장 큰 공항입니다. 베이징을 기점으로 세계 각국의 120여 개 도시를 연
결하는 국제공항입니다. 기존의 1,2공항터미널 외 베이징올림픽 입출국
을 대비하면서 2008년 2월 29일 제3터미널을 개장하였습니다.

　단일 항공 터미널로는 세계 최대인 제3터미널은 중국의 상징인 용을
테마로 지었습니다. 지붕은 용의 비늘을 상징하는 디자인으로 채광창이
뚫려 있습니다. 제3터미널은 남북을 나침반처럼 보여주며, 밤이 되면
용 모양처럼 건물이 빛이 나는 것이 이 건축물의 특징입니다. 원체 넓고
길어서 한눈에 다 보기는 어렵지만 여유 있게 공항에 도착한 후 공항 곳
곳에 숨겨져 있는 실내 건축이나 시설물 등에 세심한 관람을 추천합니다.
　중국은 베이징 국제공항을 설계할 책임자로 노먼 포스터를 선택했고

베이징의 역사는 그에게 자존심을 주었습니다. 19억 달러라는 숨이 턱턱 막히고 호흡이 깜빡깜빡 넘어가는 천문학적 비용을 기꺼이 투자하면서 말입니다. 노먼 포스터가 설계하고 NACO라는 네덜란드의 공항 플래너와 ARUP라는 엔지니어링 팀이 합작으로 만든 홍콩의 첵랍콕 공항처럼 베이징 수도국제공항도 같은 방식으로 만들었습니다.

최대를 외치고 지향하는 중국 특유의 과시성을 증거로 제시하듯 베이징 국제공항은 그 어느 도시보다도 더 규모적이고 더 시설적이고 더 중심적 기능으로 만들어졌습니다. 그런 이유로 베이징 국제공항의 애칭을 '동양의 관문(東洋의 關門)'이라 하면 어떻겠습니까?

CHAPTER 041 베이징의 랜드마크-6
베이징 지하철

저는 외국의 도시를 관광할 때면 튼튼한 두 발과 방문 도시의 대중교통이나 지하철을 이용합니다. 편리함도 있지만 무엇보다도 효과적이기 때문입니다. 지하철역은 그 지역의 중심 지역에 많이 설립되기에 도시의 역사는 물론이고 그곳의 동네문화, 동네역사도 모여 있는 곳이 많습니다. 한국이든 중국이든 지하철 역사가 있는 곳의 지명과 주변의 문화를 살펴보면 동감하실 겁니다.

한국에는 서울특별시를 비롯하여 부산, 인천, 광주, 대구, 대전, 울산 등 6곳의 광역시가 있습니다. 인구도 대도시답게 100만 이상입니다. 이 중 울산을 제외한 모든 도시에서 지하철이 운행되고 있습니다.

중국의 지하철은 기존 완성된 도시를 비롯하여 현재 건설이 진행되는 도시를 포함, 전국 28개 도시입니다. 중국교통운수협회의 최근 보고서에 따르면 2010년 말 현재 베이징(北京), 상하이(上海), 광저우(廣州), 톈진(天津), 충칭(重慶), 난징(南京), 우한(武漢), 창춘(長春), 선전(深圳), 다롄(大連), 청두(成都), 선양(沈陽) 등 12개 도시에 48개 노선의 지하철이 운영되고 있습니다. 지하철 총연장은 1,395km입니다. 그리고 우시(無錫), 항저

▲ 초기의 베이징 지하철 입장표

우(杭州), 쑤저우(蘇州), 시안(西安), 칭다오(靑島) 등 중국의 중, 대형 대도시에도 지하철이 건설 추진 중에 있습니다.

최근 중국의 대도시는 기간산업의 하나인 지하철 건설로 도시 발전의 황금기를 맞고 있습니다. 2015년까지 1조元이 투자되어 전국에 96개 노선의 지하철을 운영하면, 지하철 총연장이 2,500km로 늘어날 것으로 전망하고 있습니다. 이렇게 되면 자동차가 기하급수로 증가하는 중국의 도시 교통체계에 획기적인 수송수단으로 자리 잡을 것이라 예측됩니다.

한편 베이징에는 14개의 지하철 노선이 있습니다. 1969년 시작된 중국 내 최초의 지하철이지만 최근까지 꾸준하게 연장되거나 역사가 증설되어 현재는 172개의 역사와 336km의 지하철 노선을 보유하고 있습니다. 2015년까지 660km 19개 노선을 확장하고 있습니다.

베이징의 지하철 규모는 상하이, 런던, 뉴욕에 이은 세계 4번째 운영거리 규모입니다. 그러나 지하철 연간 수송 규모는 도쿄, 모스크바, 서울, 상하이, 베이징 순입니다.

CHAPTER 042

제주도에 있는 중국 이야기-1
제주 산지천 중국 피난선

최근 중국인들이 자기들의 조상 이야기가 생생하게 전래되고 있는 제주도에 홍수처럼 관광을 다녀갑니다.

2011년 한 해 제주에 다녀간 중국 관광객이 1백만 명을 넘었습니다. 제주도는 특별자치도로 중국 관광객이 무비자로 입국이 가능합니다. 그리고 50만 불(5억 원) 이상 투자를 하면 한국영주권을 발급합니다. 제주도에 차이나타운이 형성될 날이 얼마 남지 않은 것 같습니다.

제주도에 유명한 중국 관련 스토리가 담겨 있는 곳이 2곳 있습니다. 산지천(山地川) 중국 피난선 이야기와 진시황에게 드릴 불로초를 구하러 온 서복(徐福) 이야기입니다.

첫 번째 소개는 산지천 중국 피난선(中國避難船) 이야기입니다. 중국이 국민당과 공산당이 내전을 치를 때 1947년 중국인 54명이 해상호(海祥號) 피난선을 타고 랴오닝성 장하현을 출발하여 인천에 입항하였습니다. 그러나 당시 복잡한 한·중 관계 문제로 이들은 육지가 아니라 배에서 2년여 동안 생활하였습니다.

그 후 다시 배를 타고 부산으로 가는 도중 미군의 폭격을 받아 배의 일부가 파손돼 한국 군함에 의해 1950년 5월부터 제주 산지천에 정박하

▲ 통일신라인 거주설이 있는 산둥성 롱청(榮城 영성) 시가지

게 되었습니다.

이때부터 1958년 피난선 해체까지 약 8년 동안 22명이 선상생활을 하면서 힘든 피난민 생활을 한 이야기입니다. 이러한 역사 스토리가 있는 피난선이 얼마 전 피난 당시의 중국 피난선 그 모습으로 재현되어 2층 규모의 전시관으로 꾸며져 제주 시내 산지천 끝자락에 세워졌습니다.

1층 전시관에는 당시 중국 난민들의 피난생활을 보여주는 모형이 설치되어 있습니다. 2층 내부는 휴게실, 외부 갑판은 조망 데크로 되어 있습니다.

제주를 여행하면 이렇게 숨은 스토리가 있는 제주 산지천 방문을 추천합니다.

▼ TIP

※ 통일신라시대 장보고가 세운 적산법화원이 있었던 곳이 지금의 산둥성 롱청시 석도입니다. 1200년이 지났습니다. 제주 산지천도 천 년의 세월이 흐른 후 중국인들의 역사에 어떻게 기록될까 궁금합니다.

CHAPTER 043 제주도에 있는 중국 이야기-2
서복(徐福 서불)

진시황은 천하를 통일한 후 늙지 않고 오래 살기 위해 많은 고민을 하였습니다. 많은 신하 중 전국시대 천문지리가인 방사(方士) 서복(徐福, 徐市이라고도 함)에게 동쪽의 바다 건너 한라산에 가서 불로장생 영약을 구해 오도록 동남동녀 수천 명을 데리고 동쪽으로 떠나게 하였습니다.

서복 일행은 한라산에 갔지만 불로초를 찾지 못하고 돌아오던 중 제주도 섬을 돌며 여러 곳의 절경을 구경하였습니다. 그중 물이 바다로 바로 떨어지는 지금의 정방폭포를 보고 감탄을 하면서 정방폭포의 암벽에 '서불이 이곳을 지나갔다'는 뜻으로 '서불과지(徐市過之)'라는 글자를 새겼습니다. 정방폭포의 위쪽 바위에는 서복이 지나갔다는 글귀가 아직도 남아 있습니다. 서복은 이곳 한라산에서 작은 머루알 같은 시로미와 영지버섯, 그리고 산삼을 채취하였습니다. 진시황이 구하고자 한 불로초가 영지버섯인지, 산삼인지는 알 수 없습니다.

하늘이 준 생명의 길이를 인간이 어찌 조절할 수 있겠습니까만 그래도 무병장수, 불로장생의 비결은 수신제가치국평천하(修身齊家治國平天下)가 아닐까 생각합니다.

▼ TIP

※ 제주의 행정은 제주시, 서귀포시 2개입니다. 이중 서귀포(西歸浦) 도시의 지명도 서불이 서쪽으로 돌아간 포구라는 의미를 가진 서귀포시로 유래되었답니다. 제주도 서귀포에 서복공원이 건립되어 있어 서복의 제주도 행적을 볼 수 있습니다.

※ 서복이 불로초를 구하기 위해 일본까지 갔다 온 것을 증명하는 내용입니다. 일본 남부 가고시마 인근에 서복이 관(冠)을 걸어두고 떠난 곳이라 하여 관산(冠山)이라는 지명을 가진 곳이 있습니다.
또한 와카야마현의 신궁시(新宮市)에는 서복의 무덤을 만들고 서복공원을 건립하였습니다. 이러한 것들이 기하급수로 늘어나는 중국 관광객을 불러들이는 스토리가 있는 상품이라 생각합니다.

※ 남해 상주에 금산이 있습니다. 남해의 절경이 보이는 곳으로 이곳에 있는 사찰 보리암은 한국 3대 기도 도량의 한 곳입니다. 상주면 백련마을에서 오솔길을 따라 금산에 오르면 가로 7m, 세로 4m의 너럭바위가 있습니다. 그곳에 음각으로 새겨진 그림문자(상형문자)가 있습니다. 정확한 해석이 안 된 상태지만 '서불과차(徐市過此)'로 해석하고 있습니다. '서불기배일축(徐市起拜日出, 서불이 해를 보고 절을 했다)'이라는 여섯 자로 읽기도 합니다. 우리 주변에도 이런 중국 전설이 있는지 유심히 살펴봐야겠습니다.

CHAPTER 044 도시 국가-1
홍콩과 마카오

속담에 '우물물은 강물을 범하지 않는다'고 하였습니다.

책임과 영역, 그리고 한계를 분명히 하여 서로 범하지 않는다는 뜻으로 많이 인용됩니다. 이 말은 현재 중국 본토와 홍콩 간의 입장을 가장 적절하게 비유하여 표현한 것 같습니다.

일국양체제(一國兩體制)라고 하는 것은 한 국가 안에 성격이 서로 다른 두 제도가 동시에 존재하는 상태를 의미합니다. 현재 중국이라는 하나의 국가에는 본토 중심의 사회주의 정치와 경제체제가 있습니다.

1997년과 1999년에 각각 중국 본토에 회귀(합병)되어 이제는 중국 땅이 된 홍콩, 마카오 두 도시가 있습니다.

중국 정부는 홍콩과 마카오를 통합 후 이들 지역에 '특별행정구'를 설치하였습니다. 홍콩의 각종 정치제도는 '홍콩 사람에 의한 홍콩의 관리 및 고도의 자치를 한다.'라는 원칙을 유지하고 있습니다. 그래서 이 두 시는 중국 중앙정부의 승인하에 합병 이전의 경제체제 즉, 자본주의 시장 경제체제를 가지고 있습니다.

요약하면 국가 주권과 중화민족의 통일성인 중국이라는 하나의 국가에, 정치와 경제제도는 사회주의와 자본주의가 동시에 있으니 하나의 국가에 두 가지 체제가 공존하여 이를 일국양체제라 합니다.

> **▼ TIP**
>
> ※ 홍콩의 최고 관리자는 행정장관이라 칭하며 임기는 5년으로 현재 각계 대표 1천2백 명으로 구성된 선거위원회에서 선출합니다. 2017년부터는 주민 직선제로 선출될 예정입니다.
> ※ 1997년 7월 1일, 홍콩이 중국 본토로 회귀하는 날이었습니다. 이날 베이징 톈안먼 광장에는 수십만의 군중이 모였습니다. 6월 30일 11시 59분 55초부터 "5,4,3,2,1초야~" 하는 함성이 아직도 귓가에 울려 퍼지는 것 같습니다.

CHAPTER 045 도시 국가-2
홍콩의 역사

홍콩의 인구는 7백만 명으로 서울 면적의 2배이며 2천여 개의 섬으로 구성되어 있습니다.

홍콩의 한자 표기는 향항(香港 시앙강)입니다. 향나무를 수출한 항구에서 유래되었으며 광둥어로 헝꽁, 중국 발음으로는 시앙강이라 합니다. 홍콩(HONG KONG)은 영어 발음입니다. 한 도시 이름이 다양하게 불리니 조금은 복잡한 듯도 합니다.

이 항구는 1842년 영국과 청나라가 난징조약을 체결하면서 영국령 식민지가 되었습니다. 이때가 영국과 중국이 아편전쟁을 한 시기입니다.

1898년 2차 베이징조약으로 99년 동안 중국은 영국에게 관리권을 모두 넘겼습니다. 이렇게 해서 영국의 지배를 받던 홍콩은 2차 세계대전으로 1942~1945년 일본군이 점령하였습니다.

그 후 1946년 5월, 다시 영국령 식민지로 편입됩니다. 1949년 10월 중국 본토에 공산정권이 성립되고 군사적 긴장상태에서 영국군이 급파되는 위기도 있었습니다. 그러나 1950년 영국이 중국을 승인하고 중국도 홍콩과 마카오 문제는 평화적 해결이 이루어질 때까지 현재의 현상을 유지하는 게 좋다고 판단하였습니다.

1984년 12월 19일 영·중 두 국가는 홍콩반환협정을 체결하면서 1997년 7월 1일, 1842년 아편전쟁 때부터 시작된 155년 식민지, 1898년 베이징조약부터 시작된 99년간의 조차를 청산하면서 중국에 반환되고 세계 최초의 1국가 2체제가 시작되었습니다.

CHAPTER 046 도시 국가-3
홍콩의 유명 대학

인구 7백만 명이 거주하는 홍콩은 오랜 기간 영국의 조차지로 있다가 1997년 중국에 귀속되었습니다.

정치 형태는 아직 자본주의 체제입니다. 중국 본토와 달라 일국양체제 형태입니다. 2011년 기준, 세계 명문 대학 200개를 나열해 보니 홍콩에 있는 대학 네 곳이 포함되었습니다.

홍콩대학은 아시아 1위인 일본의 동경대학교(세계대학 순위 30위)에 이어 아시아에서 2위, 세계대학에서 34위입니다. 이밖에 홍콩과기대학이 세계대학 순위 62위이고, 홍콩중문대가 151위, 홍콩시립대가 193위입니다.

인구 5천만 명에 약 200여 개의 대학이 있는 한국은 서울대학교가 한국 최고의 대학으로 선정되면서 세계 124위, 아시아 13위를 차지하였습니다. 외형적 순위로만 생각하면 한국의 교육에 관해 반성해야 할 부분이 참 많습니다.

홍콩의 교육 경쟁력은 어디에서 비롯될까 무척 궁금합니다. 이것저것 몇 가지 자료를 찾아보고 요약을 하였습니다.

1) 탄탄한 교육인프라 : 영국이 홍콩을 통치하던 시기에 바탕을 둔 교육환경으로 선진 유럽 교육이 일찍 도입됐습니다.
2) 인재의 집중 : 홍콩대(유학생)의 한 학기 수업료는 미국 사립대학의 절반 수준이지만 교육의 질은 미국과 큰 차이가 없습니다. 아울러 최고 수준의 학생만 수용하기 때문입니다.
3) 교수자질 : 세계 최고 수준의 급여, 국제적 연구실적 요구, 50%가 넘는 외국 교수진이 홍콩대학에 있습니다.
4) 정부의 관심 : 홍콩 경제가 아무리 악화돼도 교육예산만큼은 절대로 삭감하지 않습니다.
5) 동서양을 두루 이해할 수 있는 대학 문화, 그리고 홍콩에는 4천여 개의 글로벌 기업이 아시아 지역 거점을 두고 있으며 이들 기업이 인재들을 찾는 것도 대학 발전의 원동력이 되고 있습니다.

▲ 베이징 대학교(左), 칭화 대학교(右)

CHAPTER 047 도시 국가-4
마카오의 간략한 역사

마카오 신사를 아십니까? 어떤 스타일이 마카오 신사인지 말은 많이 들어봤어도 뚜렷한 인식은 없습니다. 아니면 카지노의 도시 마카오를 아십니까? 카지노 도시 하면 미국의 라스베이거스가 먼저 떠오르는 것이 일반적입니다.

마카오의 한자 표기는 오문(澳門, Macau, Macao, 아오먼)입니다. 중국어로는 아오먼이라 부릅니다. 그러나 현재 정식 명칭은 중화인민공화국 마카오 행정특별자치구입니다.

1553년 포르투갈이 중국 마카오 부두에 선박정박과 무역 허가권을 얻으면서 포르투갈 해운업 종사자들 중심으로 이곳에서 거주하기 시작하였습니다. 1840년 중국이 아편전쟁에서 영국에 패하고 홍콩을 내주자 이 시기에 포르투갈도 마카오를 점령하였습니다.

그 후 포르투갈은 청나라와 리스본 의정서(1887년) 및 통상우호조약(1888년)을 맺어 이 지역에 대한 식민지배를 합법화하였습니다.

이런 사유로 포르투갈의 식민지가 된 마카오는 1951년 포르투갈 헌법 개정에 따라 해외령으로 성격이 바뀌어 포르투갈에 편입되고 정부가 임명하는 총독에 의해 통치되었습니다.

그 후 중국이 영토반환을 주장하고 문화대혁명 이후 마카오 내 중국의 영향력이 강화되자 1976년에 마카오 입법의회에 자치권을 부여하였습니다.

그리고 1979년 중국과 포르투갈이 국교 수립을 할 때 마카오를 포르투갈 통치하에 있는 중국 영토로 규정하였습니다.

1993년 3월, 중국 정부는 마카오에 대해 일국양제(一國兩制)와 오인치오(澳人治澳) 즉, 마카오 국민에 의한 마카오의 관리와 고도자치(高度自治) 기본방침을 결정하였습니다.

1999년 12월 20일, 마침내 중국의 주권회복과 동시에 중화인민공화국 마카오 특별행정구가 정식 발족해 50년간 중국의 특별행정구역이 되어 외교와 국방을 제외한 모든 면에서 자치하고 있습니다.

CHAPTER 048 도시 국가-5
마카오 관광

 마카오는 동양의 라스베이거스, 아시아의 작은 유럽, 별천지, 365일 축제와 카지노가 있는 곳, 24시간 불야성, 도시의 세계문화유산지 등 수식어가 많습니다.

 홍콩에서 서쪽으로 64km 떨어져 있으며 인구 55만 명으로 25km² 면적을 가진 작은 도시입니다.

 마카오 도시 중앙에 위치한 세니도 광장에 가면 도시 바닥에 모자이크로 도로를 만든 포르투갈식 칼사다를 비롯하여 성 바울 성당, 성 도미니크 성당 등 홍콩과 함께 아시아에서 열강을 상징하는 두 도시답게 유럽의 문화가 아직도 생생하게 남아 있습니다.

 마카오 여행은 낮에는 세니도 광장이나 성당, 자동차 경주 등을 관광합니다. 그리고 야간에는 24시간 불야성 도시라고 하였듯이 마카오에서 멋진 야경을 보는 것이 매력입니다.

 박물관 언덕에 올라가 시내 전체를 조망하여도 좋고 아니면 도시의 호텔 상층부에 올라가 식사를 하면서 감상하여도 좋습니다. 어느 곳에서 어디를 보아도 아름다운 도시입니다.

 야간 관광을 한 후에는 가벼운 마음으로 약간의 돈을 가지고 카지노에

갑니다. 카지노 게임을 하지 않아도 카지노 내부 자체가 관광지입니다.

이곳저곳 구경을 하다 배가 고프면 에그타르트(일종의 계란빵)로 야식을 먹습니다. 그리고 베네시안 호텔로 가서 호텔 내 수로를 운항하는 배를 타고 한 바퀴 정도 돌면서 이국의 밤하늘을 느껴 보십시오. 혼자면 혼자서, 가족과 연인이 있으면 여럿이서 느끼는 정취가 다릅니다.

얼마나 멋진 여행 코스입니까? 상상만 하여도 전율이 일지 않습니까?

▼ TIP

※ 홍콩을 여행하면 마카오와 함께 이름만큼 예쁜 도시, 바다가 구슬처럼 아름다운 도시, 주하이(珠海 주해)시를 꼭 다녀가시길 추천합니다. 마카오와 또 다른 중국 남부의 정취를 느낄 수 있는 도시가 주하이시입니다.

※ 중국 주재원으로 근무하면서 중국 내 많은 도시를 다녀보았습니다. 주하이가 준 첫인상은 아직도 몽롱합니다. 만약 타인이 저에게 "당신 생애 외국의 도시 중 잊을 수 없는 도시는 어디냐?"고 물으면 저는 "주하이"라고 대답할 것입니다. 결혼 30주년이 되면 아내를 데리고 주하이를 가려고 마음 깊은 곳에 약속을 한 내 마음의 도시입니다.

 **중국 주석 집무실 중난하이**(中南海)

한 나라의 지도자가 근무하는 곳은 그 국가의 역사와 전통에 맞게 특색 있는 이름을 가지고 있습니다. 세계적으로 영향력 있는 국가의 대통령 혹은 국가 최고 권력자가 근무하는 곳의 이름을 알아보았습니다.

1) 중국 국가주석 집무실 : 중난하이(中南海 중남해)입니다. 중난하이는 명나라 초기에 만든 인공호수로 베이징 시내 자금성의 서쪽에 위치하고 있습니다. 지금의 중난하이 주변에는 중국공산당 당사, 국무원, 중앙서기처, 중앙판공청 등 정부기관들이 밀집하여 있습니다. 마오쩌둥 국가주석도 1949~1966년까지 거주하던 곳이며 저우언라이(주은래)를 비롯하여 덩샤오핑도 뒤를 이어 입주하여 사는 등, 중난하이는 중국 정부 최고층을 지칭하는 용어가 되었습니다.
2) 미국 대통령 관저: 미국 워싱턴 시에 있는 가장 오래된 건물로 화이트 하우스(White House)라 하며 한국어로는 백악관이라 합니다. 1800년 제2대 대통령 J.애덤스 때 완성되어 1814년 대영전쟁 때 소실되었다가 재건 후 외벽을 하얗게 칠한 데서 이 명칭이 생겼습

▲ 중난하이(中南海) 입구

니다. 그 후 제26대 대통령인 루스벨트 때 화이트 하우스가 정식 명칭이 되었습니다. 수도인 워싱턴에서 가장 오래된 건물로 펜실베이니아가(街)에 있습니다.

3) 영국 총리 관저 : 화이트 홀(White Hall)이라 부릅니다. 주소가 다우닝가 10번지라 넘버(Number) 10이라고도 합니다. 다우닝가는 영국 정부의 대명사로 불리며, 외무부와 내무부 등이 들어서 있습니다. 그중 다우닝가 10번지에는 영국 총리의 공식 관저가 있습니다. 건물은 1680년에 외교관이자 장군인 조지 다우닝(George Downing)이 건설하였습니다.

▼ TIP

※ 한국 대통령 관저 : 청와대라 부릅니다. 건물 지붕의 기와가 푸른색이기 때문입니다. 영어로 블루 하우스(Blue House)라 합니다. 청와대는 대통령의 집무실·접견실·회의실 및 주거실 등이 있는 본관과 비서실·경호실·춘추관·영빈관 등 부속 건물로 되어 있습니다. 청와대의 명칭은 본관 2층 화강암 석조에 청기와(青瓦)를 덮은 것에서 유래합니다.

네 번째 이야기

눈으로도 취하는 중국술

한·중·일 술 문화(건배, 대표적인 건배사, 건배를 세 번하는 이유) ▎
중국술 배갈 이야기(배갈의 의미, 배갈의 탄생, 배갈의 대명사 이과두주,
베이징 홍성 이과두주) ▎박정희와 마오쩌둥(배갈의 중국, 막걸리의 한국) ▎
중국술 이야기(중국술 입문, 중국술의 종류, 중국 8대 명주, 오량액,
오량액 제조비법, 오량액 스토리텔링, 공부가주, 공부가주 술맛,
술병이 아름다운 공부가주, 죽엽청주, 죽엽청주 유래, 중국 3대 명주 수정방)

CHAPTER 050 한·중·일 술 문화─1
건배(乾杯)

연말이면 술자리가 많은 시기입니다. 술 마시는 곳에는 언제나 빠지지 않는 한마디 '건배'가 있습니다. 건배(乾杯)의 건(乾)은 '하늘 건, 마를 건'의 뜻으로 한자를 직역하면 '잔을 마르게 한다'는 뜻입니다. 이는 결국 잔을 비우는 의미입니다.

한자문화권인 한·중·일의 건배 한자 표기는 3국이 똑같습니다. 그런데 발음은 국가별로 다릅니다. 한국은 건배, 일본은 간바이, 중국은 간베이라고 합니다.

술자리 건배 문화가 언제부터, 누군가에 의해 제안된 것인지 정확한 건배 스토리는 아직 확실한 근거가 없습니다. 건배는 이전에 신(神)이나 제례에서 술을 사용한 신앙적 의례였다가 훗날 서로 축복하는 뜻으로 변하였다는 설이 많이 회자되고 있습니다. 출처는 불분명하지만 일반적인 통설입니다. 우리 사회의 회식이나 주연자리 건배에는 3가지 철학이 함축되어 있다고 합니다.

1) 술잔을 단숨에 비우는 것(일명 원샷) : 상대가 따라준 술잔에 당신을 위한 내 마음이 있다는 것을 적극적으로 받아들인다 하여 단숨에

마십니다.
2) 술잔을 맞대어 소리를 내는 것 : 나와 너 즉, 우리 서로의 마음이 통한다는 뜻입니다. 서로 잔을 부딪치며 술이 튀면서 섞임으로써 서로의 결백을 입증하기 위함이라는 설입니다.
3) 주객(主客)이 동시에 술을 따르는 것 : 이 술은 독주(毒酒)가 아니다. 너와 내가 동시에 마시자는 것을 증명하는 것으로 술을 통한 독살의 위험을 서로 방지한다는 의미입니다. 하지만 이런 사실이 실제인지 가설인지는 정확하지 않습니다.

> **TIP**
>
> ※ 건배의 궁극적인 목적은 서로에 대한 친근감, 일체감, 공동체의 추구 방향에 대한 이심전심(以心傳心)의 형성이라고 생각합니다.
> 청동이 모양을 비추는 거울이라면, 술은 마음을 비추는 거울입니다. 연말 술자리가 많은 시기에 과음하여 거울이 깨지지 않기를 바랍니다.

CHAPTER 051 한·중·일 술 문화—2
대표적인 건배사

중국인과 회식자리에서 건배를 제의받으면 그날 모임의 상황에 맞게 인사를 한 후 간단한 구호를 하는 것이 보편적입니다.

일반적인 중국 연회에서는 건배할 때의 분위기가 행사 주제를 잘 벗어나지 않는 것 같습니다. 그 상황에 맞는 상태에서 초청자를 배려하는 문화가 있습니다. 우정을 위하여, 사업 성공을 위하여 등 짧지만 깊이 있는 표현으로 의미를 전달합니다. 가끔은 중국 문인의 글을 인용하여 현실에 비유하는 명 건배사가 등장하기도 합니다.

그리고 중국의 연회문화 속 건배 구호를 들여다보면 짧은 구호 속에도 시대의 시류가 포함되어 있음을 느낍니다. 일부 건배사에는 그 시대를 살아가는 감회와 세태를 풍자하는 구호도 담겨 있는 것 같습니다.

선인들의 문헌을 참고로 해볼 때 가장 실용적인 건배사는 행사 모임 성격에 맞는 의미 있는 멘트를 하고 또 짧고 강한 펙트를 주는 것이 좋은 것 같습니다. 아직까지는 시대와 세대를 넘어서 부동의 1위가 '~위하여'라고 생각합니다. 중국말로는 한자 위료(爲了)로 쓰며 발음은 '웨이러~'

로 표현합니다.

　세계 각국에는 그 나라마다 독특한 건배 문화가 형성되어 있습니다. 이를 보면 술을 통한 사람의 마음은 국적이나 신분, 빈부를 떠나 사람 사는 세상의 재미있는 일상의 행위인 것은 분명합니다.

　언제부턴가 한국은 일장연설을 하고 건배 구호를 외칩니다. 그리고 성(性)과 관련된 내용이나 사랑과 관련된 함축언어를 많이 사용하는 것 같습니다. 민망스럽고 얼굴 붉히는 경우도 있어 조금은 짜증나는 회식 문화입니다.

▼ TIP

※ 중국이나 한국에서 건배를 하거나 아랫사람이 윗사람과 잔을 부딪칠 경우가 있습니다. 이럴 때는 상대방에 대한 존중의 뜻으로 술잔이 윗사람보다 항상 위치가 낮아야 한다는 센스를 아시면 그대는 주선(酒仙)의 경지입니다.
※ 술은 혼자 마시면 풍류가 되고 자기와의 싸움이 되지만 함께 마시면 예절이고, 교양이며, 겸손입니다. 타인을 배려하여야 합니다.

CHAPTER 052 한·중·일 술 문화-3
건배를 세 번 하는 이유

　　　　　　　　한국에서는 연회모임이나 기념식장에서 사회자가 보통 건배를 세 번 정도 요구하는 불문율이 있는 것 같습니다. 세 번의 이유에는 그럴듯한 전래되는 속설이 있습니다.

　건배는 옛날 제례행사의 한 행위입니다. 이 제례행사 때 술은 하늘과 땅 그리고 사람(제사장)에게 즉, 천(天) · 지(地) · 인(人)에게 드리는 의식이고 예절입니다. 천지인에게 각각 한 번씩 잔을 올리니 그래서 세 번입니다. 한국인이 3을 좋아하는 숫자와 우연하게도 연결됩니다.

　중국에서 건배를 하면 잔을 다 비워야 합니다. 따라서 술을 마시지 못하는 분은 고역입니다. 그러나 최근에는 건배하더라도 술을 마시지 못하면 쉐이(隨)하여 자기 주량만큼만 마시면 됩니다. 거절 못 하고 50~60도 되는 독한 술에 한국의 많은 기업인이 녹다운 된 이야기는 많이 있습니다.

　규모가 크고 공식적인 자리에서 보통 샴페인을 건배 술로 많이 사용하고 있지만 건배에 사용하는 술은 나라마다 다양합니다. 건배할 때의 말이나 건배 방식도 나라마다 풍속 · 습관 · 연회 등 종류에 따라서 다릅니다.

건배한 후 비워진 잔을 깨트리는 풍습을 가진 나라도 있습니다. 중국에서는 건배를 하고 나면 다 마셨다는 증거로 술잔을 머리 위에 거꾸로 하여 보여주는 관습이 있습니다. 이는 나는 당신과의 약속을 지켰다고 강조하는 의미가 됩니다.

그리고 중국에서는 멀리 앉아 있는 분과 잔을 부딪치기가 곤란할 때 서로 눈을 마주하고 식탁에 잔을 두세 번 두드리기도 합니다. 이는 그분과 실제 잔을 부딪치고 건배한 의미가 됩니다. 물론 가까이 있는 옆 사람하고는 잔을 부딪칩니다.

공식적인 연회에서는 인사를 하기 전에, 결혼이나 피로연 등 사적인 연회에서는 식사가 시작되기 전에 일반적으로 건배하는 것을 통상적 예의로 보고 있습니다.

건배를 제창하는 사람을 토스트마스터라고 하는데 이는 초대한 손님 중 존경받는 연장자가 먼저 시작을 합니다. 건배는 제창자가 어떤 뜻을 소리 내면 나머지 분들은 큰 소리로 따라 하면 됩니다.

▼ TIP

※ 건배 제의를 받은 자가 간단한 구호가 아닌 일장연설을 하고 건배하면 아주 큰 실례입니다. 술이 든 술잔의 무게가 천근 만근됩니다. 그리고 참석한 귀빈이 많다고 건배사를 여러 번 하면 식사가 중간 중간 끊어지거나 대화가 단절되는 등 분위기가 어색해집니다.
※ 식전 행사 때 도수가 약한 술로 건배를 하는 경우가 많은데 이것은 식사를 맛있게 하기 위한 사전행위의 식음이랄 수도 있습니다.
※ 술자리에서 건배사 한 번 멋지게 할 수 있도록 자기만의 사용 언어를 한두 가지 결정하여 보시기 바랍니다.

CHAPTER 053 중국술 배갈 이야기-1
배갈의 의미

　　　　　　12월에 들어서자 갑자기 날씨가 추워졌습니다. 낮보다 밤이 긴 계절입니다. 퇴근 후 맛있는 안주와 쐬주(소주)가 생각나는 시기입니다.

한국인 성년이라면 소주에 얽힌 스토리가 누구나 한 가지씩은 있을 것입니다. 중국 역시 설명이 필요 없는, 한국의 소주 역할을 하는 스토리가 담겨 있는 술 배갈(고량주)이 있습니다.

한국의 국가대표 술 소주나 막걸리에는 부자보다도 서민들의 애환이 담긴 사연이 많이 있습니다. 중국인의 대표적인 술 배갈 역시 서민들의 많은 사연이 담겨 있습니다. 네 번에 걸쳐 중국 배갈에 흠뻑 취해 보겠습니다.

기본이 50도라 10~20도 정도의 소주만 마시던 한국인은 한 잔만 마셔도 '카~아'가 아니라 '으~악'이 되고 표정도 압권입니다. 술병도 개성 있게 어른 손가락 두 개 크기의 병에 담겨 있거나 주머니에 휴대폰처럼 쏙 들어가는 포켓 사이즈가 일반적입니다.

첫 번째로 배갈의 발음 유래입니다.

중국에서는 고량주의 통칭으로 백주(白酒 바이지우), 백건주(白乾酒 바이

간지우), 백건아(白乾兒 바이간얼)라는 이름을 사용하는데 모두 한국에서 배갈이라 발음하는 같은 이름입니다. 넓은 의미에서 막걸리를 지칭하는 탁주 혹은 동동주라고 부르는 의미와 유사합니다.

중국어로 백건의 발음은 '바이간'입니다. 거기에 兒(얼 화, 발음을 편하게 하려는 현상, 일종의 방언)를 붙여서 바이간 + 얼 = 바이갈이 되었습니다. 그런데 베이징어나 산둥 지방에서는 '아이' 발음을

▲ 천단기년전 형태의 독특한 모양의 배갈 술병

'에이'로 발음하는 경향이 있습니다. 그래서 바이가 베이로 되고 '간' 뒤에 얼의 'ㄹ'이 붙여져 '갈'로 되어 베이 + 갈 = 베이갈로 발음이 변화되었습니다. 그리고 이것이 한국에 들어와 한국인의 발음에 따라 중국 고량주를 시킬 때 강한 격음화 발음으로 '빼갈' 혹은 '배갈'로 변한 것이 아닌가 생각합니다.

한국인의 성격상 술자리에서 "베이갈" 하는 것보다 "빼갈" 하고 단호하게 말하면 좀 더 카리스마가 있어 보인다고 하네요.

CHAPTER 054 중국술 배갈 이야기-2
배갈의 탄생

소주와 막걸리에 서민의 사연이 많이 있습니다. 마찬가지로 중국 서민의 희로애락을 가진 사연 많은 술이 배갈입니다.

수수를 원료로 하여 만든 백주(배갈)의 대표적인 브랜드로 베이징에서 생산하는 이과두주(二鍋頭酒 얼궈터우주)가 있습니다. 이 술은 한국의 중국 식당에서 일명 '배갈' 혹은 '빼갈'이라는 이름으로 통합니다.

1949년 중국 건국 후 정부에서는 배갈을 향기롭고 감미롭고 맛이 좋은 술로 만드는 정책을 수립하였습니다. 그러나 조건이 있었습니다. 소득 수준이 낮은 중국의 대중이 사서 마실 때 가격에서 경제적 부담이 없도록 가장 대중적인 술을 만들어 생산하라고 하였습니다. 이렇게 해서 탄생한 것이 이과두주입니다.

이 술에 대해서는 중국 정부가 생산과정은 물론 시장경제의 논리를 무시하고 국가가 가격을 책정하였습니다. 이런 이유로 이과두주는 중국 술 중 가장 낮은 저가의 술이 되어 중국 대중의 술로 자리 잡았습니다.

서민의 애환을 달래주는 것 중의 하나가 술이라면 중국술의 중심에 이과두주가 자리하고 있지 않나 생각합니다.

▼ TIP

※ 배갈의 스토리는 어쩌면 한국의 대중적인 술 소주와 막걸리(탁주)와 닮은 점이 많은 것 같습니다. 최근 중국의 배갈이 변화하고 있는데 우선 병의 디자인이 파격적입니다. 흰색 병과 파란색 병, 손가락 굵기의 병, 납작한 담뱃갑 같은 배갈 병, 한국의 사이다 모양 병 등 다양합니다. 이전의 술만 넣는 병의 기능에서 고급술이 아닐까 착각할 정도로 디자인이 세련되어졌습니다.

CHAPTER 055 중국술 배갈 이야기-3
배갈의 대명사 이과두주(二鍋頭酒)

이과두주(二鍋頭酒)의 뜻이 무얼까 생각해 보신 적이 있나요? 배갈은 대중화를 위해 만든 술로 여러 조건이 부합되어 지식인도, 서민도 모두가 좋아하게 되었습니다.

배갈을 빚기 시작한 시기는 금 왕조 때 베이징에 증류주 기기가 전해지면서부터입니다. 청나라 중기, 배갈주의 품질을 높이기 위해 모든 제조과정과 공정에 큰 변화를 주면서부터 대중화되었다.

술을 증류할 때 냉각기로 사용하는 주석으로 된 솥을 석과(錫鍋) 혹은 천과(天鍋)라 합니다. 배갈은 세 개의 냉각 솥 공정을 거쳐 완성된 술을 만들었습니다.

술을 증류할 때 증류해 낸 알코올 증기를 주석 솥 안에 넣어 첫 번째 냉수로 냉각한 후 추출하는 것을 머리 두를 써서 주두(酒頭)라 합니다. 그리고 세 번째로 추출하는 것을 마지막이란 뜻의 주미(酒尾)라 합니다.

중국은 제조공정에 있어 두 번째 냉각 솥에서 얻은 술만을 사용하여 품질을 높였습니다. 첫 번째 솥과 세 번째 솥에서 냉각된 알코올은 비등점이 낮거나 다양한 물질성분이 함유되어 있기 때문입니다.

이렇듯 두 번째 솥에서 냉각한 후 술을 취한다고 '이과두(二鍋頭)'라고 부르게 되었습니다. 여기에 술 주(酒)를 넣어 '이과두주'라 합니다. 이것이 브랜드가 되었고 대표적인 것이 베이징 홍성(紅星) 주류회사에서 생산하는 홍성 이과두주입니다.

CHAPTER 056
중국술 배갈 이야기-4
베이징 홍성 이과두주

퇴근 후 두꺼비 한 마리 잡을까요? 이 말의 참뜻은 소주시장에서 독점을 누린 소주회사의 '소주 한 잔할까요'의 애칭으로 사용했던 표현입니다. 두꺼비는 한국의 대표적 소주회사 상표입니다.

얼마나 대중적이기에 소주 대신 두꺼비를 달라고 했을까요? 상표가 특정품의 대명사가 될 정도면 엄청난 브랜드 파워입니다. 그리고 소주 한 병이면 세상의 무거운 고민과 짐을 털 수 있었으니 그 효용이 얼마나 높았겠습니까?

이과두주는 서민들은 물론 시를 쓰는 사람이나, 그림을 그리는 사람 등 많은 문인, 예술인들에게도 감미롭고 맛좋은 술로 사랑을 받았습니다. 소위 전 국민이 좋아하는 '국민의 술, 고향의 술, 서민의 술'이 되었습니다. 이렇듯 대중화가 된 데에는 스토리가 있습니다.

청나라 중기 일부 지역과 계층에만 전래되던 이과두주 제조기법이 베이징 전역에 전파되었습니다. 이곳저곳 많은 곳에서 이과두주가 생산되다 보니 **빠른 시간**에 대중화되었습니다.

800년 전통을 가진 배갈은 중국의 가장 서민적인 술이자 베이징의 가장 전통적인 백주(白酒)가 되었습니다. 오늘날 베이징에 가장 많이 판매되고 있는 '홍성 이과두주' 회사도 이러한 과정의 결과입니다.

홍성(紅星)은 이과두주를 생산하는 회사 이름입니다. 가격은 가게 규모나 시장 등에 따라 약간의 차이는 있지만 손바닥 크기

▲ 이과두주(二鍋頭酒)

1병에 대략 2元(1元=180원)정도 합니다. 한국에 있는 중국집에서는 2천~5천 원을 달라고 하더군요.

녹색 병 단일 형태에서 요즘은 외형에도 변화를 주어 맑고 깨끗한 병을 사용하여 고급화로 변신하고 있는 것 같습니다.

▼ TIP

※ 이과두주의 도수(酒精度)는 40~56도로 다양하고 아주 높습니다. 그래서 마실 땐 음미하지 않고 꿀꺽 삼킨다고 합니다. 그렇지만 뒤끝이 깨끗하고 늦게까지 숙취가 없다고 애주가들이 표현합니다. 증류주로 무색이며 기름기 많은 요리에 잘 어울립니다. 그래도 독한 술이니 자주 마시는 것보다 가끔 화끈하게 마시는 술로 권합니다.

CHAPTER 057 박정희와 마오쩌둥-1
배갈의 중국

술과 관련된 평생 가져갈 아름다운 추억이 있습니까? 아니면 술과 관련된 트라우마를 가지고 있습니까?

술은 인간이 사회활동을 하는데 필수라고 합니다. 술과 정치, 술과 연인, 술과 직장, 술과 사랑 등의 관계를 비교하면 재미있는 이야기가 많을 것 같습니다.

한국 현대사의 새로운 경제성장을 개척한 박정희 전 대통령과 신중국 정부를 수립한 마오쩌둥 전 주석의 술과 관련된 공통된 이야기를 만들어 보았습니다. 국가 지도자로서 정치와 관련된 예상 내용과 달리 정말 색다른 소재입니다. 두 지도자에게 적용된 것은 한국의 대표 술 막걸리와 중국의 대표 술 배갈입니다.

배갈의 대표주자인 이과두주는 마오쩌둥의 정치적 결실물의 하나로 중국에서도 인정하고 있습니다. 중국의 모 대학 사회학자가 전개한 마오쩌둥과 술, 특히 배갈이 마오쩌둥의 정치에 영향을 주었다는 명쾌한 논리의 전개는 다음과 같습니다.

마오쩌둥은 건국 초기 정국의 안정을 위한 조치로 경제부흥을 주장하였습니다. 그리고 서민들이 즐길 수 있는 값싸고 품질 좋은 술의 필요성

▲ 중국 거리 곳곳에서 볼 수 있는 여유

을 절실히 실감했습니다. 여러 가지를 검토한 결과 마오쩌둥은 서민물가의 척도가 되는 이과두주의 가격을 1~2元(1元, 현재 180원 정도)으로 묶어 버렸습니다. 백성의 경제 주머니 사정을 고려하고 배려한 조치입니다.

마오쩌둥은 대중이 가장 필요로 하는 서민의 술에 가격정책만큼은 통치기반 강화의 수단으로 잘 활용한 사례입니다.

▼ TIP

※ 중국에 '민이식위천(民以食爲天)'이란 표현이 있습니다. 군주는 백성을 하늘로 여기며, 백성은 음식(밥)을 하늘로 삼는다는 뜻입니다. 술도 음식에 포함하여야 할까요? 그러면 술도 하늘로 여겨야 할 것 같습니다.
일상생활 속에 술자리 모임이 많습니다. 술은 어떻게 마시느냐에 따라 약이 되기도 하고 독이 되기도 합니다. 약과 독 중 어느 것이 좋은지 잘 판단해야 할 주체는 바로 자기의 의지력이라 생각합니다.

CHAPTER 058 **박정희와 마오쩌둥-2**
막걸리의 한국

　　　　　　도수가 높은 이과두주는 주머니 사정이 넉넉하지 않은 중국 국민을 간단하게 취하게 하였습니다. 여기에 대응할 만한 한국의 대표 술이 막걸리입니다.

　막걸리란 가장 적은 돈을 들여서 가장 기분 좋게 취하는 술입니다. 그 황홀함을 가장 크게 느낄 수 있는 한국의 국가 대표급 동네 술, 서민 술이자 건강에도 유익한 웰빙 술입니다. 가격도 서민에게는 비교적 합리적인 공정가격입니다. 도수는 그리 높지 않으나 몇 잔 마시면 포만감도 느낍니다. 그러나 숙취는 조금 오래갑니다. 그래서 주머니 사정이 조금 궁한 사정이 있는 분의 시름을 해소하는데 가장 인기 있는 술이 되었습니다.

　박정희 대통령은 재임 시절 농촌의 경제 살림을 알아보기 위해 시찰을 나갔습니다. 시골에서 논농사 일을 직접 한 후 농민들과 함께 담소를 나누었는데 이때 새참으로 나온 것이 막걸리였습니다. 대통령이 서민들의 술 막걸리를 즐겨 마시는 소탈한 모습에 국민들은 많은 감동을 받았다고 합니다.

　이런 점에서 마오쩌둥이 관여한 중국의 국가대표 서민 술 배갈처럼 한국의 막걸리도 서민용, 애환용으로 닮은 점이 많습니다. 막걸리는 한국인의 대중 술로 가격도 저렴하고 술이지만 영양도 풍부하여 판매가 매년 증가하고 있습니다. 포도주나 양주와 달리 술자리 격식을 요구하는 것도 아니고 또 생각지도 않다가 술 생각나면 도심은 물론 시골 오지나 외딴 섬의 작은 상점에 가도 손쉽게 구입할 수 있습니다. 특별한 안주도 필요 없이 없으면 없는 대로, 혹은 반찬으로 먹고 남은 김치 조각이나 멸치 몇 마리와도 어울리는 술이라 생각합니다.

한 국가의 지도자가 서민생활에 관심을 가지는 것은 그 나라 정치 활동 중에 매우 중요한 일이라 생각합니다. 최근 한국 경제는 지치고 힘든 일상입니다. 값싼 막걸리나 소주로 힘든 노정을 떨쳐버리고 사는 서민을 보면 빨리 경제가 좋아지기를 기원합니다.
어느 나라든 서민이 잘 먹고 잘살고 편안해야 나라가 평안하다는 생각을 합니다.

▼ TIP

※ 삼국시대를 풍미한 위 무제 조조는 뛰어난 모사가입니다.
어느 날 사돈이기도 하던 '순욱'에게 빈 도시락을 보냈습니다. 깊은 뜻이 있었습니다. 이는 절연(絶緣)을 뜻하는 표시였습니다. 음식도 군주의 통치 수단이 됩니다. 고대에는 전쟁에서 공을 세우거나 국위를 선양한 사람은 군주가 불러 술과 따뜻한 음식을 대접하거나 혹은 선물을 하였다고 합니다. 어느 나라를 막론하고 술과 음식은 군주와 신하, 군주와 백성, 백성과 백성이 함께 공유하며 공감을 나눌 수 있는 유일한 도구인 것 같습니다.
※ 소주나 맥주는 보통 유리잔에 마십니다. 포도주는 색도 아름답지만 잔은 어떻습니까? 기하학적으로 내려온 허리 부분은 보기만 하여도 아름답습니

다. 그런데 술은 막걸리가 최고여 하면서 왜? 막걸리는 전용 잔이 없을까요? 막걸리 파는 술집에 가서 막걸리를 마실 때 "막걸릿잔 주세요"보다는 "막걸리 마실 그릇 주세요" 소리가 더 정겹게 들립니다. 사실 판단하건대 막걸리는 전용 잔이 없는 것 같습니다. 통상적으로 많이 사용하는 묵직한 사발이나 약간은 찌그러진 곳이 있는 양철로 만든 그릇 혹은 대접이 막걸릿잔의 기준이 되는 것 같습니다. 술그릇에는 언제나 정겨움이 담겨 있습니다. 그릇이 특별나지 않아도 술맛에는 변함이 없는 것이 막걸리입니다.

CHAPTER 059 중국술 이야기-1
중국술 입문

술이 가진 두 얼굴을 아십니까?

긍정하면 백약지장(百藥之長)이고 부정하면 광약(狂藥)입니다.

'술이 없으면 잔치를 하였다고 할 수 없고, 천하에 술이 없으면 친구를 만날 수 없다' 등 술과 관련된 중국 속담이 있습니다. 모두가 술의 필요성을 뜻합니다.

여러분에게 직접 술 한 잔 드리기가 어려워 이번에는 중국술 이야기로 대화를 나누고자 합니다.

2회에 걸쳐 유명한 술 몇 병만 마셔보도록 하겠습니다. 과유불급이라 했던가요, 뭐든지 과하면 좋지 않으니 적당하게 취해 봅시다.

중국은 인구도 많지만 이에 비례한 듯 술 종류도 많고 다양합니다. 현재 중국 전역에서 판매하고 있는 술의 종류는 약 5천여 종으로 추정하고 있습니다. 그래서인지 술 스토리도 무궁무진합니다. 중국에 술 종류가 많은 데에는 몇 가지 근거가 있습니다.

1) 딸을 낳으면 술을 빚어 땅에 묻었다가 딸이 출가할 때 마시는 중국 남방지방의 여아주 등 56개 소수민족의 문화가 만든 독특한 술의

종류가 아주 다양합니다.
2) 국토의 면적이 넓은 것도 술의 종류를 많게 한 원인입니다.
3) 기후의 다양성도 한 가지 이유에 포함됩니다.
4) 지역마다 특징 있는 제조기법을 들 수 있습니다.
5) 특색에 맞는 맛, 향 등을 위해 차별화된 재료 사용으로 특색 있는 술을 만듭니다.
6) 차별화된 지역문화도 어우러져 있기 때문입니다. 이런 이유로 중국의 술은 종류가 다양한 여러 술을 만들었습니다.

종류는 이렇게 많아도 중국의 술은 제조 방법에 따라 백주(白酒), 약미주(藥味酒), 황주(黃酒)로 분류합니다.

▼ TIP

※ 중국은 술 종류만큼 술 가격도 다양합니다. 이상한 것은 중국 도시 내 골목길 허름한 노점(포장마차)에는 1元(180원)에 맥주 한 병과 2元(360원) 정도 하는 양 꼬치구이를 안주로 한잔하는 풍경을 아직도 쉽게 볼 수 있습니다. 맥주 한 병 가격이 한국 돈으로 180원이라니 진짜인지 가짜인지 저도 가끔은 혼란(?)스러울 때가 있습니다. TAKE-OUT도 됩니다. 비닐봉지에 넣어 주더군요. 가는 동안 어떤 물체에 부딪히면 어찌 될까 상상하는 것만으로도 술맛이 그리워집니다.

CHAPTER 060 중국술 이야기-2
중국술 종류

　　　　　한국인이 좋아하는 중국술에는 어떤 것이 있을까요? 5천여 가지 술 종류가 있는데 가격이 낮아도 입에 맞는 술이 있는가 하면 가격이 높아도 입에 맞지 않는 술이 있습니다. 즉, 개인 기호에 따라 술의 평가가 달라집니다.

　중국술은 크게 3종류로 나눌 수 있습니다. 우리가 마시는 술은 대부분 여기에 포함됩니다.

1) 백주(白酒) : 일반 증류식 순곡주로 일명 배갈이라 합니다. 주원료는 고량(高粱 수수)이며 옥수수, 대맥, 소맥, 완두 등을 원료로 사용합니다. 이 술의 특징은 38~60도 정도로 도수가 아주 높은 술입니다. 대표적인 술로는 모태주(마오타이), 오량액, 고정공주(古井貢酒), 경주(京酒), 진주(津酒), 공부가주(孔府家酒) 등이 있습니다. 중국술 중에서 한국인은 이 백주류를 가장 많이 마시는 것으로 알려져 있습니다.

2) 약미주(藥味酒) 또는 혼성주 : 중국의 백주는 제조과정 중에 독특한 향이 있습니다. 이 향을 없애기 위해 백주(白酒)에 여러 가지 한약

▲ 중국술의 다양성, 56도(左), 70도(右) 원액도 시중에 판매하고 있다

재 등을 첨가한 술입니다. 대표적인 술로 오가피주, 십전대보주, 죽엽청주 등이 있습니다.

3) 황주(黃酒) : 곡류나 잡곡류를 원료로 하여 만드는 양조주입니다. 청주류에 속하며 도수는 10도 내외로 비교적 낮은 알코올 도수이며 중국의 남방 지역에서 많이 생산하고 있습니다. 일본의 사케, 한국의 청주와 같은 술이며 대표적인 중국술로는 저장성(浙江省) 사오싱(紹興)에서 생산하는 소흥주(紹興酒)입니다.

▼ TIP

※ 적어도 중국술을 마셨다고 자랑할 정도면 소흥주를 마신 경험이 있어야 합니다. 중국의 소흥주는 저장성 사오싱에서만 제조하는데 반드시 겨울철 사오싱에 있는 감호강의 물을 사용하여 제조하는 것이 이 술의 특징입니다.

CHAPTER 061 중국술 이야기-3
중국 8대 명주

현재 중국에는 약 5천여 가지 술 종류가 있습니다.

이 많은 술을 중국 정부는 1949년 이후 해마다 주류 품평회를 개최하여 수상합니다. 가장 우수한 술에 금장을 수여합니다. 5년 연속 금장을 받으면 명주라는 최고 칭호를 부여합니다.

현재까지 가장 우수한 술 8종류를 선정해 소위 중국 8대 명주라 합니다. 최근에는 가짓수가 늘어나 17대 명주를 선정하기도 합니다. 한국인도 잘 알고 있는, 대중에게 널리 알려진 중국의 8대 명주는 다음과 같습니다.

1) 모태주(茅台酒 마오타이)
2) 오량액(五糧液 우량예)
3) 죽엽청주(竹葉靑酒 주이에칭지우)
4) 동주(董酒 동지우)
5) 분주(汾酒 펀지우)
6) 노주특곡(蘆酒特曲 뤼지우터취)

▲ 중국 8대 명주 마오타이주(茅台酒 모태주)

7) 양하대곡(洋河大曲 양허다취)
8) 고정공주(古井貢酒 구징공지우) 등입니다.

모태주, 오량액, 죽엽청주는 많이 마셔 본 술이지만 나머지는 조금 생소한 술일 것입니다.

▼ TIP

※ 닉슨 대통령이 1972년 중국을 국빈 방문하였을 때 마오쩌둥, 저우언라이 등 중국 지도부와 기 싸움을 했습니다. 중국은 만찬 때 건배 주로 마오타이주를 권하였습니다. 닉슨의 비서는 닉슨에게 "중국 측이 건배(乾杯 간베이) 하고 마오타이를 권하면 마시는 시늉만 하고 뱉으십시오. 마오타이주는 독해서 마시면 다음 회의 때 정신을 못 차릴 수 있습니다."라고 미리 주의사항을 알려주었습니다.
중국 특유의 건배 분위기에 닉슨은 결국 인상을 찡그리고 도수 높은 마오타이주를 꿀꺽 마신 스토리가 있습니다.
마오타이주는 52도입니다. 52도면 불이 붙습니다.

CHAPTER 062
중국술 이야기-4
오량액(五糧液)

중국 주류계의 귀족 술은 오량액(五糧液 우량예)입니다. '중국에서 술이라면 오량액이고 오량액은 사천에 있습니다.' 이렇듯 칭찬하는 수식어를 많이 가진 술이 오량액입니다.

좋지 않은 행사에도 오량액이 등장합니다. 나는 남과 다르다. 나의 스케일은 대륙적 기질을 받아 크다. 이런 호방한 성격을 가지고 상대방을 깜짝 놀라게 하는 중국인들이 상상을 초월하는 통이 큰 선물을 주는 곳에 오량액이 있었습니다.

중국인의 차별화된 선물에 걸맞게 90년 숙성된 60도짜리 500㎖ 1병에 소비자 판매금액이 약 30만元(한국 돈 약 5천만 원)짜리 황금술 '오량액'이 지난 추석 중국 광저우 백화점에서 판매되었습니다.

받침대와 병마개가 순금 180g으로 제작되어 금값만 해도 1천만 원이 넘는다고 합니다. 5천만 원짜리 술도 과감하게 선물하는 기질만큼 넉넉한 중국인의 술 사랑, 관시 사랑을 엿볼 수 있습니다.

오량액의 재료는 수수, 쌀, 찹쌀, 밀, 옥수수입니다. 중국 8대 명주답게 모든 면에서 현재 중국 최고로 인정받는 술입니다. 독하면서도 부드럽고 투명한 색에 향기가 오래가는 백주입니다.

천, 지, 인이 결합되었다는 술로 제조 도수는 보통 60도가 많아 높은 편입니다. 가격도 중국에서는 고가라 서민의 손길이 쉽게 가지 않는 제품입니다.

> **TIP**
>
> ※ 600년 누룩으로 빚은 오량액이 6천5백만 원에 판매되면서 주목을 끈 술입니다. 이름도 유별나 오량액주나 오량주도 아닌 술의 표현 없이 곡물이나 과일의 원액을 뜻하는 음료나 약제처럼 액(液)을 붙여 오량액이라 합니다. 브랜드 파워가 대단합니다. 500ml 한 병이 소주잔으로 몇 잔이 될까요? 술 가격이 5천만 원이니 소주 한 잔 정도에 가격이 얼마나 되는지….

CHAPTER 063 중국술 이야기-5
오량액 제조비법

오량액, 술맛이 좋은 이유와 유래 그리고 탄생배경을 소개합니다.

술잔을 앞에 놓고, 왜 이 술맛이 좋은지, 또 이 술은 어떤 스토리가 있는지를 알고서 술과 세상사는 이야기를 하면 얼마나 운치가 있을까요?

오량액 공장은 중국 내륙 쓰촨성 양쯔강이 시작되는 이빈시에 있습니다. 쓰촨성 지역의 술맛이 좋은 이유는 여러 가지가 있습니다.

1) 2천 년 전에도 술을 좋아하던 남만인, 묘인의 거주지가 장강 주변이다.
2) 쓰촨성은 비옥한 땅, 풍부한 곡물, 좋은 물 등 재료의 우수성이 다른 곳보다 좋다.
3) 술에 영향을 주는 여름과 겨울 날씨가 천혜의 술 빚기 좋은 환경을 만들어주는 곳이다.
4) 쓰촨 지역은 일찍부터 뛰어난 양조기술을 가진 곳이다.

이런 이유로 쓰촨 지역의 술이 유명하다는 것이 일반론입니다.

오량액의 유래는 송나라 시기 요자설곡(姚子雪曲)이라는 이름을 가진 술이 요씨 집안의 '가전비방'으로 내려왔습니다.

그 후 명나라 시기 진씨가 계승하여 '진씨비방'이란 이름으로 계속 유지하였습니다. 이때까지만 하여도 서민들은 이 술의 이름을 5가지 곡식으로 섞어 만들었다고 잡양주(雜粮酒)라고 하였습니다.

그 후 청나라 후기 '등자균'이 잡양주의 술맛이 좋은 것을 알고 제조기법을 변형하였습니다. 이때 주류사업을 하던 '이천영 주가(酒家) 사장'은 이렇게 맛있고 점잖은 술인데 잡양주라는 이름이 어울리지 않는다 하여 이름을 새로 짓게 하였습니다.

이렇게 하여 5가지 곡식의 좋은 원액을 사용한다 하여 오량액(五粮液)이 탄생하였습니다. 이름은 조금 밋밋하고 싱거울 수 있지만 술맛은 최상급입니다.

▼ TIP

※ 거친 야생마도 주인을 잘 만나면 명마가 되듯, 평범한 술도 명장의 손에서 가장 훌륭한 술로 탄생하였습니다.

CHAPTER 064 중국술 이야기-6
오량액 스토리텔링

오량액이 중국 최고의 술로 인정받는 숨은 이야기 3가지가 있습니다.

1) 자연과 유명인물을 대비하여 인상적인 스토리를 만들어 홍보하였습니다. 사람 중에 최고의 사람이 황제라면, 강(江) 중에서 최고의 강은 장강입니다. 시의 최고가 이백과 두보라면, 술의 최고는 오량액입니다.

2) 당당한 국빈주의 명성을 활용하였습니다. 중국의 많고 많은 술 중에 왜 오량액이 이렇게 비싸고 고급술의 등급에 포함되었을까요? 여러 이유 중 하나가 지미 카터 미국 대통령이 중국을 방문, 덩샤오핑과 만찬을 할 때 국빈 건배 주로 나온 술이 오량액입니다. 이름값 할 만하죠. 마오타이주는 미국 닉슨 대통령과 마오쩌둥, 저우언라이가 만찬 시 마셔 국빈 술이 되었습니다.

3) 기억에 오래 남는 영업전략을 전개하였습니다. 오량액 현지 술 공장 직원은 3만 명으로 그 규모가 상상될 것입니다. 견학을 가면 시중에 판매하지 않는 76도 술을 시음용으로 제공합니다. 방문객은

일반상점에서 이렇게 높은 도수의 술을 접하기가 쉽지 않습니다. 따라서 방문객은 이 술에 깊은 인상을 받습니다.

> **TIP**
>
> ※ 76도 무료 시음에 취해서 관광 일정에 차질을 빚어 눈총 받는 방문객이 많다고 합니다. 여러분은 76도 술을 마신 경험이 있나요? 한국도 이런 스토리를 만들어 세계적인 명품 술을 만들어 외화 획득도 하고, 술자리의 다양한 이야기도 만들면 얼마나 좋을까요?

CHAPTER 065 중국술 이야기-7
공부가주(孔府家酒)

　　　　　　　　　　공부가주(孔府家酒 공푸지아지우)**는** 공자 사당 제사용 술로 한국인들이 배갈과 함께 즐겨 마시는 대표적인 중국술의 한가지입니다.

　이 술은 공자(孔子)가 제자들을 위해 직접 빚은 술이었습니다. 그 후 공자의 문중에서 제사를 지내거나 공자 사당인 공부를 방문하는 귀한 손님 접대용으로 사용하던 술입니다. 일종의 공씨 문중의 술이고 음식입니다. 공부가주는 일반 술과 달리 취하기 위해서 마시는 술이 아닙니다. 예의와 존중을 필요로 하는 술입니다. 자연스럽고 편안하게 마셔야 하는 술인데 이런 요구를 하니 약간은 술맛이 떨어지겠지요.

　중국 건국 후 중국 정부가 이 술의 전통적인 생산방식을 지키고 체계적으로 관리하기 위해 1958년 산동성 곡부(曲阜 취푸)시에 공부가주 양조 유한공사를 설립하여 대량 생산화하였습니다. 술맛이 독특하고 가격도 서민이나 중산층이 사서 마시기에 부담이 없어 일반인도 즐겨 마시는 대중 술이 되었습니다. 공부가주가 유명하게 된 결정적 스토리가 있습니다.

▲ 공씨가(孔氏家)에서 생산되는 여러 술, 공부주방

청나라 건륭제의 사위는 공씨입니다. 건륭제는 어느 날 공씨 집단 거주 도시이자 사위가 있는 곡부를 방문하였습니다. 이때 사위는 장인(건륭제)에게 곡부의 대표적 술인 공부가주로 주연을 베풀었습니다. 산둥 음식이 좋아 공부가주를 많이 마셨는지 아님 술맛이 좋아 음식을 많이 드셨는지 아주 만족하였습니다. 조정으로 돌아간 황제는 공부가주 술맛을 잊지 못하고 매년 공부가주를 조정에 올리라고 하였습니다.

공자시대부터 제조되었다고 하니 이 술의 양조법은 약 2500년 정도 전해 내려왔습니다.

▼ TIP

※ 공부가주는 이렇게 스토리가 있고 대중에게 알려진 유명한 술입니다. 그러나 안타깝게도 8대 명주는 아닙니다.

CHAPTER 066 중국술 이야기-8
공부가주 술맛

오늘은 공부가주의 술맛에 대해 알아보겠습니다. 애주가에 따라 표현차이는 다를 것입니다. 마오타이, 오량액 등은 남성적인 분위기가 많은 것 같습니다. 그러나 공부가주는 흉내나 모방할 수 없는 처녀의 은은한 순진성도 있고, 조건과 이유 없이 사랑을 주는 어머니의 포용성이 있는 느낌의 술 같습니다. 섞여 있는 것들이 어우러진 듯 아닌 듯 야릇함의 맛이 담긴 술입니다. 이런 느낌이 이 시대 최고의 위인 공자와 연관이 되니 술의 첫 느낌이 그런가 봅니다.

공부가주의 술맛을 내는 재료는 고량으로 만든 백주이며, 백주는 곡물로 만든 증류주입니다. 백주 재료는 고량(수수)을 원료로 한 것이 많은데 고량으로 만든 증류주를 고량주라고 합니다. 공부가주 술맛의 특징은 세 가지 향과 세 가지 올바름(三香三正)입니다.

삼향(三香)이란,
1) 문향(聞香) : 마시기 전에 술 냄새가 좋습니다.
2) 입구향(入口香) : 한 잔 마셨을 때 입안에서 향이 좋습니다.
3) 회미향(回味香) : 삼키고 난 후 입안에 감도는 향이 좋습니다.

삼정(三正)이란 '향정(香正)', '미정(味正)', '주체정(酒體正)'으로 술 향, 술 맛, 술 자체가 모두 올바르게 되었다는 뜻입니다.

▼ TIP

※ 공부가주는 공자님과 연관된 술이라 취하기 위해서 마시는 것보다 예절과 경건함의 인식을 주는 술로 보입니다. 한국에서는 조용한 술자리나 대화를 즐기는 분위기용에 적합한 술이라는 생각이 듭니다. 공부가주 마시고 술에 취하면 공자님이 꾸중합니다.

CHAPTER 067 중국술 이야기-9
술병이 아름다운 공부가주

'손님은 누울 수 없고 술상을 치울 수 없다'는 말이 있습니다. 이는 밤을 새워서라도 술을 마셔야 하고 술에 취해야 행사가 끝난다는 표현입니다. 공부가주를 마시고 술에 취해도 주연자리가 끝나면 꼭 챙겨야 하는 것이 있습니다. 술병입니다.

공부가주 술병은 예술작품으로 멋진 장식 소품도 됩니다. 근거는 없지만 공부가주 술병을 집에 두면 풍수지리학적으로 좋은 일만 생긴답니다. 아마 술병만 보아도 공자님이 연상되기에 심리적으로 말과 행동을 조심하게 되는가 봅니다.

공자의 고향 취푸(曲阜 곡부)는 산둥성 성도(省都)인 지난(濟南 제남)에서 1시간이 걸리지 않는 거리입니다. 취푸 지역 인구 60만 명 중에 10만 명 이상이 공(孔)씨 성이라고 합니다. 현재 공씨 가문 75대손 전후까지 공자 가문 혈통이 이어져 오고 있습니다.

중국은 술의 종류도 많아 산둥 지역에서 생산되는 공부가주는 지역적 한계와 특성으로 중국 전역에서 쉽게 구입할 수 있는 술이 아닙니다. 그러나 대도시 대형마트를 비롯하여 산둥성 취푸에 가면 일반 상점은 물론 기념품점에서도 판매하여 쉽게 구입할 수 있습니다.

전통 민속주이자 동시에 서민 술로 가격도 우리 돈 몇백 원에서 몇천 원까지 다양합니다. 마오타이주나 오량액은 52도나 53도가 주력 상품인데 공부가주는 39도로 도수가 조금 낮습니다.

> **TIP**
>
> ※ 취푸에는 공자의 사당인 대성전, 공묘, 공림 등 문화유산이 많이 있습니다. 또 가까운 거리에 임금이 하늘에 제사를 지내는, 중국에서 일출이 가장 아름답고 찬란하다는 태산이 있습니다. 태산과 취푸를 함께 여행하는 코스가 참 좋습니다. 천하제일 태산에서 천하명주 공부가주 한잔을 마시는 모습을 상상만 해도 짜릿하게 취합니다.
>
> ※ 항아리에 담긴 술을 마시고 난 후 술병을 관상용으로 활용해 사무실이나 식탁에 놓아두면 훌륭한 인테리어 소품이 됩니다.
> 술도 마시고 장식품으로 활용도 하고 이를 두고 일거양득(一擧兩得)이라 할까요? 우스갯소리로 '술도 마시고 임도 보고' 혹은 고스톱 칠 때 하는 '일타양피'라 할까요?

CHAPTER 068

중국술 이야기-10
죽엽청주(竹葉靑酒)

술 따르는 소리는 대나무 부딪힘과 같아라
어찌하여 술은 입으로만 마실까
넘치는 술잔에 댓잎 향기가 풍기네.

왠지 제가 시인이 되는 기분입니다.

죽엽청주(竹葉靑酒)를 찬미하는 내용입니다. 이 한 편의 시에 죽엽청주의 모든 것이 담겨 있는 것 같지 않습니까? 그야말로 술맛 돋우는 운치 있는 표현입니다. 죽엽청주는 중국의 8대 명주 중 유일하게 약미주(藥味酒) 또는 혼성주입니다.

중국의 백주(白酒)는 제조과정 중에 독특한 향이 있는데 이 향을 없애기 위해 여러 가지 한약재 등을 첨가합니다. 대표적인 술로는 오가피주, 십전대보주, 죽엽청주 등이 있습니다. 다른 술은 이름에서 오는 재료를 사용하지만 죽엽청주는 다른 술과 달리 대나무가 주재료로 가미된 술은 아닙니다.

죽엽청주는 중국 8대 명주의 하나인 분주에 사인, 자단, 당귀, 진피,

공정향, 영향, 광목항 등 10가지의 천연약재를 넣었습니다. 그리고 여기에 설탕, 계란 흰자위 등을 넣고 정제하여 숙성시킨 술입니다. 중국 정부에서도 보건주(保健酒)라는 명칭을 부여하였습니다.

일반 술과 달리 색은 금빛 투명하며 미세한 푸른빛을 가지고 있습니다. 약재를 넣었기에 독특한 향기가 있습니다.

죽엽청주의 특징은 음주 후 나타나는 두통 등의 부작용을 느낄 수 없을 정도로 순하다는 것입니다. 그리고 약이 되는 술이라 하였듯이 기(氣)를 충족시키고 혈액을 잘 순환시키는 작용을 합니다.

또한 술이지만 위에 부담을 주지 않고 간을 보호하며, 스트레스를 풀고 소화를 촉진하는 술로 인정받고 있습니다. 술의 도수는 38~45도 정도가 일반적입니다.

가격도 서민이 즐길 수 있는 20元(약 3,600원)에서 중고가인 150元(약 2만7천 원)까지 다양합니다.

CHAPTER 069 중국술 이야기-11
죽엽청주 유래

'**여인의 속살 향기보다** 댓잎 향기가 좋아라.'

이것 역시 죽엽청주를 찬미하는 내용입니다. 정말 술맛 나게 하는 표현입니다. 죽엽청주는 재미있는 이야기를 많이 가지고 있습니다.

죽엽청주에 전래되는 몇 가지 전설 중 대표적인 내용입니다.

배달주문을 받고 술독을 지고 심부름 가던 하인이 깊은 산중에서 목이 말라, 대나무 잎으로 잔을 만들어 지고 가던 술을 마셨습니다. 그리고 모자라는 술만큼을 계곡 대나무 숲에서 흘러나온 물을 떠서 술독에 채워 넣었습니다.

대나무 계곡물 + 술 = %$%#@*☆◎%◇#@ ?

그렇게 하여 술독을 목적지에 옮겼습니다. 술독을 지고 산길을 오르고 내려가는 동안 술과 대나무 숲 물은 배합이 잘 되었습니다. 목적지에 도착하여 술을 건네받은 사람이 술맛을 보고는 어떻게 하여 이렇게 술맛이 좋을 수가 있느냐, 너희 주인댁 양조장 술이 최고다 하고 칭찬을 하였습니다.

하인으로부터 자초지종을 들은 주인은 그 과정을 비밀에 부치자며 하인의 입을 함구시킨 뒤 대나무 물이 나오는 계곡 땅을 모두 사들여 여기에 양조장을 만들었습니다. 그리고 이 물을 원료로 하여 술을 만들었다는 스토리가 죽엽청주입니다.

대나무가 있는 물, 겨울 강물, 약수터 물 등을 재료로 하여 만든 술이 명품이 되었습니다. 알고 나면 참 간단한 방법입니다.

▼ TIP

※ 죽엽청주는 여러 재료를 사용하였기에 향도 여러 가지가 섞여 있습니다. 그러나 어떤 향이라도 홀로 드러나지 않도록 신의 경지에 가깝게 혼합을 합니다. 이렇게 제조된 양조법이 중국술 비법의 독특한 공정으로 인정받아 8대 명주의 반열에 올랐다고 할 수 있습니다.

CHAPTER 070 중국술 이야기-12
중국 3대 명주 수정방(水井坊)

수정방(水井坊 쉐이징팡)은 중국 3대 명주의 하나입니다. 이 수정방이 조니 워커(Johnie Walker) 브랜드를 가진 영국의 대표적 주류업체 디아지오(Diageo)에 매각되었습니다. 2009년 2월 1일 중국 국무원 원자바오(溫家寶 온가보) 총리의 영국 방문 시 런던 자연사박물관에서 중국술의 국제시장 진입을 영국과 함께 시작하자고 제안한 데서 매각이 시작된 것으로 추론됩니다. 제 생각에는 중국술의 세계화를 위한 시작이라고 보입니다.

수정방은 마오타이(茅台酒 모태주, 일반적으로 한자 표기 모태주보다는 널리 알려진 중국 발음 원음인 마오타이의 사용이 더 잘 알려진 경우가 많음), 오량액(우량예)와 더불어 중국 3대 명주로 인정받고 있습니다. 자연환경이 좋은 쓰촨성 청두에서 생산되고 있습니다.

'중국인의 일상생활에 최고의 술 – 수정방'이라는 구호답게 맑고 깨끗한 맛과 감미로운 향 때문에 마시면서 취하고 잔에 남은 향으로도 취할 정도입니다.

최근에는 중국을 여행하는 한국인이 면세점에서 많이 구입하는 인기 있는 술로 각광받고 있습니다. 현재 유통되고 있는 수정방의 포장 디자

▲ 빈 그릇에 각각 다른 양의 물을 넣고 수정방처럼 맑은 음악을 연주하는 모습

인이 아주 특색 있습니다. 6각형 종이박스에 사자문양 고리와 술병 하단에 그려진 중국 전통 그림이 수정방의 품위를 높여주고 있습니다.

그리고 밑 받침대는 나무로 고급스럽게 만들어져 있으며 액세서리 장식 소품으로도 활용이 가능합니다. 원래의 용도는 재떨이입니다. 술을 마시면서 이 그림을 보고 주담을 논하기도 합니다. 수정방이 주는 깨끗한 이미지 못지않게 술자리도 참 운치 있는 풍경입니다. 술의 종류는 39도와 52도 두 종류가 있습니다.

다섯 번째 이야기

중국 명절 이야기

중국의 신년 인사 ▎중국의 연말 인사 ▎설 이야기(한·중·일 설날 음식, 중국의 춘절휴가 1개월, 중국의 작은설, 세뱃돈 스토리, 춘련) ▎추석 이야기(월병, 월병과 소득세, 월병 포장법, 황금 월병) ▎동국세시기와 형초세시기 ▎용띠 해 용 이야기(용의 특징, 용의 상징, 등용문의 유래) ▎주역(점) 이야기(미신과 일상생활, 미신과 주역의 해석, 중국에서 점의 발전, 점의 종류, 사주팔자, 토정비결)

CHAPTER 071 중국의 신년(新年) 인사

해가 바뀌어 2012년이 되었습니다. 해가 바뀌면 "새해 복 많이 받으세요."라고 인사를 합니다. 영어로는 "Happy New Year"입니다. 한자어로 표현하자면 '근하신년(謹賀新年)'을 많이 사용합니다. 풀이하자면 '삼가 새해를 축하(祝賀)한다'는 인사말입니다.

그런데 중국에서는 일반적으로 새해가 바뀌는 양력 1월 1일보다는 음력 1월 1일을 '춘절'이라 하여 나라의 큰 전통 명절로 인정하고 더 많은 비중을 두고 있습니다. 그래서 중국은 신년에 관한 이야기보다는 춘절에 관한 이야기가 더 많이 있습니다.

중국의 새해 인사말이 궁금합니다. 신년에 많이 사용하는 인사말로는 공희발재(恭喜發財 공시파차이)가 가장 대표적이라 생각합니다. 우리말로 해석하면 직역으로는 '돈 많이 벌기를 기원합니다' 뜻이지만, 의역하면 일반적으로 연초에 '새해 복 많이 받으세요'의 뜻도 됩니다.

또 다른 표현으로 신년쾌락(新年快樂 신니엔콰이러)이 있습니다. 이 표현 역시 '새해에도 기쁘고 즐거움이 가득하기를 바란다'는 뜻으로 중국 현지에서는 많이 사용합니다.

그리고 만 가지 일 즉, '모든 일이 뜻대로 잘 되기를 바란다'는 만사여의(萬事如意 완스루의)도 많이 사용하는 표현입니다.

> **TIP**
>
> ※ 신년에 중국 친구를 만나면 "신니엔콰이러 공시파차이 공시파차이" 합니다. 한 번도 아니고 두 번, 세 번 합니다. 반복은 강조의 의미도 있습니다. 돈도 많이 벌고, 신체는 건강하고, 가정에는 화목이 넘치라는 아름다운 덕담입니다.

CHAPTER 072 중국의 연말(年末) 인사

연말이라는 단어는 다가오는 신년의 새로운 기대나 기다림보다 지난 한 해를 뒤돌아보고 아쉬움을 갖기에 신년 단어보다 조금 위축됩니다.

단풍잎에 취해 걸었던 숲 속이 어제였는데 잠에서 깨어나 창을 여니 문밖에는 나뭇잎이 없습니다.

연말이 시작되는 12월 첫날에도 비가 옵니다. 빗방울이 무리를 지어 계속하여 얼마 남지 않은 나뭇잎을 거침없이 낙하시킵니다. 아니 올해도 벌써 다갔습니까? 마음은 청춘이라 연분홍 치마가 휘날리는 봄날에 머물고 싶은데 어찌합니까? 인생의 나이가 50에 들어서면 모든 것이 무너지는 것 같습니다. 그래도 위안이 되는 것은 60대 선배님을 만나면 내 나이 앞자리에 5가 들어간다는 것….

2011년도 쉬지 않고 달려와 벌써 한 해 끝자락에 세워놓고 야멸찬 찬바람을 보내는 것 같습니다. 12월이 온다고 지나간 모든 것이 사라지는 것은 아니지만 그래도 왠지 12월은 조금 허전하기도 합니다.

화투패 비는 숫자 12로 표현됩니다. 고스톱 판에서 먹을 게 없으면

비(12), 풍(10), 초(5) 순으로 가장 먼저 쓸모없는 패로 인정되어 버려야 하는 수모를 당합니다. 비광도 광인데 2점밖에 인정 안 하는 억울함도 있습니다.

12월은 절기상으로 겨울의 시작입니다. 12월이 주는 느낌은 한 해 마지막이라 시간적, 공간적 의미는 황량한 풍경입니다. 그러나 12월은 한 해의 마지막이자 새해를 맞이하기 위한 준비기간입니다. 12월은 한 해의 끝남과 동시에 새로운 시작과 연결되어 있습니다.

한 해 동안 밀린 것을 정리하는 기간이고, 어제를 뒤돌아보고 웃음도 가질 수 있는 시간입니다.

▼ TIP

※ 연말연시 한국과 중국의 인사말은 같은 듯하면서 차이가 있습니다. 제가 중국 생활하면서 느낀 점은 한국은 건강과 복(福)을 기원하는 인사말이 많은 것 같은데, 중국은 복과 재물(財物)의 획득을 기원하는 인사말이 많은 것 같습니다. 한국에서는 송구영신(送舊迎新), 근하신년(謹賀新年) 등을 많이 사용합니다. 중국에서는 '새로운 한 해도 즐겁게'라는 뜻의 신년쾌락(新年快樂), '지난 한 해 잘 보냈습니까'의 과년호(過年好 꾸어니엔하오) 등이 있습니다. 연말연시 동시에 사용하는 만사여의(萬事如意), 공희발재(恭喜發財) 등 여러 가지가 있습니다.

설 이야기-1
한·중·일 설날 음식

음력 1월 1일을 한국은 구정(舊正) 혹은 설날이라고 합니다.

어릴 땐 설날을 그렇게 기다렸는데 이제는 두렵고 무섭습니다. 조상에 대한 예의의 준비가 두려운 것이 아니라 나이의 보탬 때문입니다.

한국은 설날 아침에 떡국을 먹습니다. 그럼 나이를 한 살 더 먹었다고 합니다. 떡국이 하얗고 둥근 것은 태양을 숭배하는 의미가 있습니다. 중국은 음력 1월 1일을 춘절(春節 춘지에)이라고 합니다. 그리고 춘절 아침에는 교자(餃子 지아오즈)를 먹습니다. 일부 남쪽 지방은 밀보다 쌀 생산이 많아 떡을 먹기도 합니다.

중국에 여행을 가서 종업원에게 "만두(饅頭 만터우) 주세요" 하면 크기가 주먹만 하고 속에는 아무것도 없는 하얀 밀가루 빵을 줍니다. 한국에서 먹는 만두는 중국에서 교자라는 다른 이름을 가지고 있습니다.

춘절에 교자를 먹는 것은 행운을 기원한다는 의미가 많습니다. 일본은 한국, 중국과 달리 구정보다 신정을 큰 명절로 여기며 4~5일간 휴가를 갑니다. 신정 때 소바(메밀)와 모찌(떡)를 해먹습니다만 콩, 멸치, 새우, 밤, 다시마 등을 넣은 '오세치'라는 전통음식이 있습니다. 이것 역시 여러 가지 기원을 의미하는 뜻이 있습니다.

  설날의 명칭과 음식의 종류는 한·중·일 각각 차이가 있어도 명절날 먹는 음식에 포함된 뜻은 모두 민간신앙과 토속의 장수, 무병, 기원, 발전 등을 의미하는 공통점이 있음을 알 수 있습니다.

  설날 풍습의 특징을 한·중·일 3국으로 구분하면 아마도 한국 = 숭배, 중국 = 행운, 일본 = 복합기원이 아닐까 생각합니다.

▼ TIP

※ 떡국을 먹으면 한 살 더 먹는다고 하죠. 나이 먹는 것을 억울해하거나 슬퍼하지 마세요. 한 살 더 먹는다는 것은 태양에 더 가깝게 다가가는 것입니다. 세상의 이치를 더 넓게 볼 수 있는 경륜을 주는 것입니다.

CHAPTER 074 설 이야기-2
중국의 춘절 휴가 1개월

수천 년의 역사를 자랑하는 중국 민족은 찬란한 문명과 독특한 문화를 창조하였습니다. 대표적인 중국문화로는 명절문화가 으뜸일 것입니다. 중국의 민속명절에는 춘절, 원소절, 청명절, 칠석절, 중추절, 중양절 등이 있습니다. 이 중 가장 큰 규모의 국가와 지방의 민족적 행사는 춘절입니다.

춘절은 음력 1월 1일로 한국의 설날입니다. 해를 마감하고 새로 시작한다는 의미에서 중국말로는 과년(過年 꾸어니엔)이라고도 합니다. 우리말로는 설을 쇤다는 의미라 할 수 있습니다.

중국은 설을 전후한 음력 12월부터, 1월 15일 정월 대보름까지가 가장 바쁜 시기인 것 같습니다. 왜냐하면 중국 최대 명절인 춘절을 맞이하기 위함과 또 춘절 후까지의 분위기를 가지기 위함 때문입니다.

최근 언론보도를 보니 어떤 기업체에서는 춘절 휴가로 1개월을 주었다고 합니다. 고향 오가는 시간이 대중교통 기차를 타고 1주일이 소요될 정도로 땅이 넓은 것도 이유 중의 하나입니다. 또 다른 이유는 근로자 1개월치 급여가 편도 비행기 가격이나 고속전철 값도 되지 않아 대부분 저렴한 완행 기차를 타고 가기 때문입니다.

남쪽 광둥성 광저우에서 북쪽 헤이룽장성 등 동북 3성까지의 거리는 약 5,000km입니다. 이 구간을 기차와 버스를 갈아타면서 가는 시간이 4~5일, 혹은 1주일 소요되는 것은 현재의 중국 교통상황으로 보아 장기 거주한 저는 충분히 이해가 갑니다. 이뿐만이 아닙니다. 기차역이 있는 대도시, 중소도시에 도착한 후 다시 내륙 농촌집까지 완행버스를 타고 가면 아마 왕복 10일은 기본일 겁니다.

춘절은 1년 중 중국민의 최대 명절입니다. 수억 명이 춘절을 계기로 고향을 찾아가는 민족 대이동을 합니다. 제한된 교통편에 이용자는 과잉이라 이런 것도 명절기간이 많이 소요되는 원인 중 하나입니다.

▼ TIP

※ 저도 중국 지사장으로 재직 시 춘절에 고향 가는 직원이 2~3주 휴가를 요구하는 것에 당황한 적이 있었습니다. 그러나 아무리 생산이 중요해도 1년에 단 한 번 고향 가는 것을 인정하지 않을 이유가 없었습니다.
※ 한국의 설날을 중국에서는 춘절(春節)이라고 합니다.
춘절의 기원은 1911년 신해혁명(辛亥革命) 후 건립된 중화민국 정부 시기입니다. 서방국가가 양력으로 통일하자 중국 정부는 양력 1월 1일을 신년(新年 신니엔) 또는 원단(元旦 위엔단)이라고 칭하였습니다. 그리고 음력(중국에서는 농력(農曆)이라고도 함) 1월 1일 즉, 음력 정월 초하루를 춘절이라 불렀습니다.

CHAPTER 075 설 이야기-3
중국의 작은설

설날 보조선물로는 덕담이 으뜸이라 생각합니다. 좋은 말씀을 하면 본인뿐만 아니라 집안에도 좋은 일이 생긴답니다. 정치적 이분법이 어느 때보다도 더 치열한 것 같습니다. 언론도 올해는 경기가 좋지 않아서인지 설인심도 조금 삭막한 분위기를 전달합니다. 이럴 때일수록 맑은 마음으로 서로에게 덕담이라도 넉넉했으면 좋겠습니다.

한 해가 끝날 무렵을 세밑이라 합니다. '세(歲)'는 새해를 뜻하고 '밑'은 앞날이라는 의미가 됩니다.

중국도 전래되는 세밑문화와 풍습이 많이 있습니다. 춘절과 연계하여 음력 섣달 초팔일(12월 8일)에 중국에서는 랍팔죽(臘八粥)을 먹습니다. 쌀, 좁쌀, 찹쌀, 수수, 붉은 콩, 대추, 호두, 땅콩 등 8가지 재료를 넣어 함께 끓여 만든 음식으로 모든 재료가 곡식입니다. 이것은 '오곡의 풍성'을 기원하는 의미가 있습니다.

그리고 설을 1주일 정도 앞둔 음력 12월 23일경 중국 가정에서는 불과 재산을 담당하고 부엌을 관장하는 신(神) 조왕야(灶王爷 자오왕예)에게 엿을 바칩니다. 조왕신이 부엌마다 다니면서 집주인 됨됨이를 하늘에 계신 상제에게 보고를 하는데 집주인은 부엌에 오시면 드시라고 조왕신이 좋아하는 달달한 엿을 놓아둡니다.

조왕신이 이 엿을 먹고 집주인에 대해 상제에게 좋은 이야기를 하여 복을 많이 받도록 기원한다는 것에서 발생한 풍설입니다.

중국인들은 '하늘이 좋은 말씀을 하면 집에도 좋은 일이 생긴다(上天言好事, 回宮降吉祥)'는 믿음을 가지고 있습니다.

한국에서 작은설이라 하면 설 바로 앞날을 말합니다. 각지에 흩어져 있던 가족이 모이는 날입니다. 중국에서도 춘절(春節)의 전날 밤을 제석(除夕)이라 하여 각지에 있는 가족이 모여 식사를 함께합니다. 이 저녁 식사를 연야반(年夜飯 제야에 먹는 음식)이라고 합니다. 식사가 끝나면 보통 서로 살아온 이야기, 가족 이야기, 직장 이야기 등으로 밤을 새우기도 합니다. 이렇게 섣달 그믐날 밤에 잠을 자지 않고 지나가는 한 해를 지킨다는 뜻으로 밤을 새우는 풍습을 수세(守歲)라고 합니다.

춘절과 제석 사이 12시라 해도 좋고 0시라 해도 좋은 이 시간에 중국에서는 동네마다 집집마다 폭죽을 터뜨립니다. 이 행사는 묵은 지난해의 모든 것을 다 없애 버리고 새것을 받는다는 의미의 행사이기도 합니다.

이 폭죽행사도 전설이 있습니다. 옛날에 괴물이 있었는데 매년 연말만 되면 동네에 나타나 마을 주민과 가축을 해쳤습니다. 하지만 이 괴물은 밝은 불빛과 요란한 소리를 무서워하였습니다. 그래서 주민들이 이 괴수를 쫓기 위해 고민한 결과 폭죽을 사용하였습니다.

오늘날 이 폭죽행사는 하나의 놀이가 되었지만 궁극적인 사실은 귀신과 액운을 쫓아내고 부귀장수와 재물, 풍년을 기원하는 의미라 하겠습니다.

CHAPTER 076 | 설 이야기-4
세뱃돈 스토리

　　　　　　　　베이징에서 춘절에 얼마나 많은 폭죽놀이를 하였는지 대기오염 측정이 마비되었다고 메인뉴스에 보도합니다. 사람이 많으니 놀라운 뉴스도 비례하는 듯 많이 발생하는 것 같습니다.

　정월 초하룻날 아침이 되면 우리가 떡국을 먹는 풍습처럼 중국 북방사람들은 만두 종류인 교자를 먹습니다. 이것을 '갱세교자(更歲餃子)'라고 부릅니다.

　밤 0시를 자시(子時)라 합니다. 제석(설날 전날)의 자시는 바로 묵은해와 새해가 교차하는 순간이기에 갱세교자(更歲交子)라는 의미가 있습니다. 전자의 갱세교자와 같은 갱세교자라도 한자에 차이가 있습니다. 아침에 교자를 먹는 것에서 교자의 명칭이 시간이 교차하는 갱세교자에서 유래되었다는 설도 있습니다. 먹는 교자의 한자는 餃子(경단 교, 아들 자)입니다. 해가 교차하는 교자는 交子(교화 교, 아들 자)입니다. 그런데 이 두 한자 발음이 중국어로 交(Jiao 지아오), 餃(Jiao 지아오)로 동일합니다.

　중국 남방인들은 새알같이 생긴 중국식 설떡인 연고(年糕 니엔까오)나 탕원(湯圓) 등을 먹습니다. 연고는 연년승고(年年升高 매년 승진하거나 좋은 일), 전가단원(全家團圓 온 가족이 화합하고 단란하게 모임)을 상징합니다. 탕원은 찹쌀경단을 데쳐서 찬물에 띄운 요리입니다.

 탕원의 모양은 동전만 한 찹쌀떡 속에 여러 가지 소를 넣은 새알심 모양의 떡을 말합니다. 보통 대보름날에 먹는다고 해서 중국 북방에서는 '원소(元宵)'라고도 합니다. 중국 남방에서는 초하루에 한 번, 정월 대보름에 한 번 1년에 두 번 먹습니다. 안에 고소한 깨를 소로 사용하기에 달콤한 맛도 있습니다. 의미는 화목하고 단란함입니다.
 세뱃돈의 경우 우리는 깨끗한 돈을 그냥 주기도 하고 봉투에 넣어 주기도 합니다. 중국인들이 붉은색을 좋아하는 것은 잘 알고 계시죠? 중국에서는 반드시 세뱃돈은 빨간(붉은) 봉투에 넣어서 줍니다. 붉은 봉투를 홍포(红包 홍파오)라 합니다. 붉은 봉투에 넣어서 주는 세뱃돈을 압세전(压岁钱 야수이치엔)이라 하는데 나쁜 재앙을 막는다는 뜻입니다.

▼ TIP

※ 중국에서 세뱃돈을 주거나 선물을 할 때는 짝수로 줍니다. 가장 큰 이유는 음양설에 따라 짝수는 양수로 길(吉)한 것으로, 홀수는 음수로 흉(凶)한 것으로 믿기 때문입니다.

CHAPTER 077 설 이야기-5
춘련(春聯)

대문이나 아파트 문에 입춘대길(立春大吉), 소문만복래(笑門滿福來), 가화만사성(家和萬事成), 건양다경(建陽多慶)을 붙여 봅시다. 현재 도심의 문화에 어색할 것 같지만 그래도 왠지 출퇴근길이 흐뭇해질 것 같은 예감이 들지 않습니까? 좋은 전통과 문화는 시대가 변해도 계승해야 할 의무가 있습니다.

개혁개방 후 중국의 급격한 경제성장은 도시와 농촌의 문화를 이분법적으로 나누어 놓은 것이 많습니다. 그러나 도시문화라고 무조건 버려야 하고 농촌문화라고 해서 모두 소중한 것은 아닙니다. 도시와 농촌이 서로 보완하는 것이 진정한 그 나라의 문화라고 생각합니다.

중국은 도시보다는 농촌이 아직도 춘절 기간 동안 건강과 행운 그리고 오곡의 풍성함을 기원하는 행사가 많이 전해 내려오고 있습니다. 각종 그림을 그려서 대문에 붙이는데 이런 그림을 연화(年畫)라 합니다. 연화를 부착하게 된 여러 가지 전설이 있습니다.

어느 날 당나라 태종 이세민이 병이 들어 침실에서 요양을 하고 있었습니다. 그런데 밤에 잠만 자면 꿈에 귀신이 나타나 괴롭히는 것이었습니다. 그래서 임금은 부하장수에게 대문을 지키도록 명했습니다. 그러자 다음날 꿈에 귀신이 나타나지 않고 또 병도 거짓말처럼 나았다고 합니다. 그러나 매일 밤 부하장군에게 대문을 지키라고 할 수는 없는 노릇이었습니다.

그래서 임금은 아이디어를 짜내 장군의 모습을 그린 그림을 임금이 사는 대문 양쪽에 걸어놓도록 하였습니다.

이것은 일종의 문신(門神)입니다. 문신의 출현은 이런 배경이 있었답니다. 오늘날의 연화는 이런 고사에서 비롯된 것이고 문신의 등장 배경도 이러한 스토리를 가지고 있습니다.

춘련(春聯 춘리엔)이라는 것도 있습니다. 한국에서 입춘이 되면 대문에 '立春大吉(입춘대길), 笑門滿福來(소문만복래), 家和萬事成(가화만사성), 建陽多慶(건양다경)' 등 큼직하게 써 붙이는 것과 비슷한 의미라고 생각하면 됩니다.

그러나 중국에서 춘련은 춘절에 붙입니다. 대부분 내용이 '世世平安日(세세평안일), 年年如意春(년년여의춘)'으로 날마다 평안한 날이 되고 해마다 봄과 같이 잘되라는 뜻으로, 축복이나 기원하는 표현이 대부분입니다.

대문 양쪽에 붉은 바탕의 종이에 검은색 글이나, 또는 황금색으로 글씨를 써서 붙입니다. 요즘은 직접 쓰기가 힘이 드는지 인쇄를 하여 판매를 하니 기원의 의미도 희석되는 느낌입니다.

▼ TIP

※ 복(福)이나 춘(春) 자 등 한 글자만 써서 붙이는 경우도 많습니다. 그런데 글씨를 자세히 보면 복(福) 자가 대부분 거꾸로 붙여져 있습니다. 한두 집 같으면 실수라 할 텐데 대부분의 집 대문에 거꾸로 붙여져 있으니 무언가 또 다른 풍습이나 스토리가 있는 것 같지 않습니까? 왜 복(福) 자를 거꾸로 붙이는지 상상해 보시기 바랍니다.

CHAPTER 078 추석 이야기-1
월병(月餅)

추석 때 한국은 송편을, 중국은 월병을 먹습니다.

음력 8월 15일은 머리 들어 하늘을 보고, 머리 숙여 고향을 보는 그리운 추석입니다. 가을을 초추, 중추, 종추로 나누어 8월 15일이 가운데 날짜라 중추절이라고도 합니다.

추석 때 쓰는 과일과 음식은 대부분 원형이 많습니다.

둥근 음식은 보름달처럼 일이 원만하게 잘되라는 의미인 것 같습니다. 추석에 한국은 반월형 떡 송편을 먹습니다. 그러나 중국에서는 보름달을 닮은 월병(月餅 위에빙)을 먹습니다.

월병은 밀가루와 팥고물로 만든 것으로 빵인지 과자인지 혼동되기도 합니다. 밀가루 반죽에 겉은 바삭하고, 속은 빵의 감촉 맛이 나지만 속 재료에 따라 단맛, 짠맛, 매운맛 등 여러 가지가 있습니다.

속 재료는 호두, 콩, 팥, 검은깨, 고기 등 기름이 많이 들어 있어 한국인의 미각으로 볼 때 전반적으로 약간 느끼한 맛입니다.

월병에 대한 정확한 근거는 불확실하지만 설득력 있는 여러 가지 이야기가 있습니다.

▲ 월병(月餠), 겉모양은 같아도 속은 다양하다

소동파 시인이 '작은 떡을 먹는 것이 달을 먹는구나'에서 월병이라는 표현도 있습니다.

또 다른 전설에는 농민봉기 시에 월병 안에 쪽지를 넣어 거사 일을 주고받기 위해 월병을 선물한 것이 오늘날 추석에 월병을 주고받는 풍습이 생긴 것이라고도 합니다.

중국은 해마다 중추절이 되면 친지나 이웃에게 건강과 행복을 기원하는 의미에서 월병을 빨간 종이에 싸서 선물로 돌립니다. 이런 전통은 아직도 왕성하게 이루어지고 있습니다.

CHAPTER 079
추석 이야기-2
월병과 소득세

중국에서 월병을 선물 받으면 월급에 월병 가격을 포함해 소득세를 납부합니다. 무슨 뚱딴짓소리 같지 않습니까?

추석 때면 중국은 월병 판매 때문에 한바탕 소란스럽습니다. 왜냐하면 추석 후에는 판매도 잘 안 되지만 잘 먹지도 않기 때문입니다.

월병이 중국에서 얼마나 중요한 사회적 관심거리인지 아래의 신문 보도 내용을 보면 중국문화를 조금 더 이해할 수 있을 것입니다.

중국 공산당 기관지 인민일보 계열 경화시보(京華時報)에 나온 기사를 인용하였습니다. 중국은 중추절(仲秋節) 때 회사가 직원에게 월병(月餠)을 나눠줄 경우 이를 소득으로 간주, 소득세를 매기겠다고 하였습니다.

이는 중추절 때 직장에서 선물 받는 월병도 일종의 소득이라는 유권해석을 중국 세무당국이 내렸기 때문입니다. 이에 따라 각 직장의 경리부서는 월병 가격을 직원의 월급에 포함하여 소득으로 인정, 소득세를 계산해 세무당국에 자진 신고해야 한다고 합니다.

가령 한 달 월급이 5천元인 근로자가 직장에서 300元짜리 월병을 선물로 받았다면 이달 소득을 5천3백元으로 간주하여 세금을 다시 계산하는 것입니다. 월병 교환권, 상품권은 물론 현물 월병에도 이 같은 원칙이 똑같이 적용됩니다.

이 소식이 전해지자 중국 언론은 '월병세'가 새로 신설된 것이라며 강력히 반발하고 있답니다.

▼ TIP

※ 바늘 꽂을 자리만 있으면 세금을 매기려는 발상은 국민의 정서와 맞지 않는 것 같습니다. 세상은 급변하고 있습니다. 사람의 인심도 변함에 따라 고유 명절인 중추절도 변하고 월병 맛도 변하는 세상입니다.
만약 한국에서 송편이나 떡국에 세금을 부과한다면⋯ 상상만 해도 끔찍합니다.

CHAPTER 080 추석 이야기-3
월병 포장법

월병세금보다 더 황당한 월병포장법이 있습니다. 월병의 선물 포장이 법률로 정해져 그 법이 허용하는 범위 내에서 포장을 해야 합니다. 저도 이런 황당한 법률을 처음 알았습니다.

매년 중추절이 되면 백화점과 호텔은 앞다투어 최고급 월병을 출시합니다. 월병의 가격은 상상을 초월할 정도입니다. 우리 돈 기준으로 동네 가게의 수백 원에서 백화점의 수백만 원에 이르기까지 가격이 다양합니다. 한국에서 고가에 속하는 인삼이나 소고기도 아닌 빵과자가 중국에서는 대기업의 대졸 신입사원 한 달 월급에 맞먹는 50만 원이라면 얼마나 비싼지 상상할 수 있을 것입니다.

요즘 월병의 포장은 너무 화려하고 웅장합니다. 순수 월병 가격보다도 화려한 포장 가격이 높게 책정되자 월병이 사회문제로 대두된 것입니다. 이에 중국 정부기관인 중국국가질량총국과 국가표준위원회는 '월병강제성국가표준'이라는 월병법률을 만들었습니다.

목적은 너무 비싼 월병을 만들지 못하게 제재하는 법률입니다. 이 법률의 주요 내용은 '월병포장 방안(규정)'으로 월병 포장재는 월병 가격의

25%를 넘지 못하고, 포장 부피는 내용물인 월병의 35%를 초과할 수 없다고 규정하고 있습니다.

> **TIP**
>
> ※ 이런 법률을 비웃기라도 하듯 월병을 생산하는 기업은 상상을 초월하는 대책을 세웠습니다. 월병에 황금도금을 입혀 고가로 판매하는 아이디어입니다. 중국인의 창의력에 놀라지 않을 수 없습니다. 과연 어떤 방법이 또 있을까요? 상식을 넘어서는 사고입니다.

CHAPTER 081 추석 이야기-4
황금 월병

중국 정부는 월병포장 법규를 만들어 월병 생산을 통제하고 있습니다.

월병을 만드는 회사는 포장지 규제를 피하기 위해 새로운 아이디어로 신제품인 황금을 재료로 하여 최고가의 월병을 만들어 판매하였습니다.

법률보다 한 수 위의 법률 대책을 제시한 게 황금으로 만든 월병 판매입니다. 황금가루가 첨가된 월병은 월병포장 법규와는 상관이 없게 된 것입니다.

황금 월병이 법률에 걸리지 않는 고가품이 되자 선물이 아닌 뇌물로도 활용하고 있습니다. 이 얼마나 기가 찬 중국 상인의 대책이고 방법입니까?

중국에는 정책을 비웃는 우스갯소리가 되었습니다. 어떤 사안에 대해 상급기관에서 상책이 있으면 하부기관에는 상책을 능가하는 대책이, 위에 대책이 있으면 밑에는 그것을 또 방어할 대비책을 만든다는 것입니다.

현재 이 황금 월병은 전국 각지에서 불티나게 팔리고 있답니다.

어쩌면 중국 정부는 앞으로 월병에 들어가는 황금재료를 제재하는 '황금 월병법'까지 만들어야 하는 상황입니다. 그러면 또 다른 상책이나 대

책의 결과품인 새로운 월병이 만들어질 텐데 내심 기대됩니다.

명절 때 정성이 담긴 선물을 주고받는 것은 미풍양속입니다. 선물이 뇌물의 수단으로 변질되어 가는 것이 안타까울 뿐입니다.

교통이 발달하여 거리 간의 시간을 단축시켜 주는데 이상하게도 세상은 더 바쁜 것 같습니다. 추석날 단 하루만이라도 보름달을 보면서 사랑하는 가족이 함께하면 더없이 좋을 것입니다. 여기에 송편이나 월병을 먹으면서 가족 간의 사랑을 수채화처럼 이야기하고 스케치하는 여유를 가져보시기 바랍니다.

CHAPTER 082 동국세시기(東國歲時記)와 형초세시기(荊楚歲時記)

팥죽은 드셨나요? 1년 24계절 중 동지는 낮이 가장 짧고 밤이 가장 긴 날입니다. 동시에 팥죽 먹는 날입니다. 동지가 지나면 낮의 길이가 조금씩 길어집니다. 동짓날 왜 팥죽을 만들어 먹는지 알고 계신가요? 그리고 이러한 풍습은 어떻게 전래되었는지 궁금하지 않으십니까?

1년 365일을 24절기로 구분합니다. 절기에 따라 행하여지는 민속놀이나 풍물, 신앙 등의 여러 가지 행사를 해석하고 기록하여 후세가 이해하기 쉽게 만든 것이 세시기(歲時記)입니다.

우리나라에는 대표적인 『동국세시기(東國歲時記)』가 있습니다. 이 책은 조선 후기(1849년경) 홍석모(洪錫謨)가 연중행사와 풍속들을 정리하고 설명한 세시풍속 책입니다. 『동국세시기』는 동지를 아세(亞歲)라 하여 작은설로 인정하고 있습니다.

현존하는 중국 세시기 중 가장 오래된 것이 7세기경 중국 양쯔강 중류 지역의 형초 지방에서 전해 내려오는 연중행사를 수록한 『형초세시기(荊楚歲時記)』입니다. 동짓날에 역질(천연두) 귀신을 쫓기 위해 붉은색을 가진 팥죽을 쑤었다는 내용이 세시기에 기록되어 있습니다.

21세기 들어 정치, 사회제도와 문화 환경은 급변하고 있습니다. 그러나 『동국세시기』, 『형초세시기』, 서울 중심 기록의 『열양세시기』 등의 도서가 있어 한국이나 중국의 전통풍습이 확실하고 명확하게 전래되고 있음을 알 수 있습니다.

동지가 지나면 다시 해의 길이가 차츰 길어지니 활동할 시간도 늘어날 것입니다. 양(陽)의 기가 충만해집니다. 동짓날이 따뜻하면 질병이 많이 돌고, 추우면 풍년이 온다고 합니다. 올해 동지는 날씨가 추워 내년에는 풍년을 기대해도 좋을 듯합니다. 풍년이라는 단어만 들어도 왠지 오늘은 전과 달리 몸도 마음도 풍족합니다.

새해 설계 멋지게 세우시기 바랍니다.

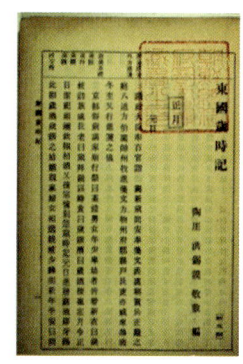

▲ 동국세시기(東國歲時記)

CHAPTER 083 용띠 해 용(龍) 이야기-1
용의 특징

용띠는 돼지띠와 궁합이 맞지 않다.

사실일까요?

 용은 고대 중국이나 인도, 이집트 등 문명 발상지에서 신화나 전설에 등장하는 신비의 상상 동물입니다.

 한편 민간인들의 삶에 정신적 신앙 역할을 해왔습니다.

 상상적 동물인 까닭에 민족과 시대에 따라 모습이나 기능이 조금씩 달리 묘사되고 있습니다. 지금 우리나라가 상상하는 용은 중국인들이 상상하였던 용의 모습과 비슷합니다.

 중국 삼국시대 위(魏)나라의 장읍이 지은 『광아(廣雅, 博雅 박아라고도 함)』라는 문서가 있습니다. 글자를 해석하고 각종 경서의 고증과 주석을 단 자전(字典)으로 익조(翼條)에 용의 모습을 다음과 같이 설명해 놓았습니다.

 '용은 인충(鱗蟲)의 으뜸이다. 형태는 아홉 가지 다른 짐승의 비슷한 모습을 각각 가지고 있다. 머리는 낙타, 뿔은 사슴, 눈은 토끼, 귀는 소, 목은 뱀, 배는 큰 조개, 비늘은 잉어, 발톱은 매, 주먹은 호랑이와 비슷하다.'

▲ 출입문에 설치된 권위의 상징 용

 이처럼 각 동물이 가지는 최고의 장점을 갖춘 것으로 상상이 된 용은 조화능력이 무궁무진한 것으로 묘사됩니다. 특히 물과 깊은 관계를 지닌 수신(水神)으로 신앙되어 왔습니다.

▼ TIP

※ 용띠생은 쥐띠와 원숭이띠와 궁합이 좋다고 합니다.
  원숭이의 재빠른 몸놀림과 쥐띠의 기술과 영리함 때문인 것 같습니다. 그리고 용띠와 돼지띠는 궁합이 좋지 않다고 합니다. 용은 열두 동물의 형태를 모두 형상화하면서 다 잘생긴 모습을 가져왔는데 유독 코만 돼지의 것을 형상화하였습니다. 그래서 용은 자기의 코가 돼지의 코를 닮아서 잘생긴 용모에 오점을 남겼으므로 돼지를 미워한답니다.
  그런 까닭에 사람들은 결혼 궁합을 볼 때 용띠와 돼지띠는 서로 잘 맺어주지 않는다고 합니다.
※ 12띠 동물은 쥐, 소, 범, 토끼, 용, 뱀, 말, 양, 원숭이, 닭, 개, 돼지입니다. 이 중 11가지 동물은 일상생활 속에 접할 수 있거나 동물원에 가면 쉽게 볼 수 있습니다. 그런데 용은 상상의 동물이라 볼 수가 없습니다.

CHAPTER 084 용띠 해 용(龍) 이야기-2
용의 상징

　　　　　　　한국인이 좋아하는 복이 있는 꿈을 아시는지요? 사람마다 기준이 다르지만 대체로 조상님 꿈, 용꿈, 돼지 꿈이 아닌가 생각합니다.

　용꿈을 꾸었나요? 그럼 당장 로또복권을 구입해 보십시오. 흔히들 용꿈은 돼지꿈과 함께 최고의 꿈이고 태몽이라고도 합니다. 용꿈에 얽힌 설화는 대개 아주 큰 경사를 예고합니다. 용꿈 꾸었다고 하면 꿈 중에서 가장 좋은 꿈으로 해석합니다. 용꿈은 한 나라의 임금이 되는 해석으로도 풀이합니다.

　용은 상상 속의 영물이고 실제 동물세계에 존재하지 않지만 동양인의 의식과 생활 속에는 수천 년간 신앙으로, 정신적 안식으로 정착되어 왔기 때문에 꽤 친근하게 느낍니다.

　이렇듯 우리 생활 속에 밀접한 용은 문화적인 측면에서 보면 현실에 존재하는 느낌이 들기도 합니다. 우리 조상들은 용을 성공과 희망의 상징적인 동물로 인정하였습니다.

　일반적으로 용이 사는 곳은 큰 연못이나 깊은 물입니다. 개천이나 흙 탕물에서는 살지 않습니다. 그래서 시골 출신이 출세하면 '개천에서 용났다'라는 희망과 존경의 표현도 합니다.

그래서인지 동양에서 용은 신비한 상상의 동물이지만 동시에 최고의 권력을 가진 제왕의 상징에 비유합니다. 용이 가진 장엄함과 신비함 그리고 욱일승천(旭日昇天)하는 호방한 성격 등으로 위대하고 훌륭한 존재로 상징되는 것 같습니다.

> ▼ TIP
>
> ※ 중국에서는 임금의 얼굴을 용안(龍顔), 임금이 타는 수레를 용가(龍駕)·용거(龍車), 임금의 지위를 용위(龍位), 임금이 앉은 자리를 용상(龍床)·용좌(龍座)라 하였습니다. 그리고 왕의 의복을 용의(龍衣)·용포(龍袍) 심지어 임금이 흘리는 눈물은 용루(龍淚)라 하였습니다.
> 두 마리의 용이 서로 얽힌 모양을 수놓아 만든 천자의 기를 용기(龍旗)라 하였고 임금의 덕을 용덕(龍德)이라 하였습니다.
> 이처럼 임금과 관계되는 것에는 거의 빠짐없이 '용'을 붙였습니다. 이는 용의 경이로움과 신비한 능력 때문이라 생각합니다.
>
> ※ 왕이 집무 시에 입던 정복(正服)을 곤룡포(衮龍袍)라 합니다. 이 곤룡포에는 가슴·등·양어깨에 왕을 상징하는 발톱 수가 다섯인 오조룡(五爪龍)을 금사로 수를 놓았습니다.
> 세자의 곤룡포는 흑색이며, 용의 발톱 수가 넷인 사조룡보(四爪龍補)를, 세손의 곤룡포는 삼조(三爪)의 방룡보(方龍補)를 수놓았습니다.
> 이렇듯 용 = 왕 = 권력의 등식이 성립되는 것 같습니다.

CHAPTER 085 용띠 해 용(龍) 이야기-3
등용문(登龍門)의 유래

어제 살아있는 용(?)을 보았습니다.
 넓은 등판에 좌우 용 두 마리가 꿈틀거렸습니다. 장소는 제가 단골로 가는 동네 목욕탕입니다. 덩치가 제법 큰 분이 등에 용을 2마리나 메고 다니면서(문신) 욕조에 들어왔다 나갈 때는 정말 연못에서 용이 솟아오르는 착각을 할 정도입니다. 신비스러운 용과 눈이 마주치면 괘씸죄에 시비가 붙을까 두려워 제풀에 얼른 고개를 돌렸습니다. 많은 문신 중에 그리기 어려운 용을 왜 소재로 하는지 궁금합니다.
 중국의 고사성어에는 용과 관련된 내용이 많이 있습니다.

1) 등용문(登龍門) : 입신출세를 위한 어려운 국가시험이나 관직에 진출할 때의 문을 말합니다. 중국인이 젖줄로 여기는 고대문화의 발생지인 황허의 물줄기가 흘러흘러 용문협곡에 가면 3단 폭포가 있습니다. 이 협곡에 흘러온 잉어가 모여 급류를 타고 폭포를 뛰어넘는데 성공하면 용이 된다고 합니다. 그래서 이곳을 등용문이라 부릅니다.
2) 망자성용(望子成龍) : 아들을 낳으면 용과 같이 권력을 가진 출중한

인물이 되라는 의미입니다.

3) 망년성봉(望女成鳳) : 딸을 낳으면 명예와 재산을 가진 봉황이 되기를 기원한다는 뜻입니다. 망자성용과 망년성봉 모두 최초 중국이 가족계획에 의해 중국 부모가 한 명뿐인 자녀에게 기대하는 희망입니다.

4) 화룡점정(畵龍點睛) : 옛날 중국의 유명한 화가 장승요(張僧繇)가 용을 그린 후 눈동자를 그려 넣자 용이 하늘로 올라갔습니다. 가장 중요한 끝마무리 일을 표현합니다.

5) 용두사미(龍頭蛇尾) : 처음은 용머리처럼 완벽하게 시작하였지만 끝에는 뱀 꼬리처럼 흐지부지해지는 것으로, 끝까지 추진하지 못하는 경우에 비유합니다.

6) 용호상박(龍虎相搏) : 실제로 본 사람은 없을 것입니다. 동물 중 가장 강하다는 용과 용맹하다는 호랑이가 서로 싸운다는 뜻으로, 최고의 빅 시합이나 결승전 그리고 최고의 강대국끼리 서로 싸우는 것을 비유합니다.

▼ TIP

※ 용의 턱밑에 거꾸로 난 수염(비늘)이 있습니다. 이것을 한자 그대로 '거꾸로 난 비늘' 이른바 역린(逆鱗)이라 합니다. 그런데 이 역린은 임금의 노여움을 일컫는 말입니다. 이 비늘을 건드리는 것은 임금에게 거슬리는 것으로 죽음을 면하지 못한다는 무서운 뜻이 있습니다.

※ 용은 동양에서는 신성한 동물로 상징되지만, 유독 유럽에서는 동양만큼 후한 대접을 받지 못하고 있습니다. 유럽에서는 적에게 두려움을 주는 전투의 수호자로 여겨 방패 등에 그려 넣기도 하지만, 한편으로는 여러 가지가 조합된 괴물로 악의 상징인 사악한 동물로도 등장하기 때문입니다.

CHAPTER 086 주역(점) 이야기-1
미신(迷信)과 일상생활

"재수 없게, 운이 없어, 내 사주팔자가 꼬였어."

어떤 경우에는 자신에게 일어난 일이 반드시 자신의 능력만의 문제는 아닌 것 같습니다.

이것은 두 눈으로 볼 수는 없지만 정해져 있는 나의 미래를 예측하여 현실화해 보여주지만 모순도 가지고 있는 것 같습니다.

우리는 이것을 미신(迷信)이라 비판하면서도 인간의 본능은 이것에서 벗어나지 않는 것 같습니다. 여기서 이것은 '점'을 말합니다. 첨(籤), 점(占), 서(筮), 복(卜), 역(易) 등 유사하게 관련된 한자도 많습니다.

점(Divination, 占)은 한마디로 정의를 내리기 어렵습니다. 좁게는 오늘을 살면서 내일 발생할 운수나 길흉을 미리 보는 것이요, 넓게는 인간세계의 정형화된 틀을 공간세계의 현상에 붙여서 미래의 일들을 주기적 혹은 확정적 결정을 내릴 것을 미리 판단하도록 해주는 것입니다. 또한 발생하지 않은 사건에 가상을 주어 해결책을 찾는 다소 생뚱맞은 정의가 더 어울립니다.

해석하는 방법으로는 자연현상과 인위적으로 생긴 우연성이 대표적

▲ 미신은 생활 속, 종교와도 밀접한 관계가 있다

입니다. 활용하는 재료도 천체 즉, 별의 자연성과 거북 그리고 주사위 등의 인위성 재료 등 다양합니다.

인간이 점을 보는 공통점은 대동소이한 것 같습니다. 사람은 일상의 생활에서 사람의 힘으로 극복하기 어려운 현상이나 인간의 힘으로 제어할 수 없는 현상에 부딪힐 때가 많습니다. 이럴 때 신이나 인간세상 바깥의 도구를 가지고 신의 뜻으로 해독하여 그것을 다시 인간세상의 개인에게 은유와 비유를 하여 적용하는 것입니다. 이 해독의 내용에 따라 사람은 실행과 포기를 결정합니다.

▼ TIP

※ 점과 관련하여 가장 대표적인 중국 도서로 『주역(周易)』이 있습니다. 유교의 기본 경전인 사서삼경(四書三經)에 주역이 포함됩니다. 사서는 『대학(大學)』, 『논어(論語)』, 『맹자(孟子)』, 『중용(中庸)』을 말합니다. 삼경은 『시경(詩經)』, 『서경(書經)』, 『주역(周易)』을 말합니다. 『주역(周易)』은 주(周)나라의 역(易)이라는 말로 그냥 역(易)이라고도 합니다. 주역은 점복(占

卜)과 관련된 철학적 의미가 있는 서적입니다. 설문(說文)에 역이라는 글자는 도마뱀으로 풀이하고 있습니다. 역(易) 자는 도마뱀 옆모습을 상형문자화 한 것으로 日은 머리 부분이고 아래쪽 물(勿)은 발과 꼬리를 나타내고 있습니다. 도마뱀이 하루에도 12번이나 몸의 빛깔을 변하기 때문에 역(易) 자로 표현하였습니다.

CHAPTER 087 주역(점) 이야기-2
미신(迷信)과 주역(周易)의 해석

　　　　　　미신(迷信)이라 하면 민간생활과 밀접하여 종교적 영향을 받으면서 실체는 비과학적 내용이 많이 포함되어 있습니다. 그렇다고 멀리할 수 없는 것이 미신 속에는 민간의 뿌리 깊은 신앙이 있기 때문입니다.

　미신과 함께 표현하는 언어로는 점복(占卜), 금기(禁忌), 굿 등이 있습니다. 이 중 미신이나 점은 전통적인 집단의 형태를 가진 동양사회에서 2가지 방향으로 나아갑니다. 첫 번째는 자신에게만 국한되는 해석입니다. 두 번째는 공동생활을 하면서 생기는 상호 간에 이해관계의 해석입니다.

　인간사회는 개인이든 공동이든 여러 가지 사안에 연결되어 살아갑니다. 이런 과정 중 결정 혹은 하나의 선택을 요구할 때가 있습니다. 합리적 방향의 기준에서 한 가지 선택을 할 때 정당성을 인정받는 판정의 기준을 내려주는 것을 미신이나 점이 결정합니다. 미신이나 점을 통해 얻은 결정은 반드시 실행을 요구하지는 않습니다.

　『주역』은 유교의 경전 중에서 우주의 철학을 논의한 것으로 미신보다는 좀 더 실체성이 있고 체계성이 있습니다. 미신을 포함한 인간생활의 현재와 미래의 운명을 예측하는 즉, 점을 치는 점복술의 원전이라 할 수 있습니다.

『주역』은 동양에서 가장 오래된 경전입니다. 그러나 해석하기가 아주 난해한 글입니다. 주희(朱熹)가 역(易)이라는 서(書)에 경(經)이라는 명칭을 붙여 역경(易經)이라 이름 하여 주역은 오경의 가장 으뜸으로 인정하고 있습니다. 한국, 일본, 베트남 등 유가사상에도 많은 영향을 끼쳤습니다.

『주역』은 작자에 관하여 여러 가지 설이 있는데 복희씨(伏羲氏), 문왕(文王), 주공(周公), 공자(孔子) 등의 역할론이 많이 거론되나 명확하지 않습니다. 주역은 양(陽)과 음(陰)의 이원론(二元論)으로 이루어져 있습니다.

천지 만물도 모두 양과 음으로 되어 있습니다. 하늘과 땅, 해와 달, 강함과 약함, 높음과 낮음 등 상대되는 모든 사물과 현상들을 양과 음 두 가지로 구분하고 있습니다. 그리고 그 위치나 생태에 따라 끊임없이 변화한다는 것이 주역의 원리입니다. 달은 차면 다시 기울기 시작하고, 여름이 가면 다시 가을, 겨울이 오는 현상은 끊임없이 변합니다. 그 원칙은 영원불변한 것이며, 이 원칙을 인간사에 적용 비교·연구하면서 풀이한 것이 주역입니다.

제가 제법 『주역』을 읽었다고 자칭하지만 무슨 말인지 헷갈릴 때도 있습니다. 그러나 요즘처럼 바쁜 세상에 인문, 철학은 사람의 행동이나 사고의 기준을 바로 잡아주는 최적의 지침서라고 생각합니다.

『주역』이나 『논어』 등을 다시 한 번 밑줄을 그어가면서 읽어보시길 추천합니다.

CHAPTER 088 주역(점) 이야기-3
중국에서 점(占)의 발전

중국에서 점이 행하여졌다는 근거는 용산(龍山) 문화기(BC 2100년경)에서 시작합니다. 은나라 시기에는 거북이 등(龜甲 귀갑)이나 짐승의 뼈(獸骨 수골)에 새겨진 균열을 보고 제사, 군사, 수렵, 날씨 등 국가적 행사의 길흉을 점쳤습니다.

주나라 시기에는 거북점 외 점대(- -, ＿ 등 부호)에 의한 점이 등장합니다. 점대는 거북점에 비해서 조작이나 도구가 간편합니다. 부호의 조합과 수, 배열에 따라 해독을 하기에 제법 합리성을 가진 것으로 평가합니다.

주나라 시기 점과 관련된 구체적인 도서는 남아 있지 않지만 『좌씨전』이나 『국어』에는 '역'에 의거한 10개 정도의 점을 본 예가 있습니다. 이 중에는 주나라의 점법을 전달한 내용도 있습니다. 점의 내용은 전쟁 외에 결혼, 사관, 일신의 장래, 사기 등 개인의 운명에 관한 매우 인간적인 것이 많았습니다. 이러한 점의 발전은 한나라 시기 역경이 체계적으로 정리되면서 도서로 자리를 잡았습니다. 한대에 '역'은 천문학, 역법, 음률학 등과 결부되어, 그에 의해서 정치의 좋고 나쁨이나 재화를 점쳤습니다.

최근에는 점을 보러 철학관에 가지만 이전에는 길가에 좌판처럼 벌여 놓고 행인을 대상으로 영업을 하였습니다. 거리에서 영업을 하는 이러한 점쟁이의 등장은 한나라 때부터입니다.

『사기』 일자열전(日者列傳)에 의하면, 사마계주(司馬季主)인 역자가 장안의 시장에서 가게를 열었다고 합니다.

> ▼ TIP
>
> ※ 점쟁이는 천한 직업이기는 하지만, '사람들에게 도움이 된다.'라고 생각하여 벼슬에 있는 사람도 홀대를 하지 않았습니다. 가끔은 권세 있는 관료도 진퇴나 선택, 결정을 내리기가 곤란할 때는 점을 보았으며 또 점괘 결과에 대해 인정을 하거나 행위를 실천한 관료도 있었습니다.
> ※ 점쟁이는 역대 태복(太卜)이라는 하위 관료 조직에 포함되었습니다. 그러나 중국에서는 천문학자가 태사국, 사천대, 취천감 등으로 불리는 벼슬을 가진 관료조직의 일원이었습니다. 그리고 동시에 천문학자는 점성술사였습니다. 고대부터 군주의 역할과 통치는 하늘에서 내려오기 때문에 점성술사는 천제의 변화를 잘 지켜야 했습니다.

CHAPTER 089

주역(점) 이야기-4
점(占)의 종류

한(漢)나라 때 자연계의 이상 현상은 군주에 대한 하늘의 경고라고 생각하여 자연과 정치가 한층 밀접하게 결합하였습니다. 왕궁에서 점을 활용하자 민중 사이에서도 일명 잡점(雜占)이라고 하는 각종 잡다한 점이 유행하였습니다. 예를 들면 오대(五代) 말경(10세기 중반)에 이미 민중에게 확산된 제비뽑기가 이에 해당됩니다.

제비뽑기와 마찬가지로 지금도 타이완이나 홍콩에는 묘(廟)에서 인기가 있는 것으로 '포에'가 있습니다. 한 쌍의 포에를 지상에 떨어뜨려서 앞과 뒤의 조합으로 길흉을 점치는 것인데, 1개가 앞이고 1개가 뒤이면 원하는 것이 이루어진다며, 그 눈이 나올 때까지 몇 번이고 반복하였습니다. 인상(人相)이나 골상(骨相)도 이미 전국시대의 『순자』 비상 편에 등장하니 그 기원은 사실 오래되었습니다.

점의 분류는 고대부터 있는 꿈점, 길흉을 점치는 육임(六壬), 둔갑(遁甲), 태을(太乙)의 삼식(三式), 바람의 방향이나 소리로 길흉을 점치는 풍각점(風角占), 문자점의 측자(測字), 묘의 지형방각과 자손의 길흉을 연결시키는 풍수, 닭의 다리를 사용하는 계복 등 여러 종류가 있습니다.

그리고 중국에서는 상점(相占)이라 하여 내부의 것은 반드시 밖으로 나타난다는 생각을 지니고 있었습니다. 즉, 영웅이나 가능성을 지닌 인물에게는 어딘가 특이한 신체적 특징이 있다고 보았습니다. 상점(相占)은 이렇게 밖으로 나타난 것을 단서로(사마귀 등도 중요한 결정요인이 됨), 안에 숨겨진 것을 찾아내는 것도 점이라고 할 수 있습니다.

> **TIP**
>
> ※ 한국인은 일상생활이나 연중행사 등에 점을 보는 풍속이 널리 보편화되어 있습니다. 그날의 운은 아침에 있다고 하여서 구두가 뒤집혀 있거나 식기나 거울이 깨지면 애정이 깨지거나 운이 나쁘다고 합니다. 그러나 반대로 아침에 까치가 울면 좋은 소식이 있다고 믿고 있습니다.
> 꿈점에 대해서도 꿈속에서 무언가를 먹으면 감기에 걸리고, 돼지꿈을 꾸면 부자가 된다고 합니다. 특히 연중행사와 연결지어 풍습화된 것도 있습니다. 예를 들어 첫 꿈은 돼지에 관한 꿈이 가장 좋다고 하여, 섣달그믐 밤에는 "돼지꿈을 꾸어라"는 인사를 합니다.
> 정월 대보름이나 만월의 모양으로 풍흉을 점치는 것도 전국적인 풍습 중의 하나입니다.

CHAPTER 090 주역(점) 이야기-5
사주팔자(四柱八字)

점은 그것을 믿는 사람들에 한해서 인생길의 안내자이며 활력의 원천입니다. 정신안정제이면서 동시에 불안정제이기도 합니다. 그러나 대부분의 사람이 점에 의해서 과거와 미래를 알고 일희일비하면서 자신이 취해야 할 행동을 판단하기도 합니다. 그래서 궁극적으로는 의지하지 않지만 알게 모르게 점에 영향을 받아 인생을 보내기도 합니다.

이런 까닭에 점이 수행한 역할을 무시할 수는 없습니다. 또한 과학적 사고가 지배적인 현대에 유희화되어 버린 부분도 많지만, 그래도 점은 살아있으며 인간의 정신과 행동에 효과를 계속 미치고 있습니다.

직업적인 점술사는 2종으로 구분됩니다. 하나는 신령의 탁선에 의해서 점치는 자이며, 또 하나는 점서(역서)나 도구를 이용합니다. 전자는 샤먼(무당)이 대표적이며 그 점을 '무코리'라고 하는데, 이는 신에게 '듣는 것'을 의미하며 탁선과 함께 쌀알이나 화폐를 병용하는 경우가 있습니다. 후자는 무코리를 미신이라고 하는데, 이 경우에는 성명 판단, 이름 짓기, 관상 등을 보며 그 대부분은 『주역』에 의거하고 있습니다.

민간에 보급된 대표적인 역서는 조선 중기에 이지함이 저술한 『토정

▲ 사찰에서 기도하는 모습. 중국 향은 한국과 달리 초대형이다

비결(土亭秘訣)』입니다. 이는 연초에 생년월일시(生年月日時 이를 사주라 함)를 숫자화해서 그 해의 운을 달마다 보는 비결서로 유명하며, 이를 보는 것이 정월의 연중행사로 되어 있습니다. 또한 묘지를 점치는 풍수사는 지중 생기의 흐름을 읽어서 길흉을 판별한다는 풍수설입니다.

  결혼 시에도 점술사에게 궁합을 봅니다. 이는 신랑 신부의 생년월일시를 음양오행에 비추어서 두 사람의 운명을 점치는 것으로, 궁합이 나쁘다면 부모가 결혼을 반대하는 경우도 있습니다. 또한 결혼식 날짜를 정할 때도 점을 보는데 이를 택일이라고 합니다. 이때 두 사람의 상성이나 운명에 재앙이 없는 날짜를 선택합니다.

  사주를 기본으로 한 점에는 연월일시의 각각을 2자의 간지로 나타내 전부 8자가 되는데, 팔자(八字)는 '운명'도 의미합니다. 흔히들 '아이고 내 팔자가 더러워서' 혹은 '내 팔자 때문이지' 하면서 팔자타령을 합니다. 팔자론은 말세를 위한 비결서로 조선 중기 이후에 유포된 『정감록(鄭鑑錄)』이 유명합니다.

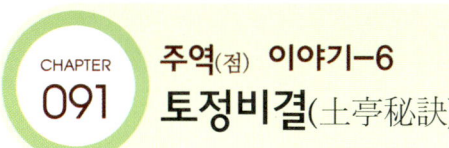

CHAPTER 091 주역(점) 이야기-6
토정비결(土亭秘訣)

제 어릴 적, 새해가 되면 아버지의 심부름으로 『토정비결』 책을 서점에서 구입한 적이 있습니다. 어려운 한자라 한 번 듣고 기억을 못 하거나 책 제목을 잊어버린 적도 있습니다. 그래도 서점에 가서 "점치는 책 주세요." 하면 그렇게 두껍지 않은 붉은 색을 띤 책을 주인이 건네주던 기억이 납니다. 아버지께서는 이 책을 통해 가족의 생년월일 등을 대조하면서 한 해의 운수를 알아보는 점(복)을 보는 습관을 가지고 있었습니다.

▼ 천단공원

『토정비결』은 조선 중기의 학자 토정(土亭) 이지함(李之菡)이 지었습니다. 일종의 도참서(圖讖書)로 개인의 사주(四柱) 중 태어난 연·월·일 세 가지로 육십갑자(六十甲子)를 이용하여 1년 12달의 신수를 달별로 알아보는 방식으로 되어 있습니다.

토정비결이 민간인에게 유래된 내역은 『동국세시기(東國歲時記)』에 오행점(五行占)으로 한 해의 신수를 본다고 적혀 있습니다. 아마 정초에 토정비결을 보는 풍습은 정조 이후인 조선 말기부터 세시풍속으로 자리 잡은 듯합니다. 이전까지 오행점·농점·윷점 등으로 한 해의 농사나 가정의 화목을 점치던 것에 비해, 조선 말기 민생의 곤궁이 심해지자 보다 개인적이고 세분화된 예언을 희구하던 시대적 요청에 따라 등장하게 된 것이 아닌가 짐작됩니다.

특히 12달의 운세를 4언 3구의 시구로 풀이하고 있다는 점이 재미있습니다. 예를 들면 '뜻밖에 귀인이 내방하여 길한 일이 있다', '구설수가 있으니 입을 조심하라', '봄바람에 얼음이 녹으니 봄을 만난 나무로다' 등과 같이 주로 부귀, 화복, 구설, 가정 등 개인의 길흉화복이 중심을 이루고 있습니다.

이전에는 주로 동네에서 한학을 공부한 어른들을 찾아 토정비결을 보았으나 1970년대 이후부터는 거리에 토정비결을 봐주는 점복사들이 본격적으로 등장하기 시작했고, 근래에는 컴퓨터를 이용한 인터넷 토정비결도 성행하고 있습니다. 정초의 세시풍속에 유난히 점복적인 요소가 강하듯이 점은 새해를 맞아 한 해에 대한 기대심리와 놀이적 요소가 복합된 풍습으로 이어지고 있습니다.

▼ TIP

※ 베이징을 여행하면 일반인들은 천단공원만 관광을 합니다. 사실 베이징 시내에 천단(天壇), 지단(地壇), 일단(日壇), 월단(月壇) 공원이 동, 서, 남, 북에 마름모꼴로 있습니다. 이 중 천단공원이 황제가 하늘에 제사를 올리는 의식을 행하기 위하여 설치한 제단 기년전과 원구단 등 여러 건축물이 있어 4곳의 공원 중 규모가 가장 크기 때문입니다. 이렇게 알려진 공원만 갈 것이 아니라 지단, 일단, 월단 공원도 함께 보면 여행의 묘미가 배가될 것입니다.

여섯 번째 이야기

중국학 노트

포항제철의 박태준과 중국의 덩샤오핑 ❙ 중국의 역대 지도자 ❙
중국의 6세대 지도자 7080세대 ❙ 중국의 권력기구 ❙ 지도전쟁 ❙
중국 77학번, 한국 58년 개띠생 ❙ 88올림픽과 중국 국민소득 ❙
중국의 부자도시 ❙ 중국의 최저임금 ❙
브릭스를 아시나요? ❙ 중국 화폐 이야기 ❙ 주식 이야기

CHAPTER 092 포항제철의 박태준과 중국의 덩샤오핑

1978년 개혁개방을 선언한 중국 최고의 권력자 덩샤오핑이 정치, 경제 등 여러 목적을 가지고 경제 대국으로 성장한 이웃한 국가 일본을 방문하였습니다.

그리고 일본의 대표적 철강산업체인 기미쓰 제철소를 견학하였습니다. 당시 참석하였던 신일본제철 이나야마 요시히로 회장과의 대화 중에 나온 일부입니다.

덩샤오핑 중국이 개혁개방을 하고 경제 엔진을 가동하는데 철과 관련된 산업이 필요합니다. 일본과 같은 제철소를 중국에 건립해 주십시오.
요시히로 중국은 어렵습니다.
덩샤오핑 이유가 무엇입니까?
요시히로 중국에는 한국의 박태준이 없기 때문입니다.
덩샤오핑 박태준, 그것 우리 중국이 수입하면 되지 않습니까?
요시히로 박태준은 한국의 포항제철 사장입니다.
덩샤오핑 ….

▲ 포항제철 설립 시 박태준 총리(앞줄 우측에서 2번째)

 국내는 물론 국외에서도 대한민국 철의 대명사로 불리던 박태준님께서 2011년 12월 13일 고인이 되셨다는 뉴스를 접하였습니다.
 한국 경제의 산증인이 고인이 되어 너무 안타깝습니다. 마침 13일 중국 베이징에서 『세계 강철 제1인 박태준』으로 고인에 대한 평전을 출판 기념 하는 행사가 있는 날이었습니다. 고인이 생전 포항제철에 쏟은 눈물과 피와 땀의 내용이 담긴 책입니다.
 좋은 곳에서 중국 덩샤오핑 주석도 만나시고 세상에서 못다 한 이야기를 나누시기 바랍니다. 군인으로, 경제인으로, 정치인으로, 용광로처럼 뜨겁게, 강하게, 부드럽게, 청렴하게 살다간 고인에 대해 삼가 명복을 빕니다.

CHAPTER 093 중국의 역대 지도자

일간지에 뜬금없이 장쩌민 전 중국 주석의 사망이 외신으로 보도되었습니다. 결국 오보로 판정되었지만 전 세계를 술렁거리게 한 중국 지도자의 파워입니다.

1949~2011년까지 62년 동안 중국을 통치한 최고 권력자를 살펴보았습니다. 참고로 중국에서 최고 권력이란 당, 정, 군 세 곳의 권력을 모두 가지거나 혹은 최소한 당군사위원회의 최고 통치권을 가지는 경우입니다.

1) 제1세대 지도자 마오쩌둥(毛澤東 모택동 1883~1976) : 최고 권력 재임 기간은 1949~1976년입니다.
2) 제2세대 지도자 덩샤오핑(鄧小平 등소평 1904~1997) : 최고 권력 재임 기간은 1978~1992년입니다.
3) 제3세대 지도자 장쩌민(江澤民 강택민 1926~) : 국가 지도자로서 재임 기간은 1992~2002년입니다. 이 시기부터 임기가 5년으로 명문화되었습니다. 일반적으로 연임을 승인하여 10년간 중국의 최고 권력자였습니다.
4) 제4세대 지도자 후진타오(胡錦濤 호금도 1942~) : 국가 지도자로서

재임 기간은 2002~2012년 입니다. 역시 10년 임기를 채우고 2012년 가을 후임자에게 권력을 승계할 예정입니다.

> **TIP**
>
> ※ 2012년 10월경 전국인민대표대회에서 제5세대 지도자가 선출될 예정입니다. 차기 지도자가 누가 될지 중국의 변화에 관심을 가져보시기 바랍니다. 언론에서는 시진핑(習近平 습근평) 당 부주석을 거론하고 있습니다.
>
> 장쩌민 전 주석은 5년 연임으로 10년간 최고 권력자로 근무하고 권력을 이양하였습니다. 후진타오 주석 역시 2012년에 임기 10년으로 다음 지도자에게 권력을 이양할 계획입니다. 마오쩌둥 27년, 덩샤오핑 14년과 달리 5년 연임을 중국 권력 내부에서도 제도화하려는 것 같습니다.
>
> 중국에 대한 관심은 한국의 사회, 정치, 경제에 대한 관심이고 아시아의 정치, 경제, 문화에 대한 관심의 시작입니다.

CHAPTER 094 중국의 6세대 지도자 7080세대

한국은 2012년 겨울, 차기 대통령을 선출합니다. 그리고 2017년 대통령 후보를 차차기 후보라 표현합니다. 최근 한국 언론이 비교적 젊은 지도자를 차차기 후보감 혹은 차차기 유력 후보라 하여 많이 거론하고 있는 것을 신문지면을 통해 알 수 있습니다.

중국은 마오쩌둥, 덩샤오핑, 장쩌민, 후진타오에 이어 올해 5세대 지도자가 탄생합니다. 차기 지도자로 유력한 내정자가 신문에 실명이 거론되는 등 어느 정도 예측되고 있습니다. 그러나 아직 차기 지도자도 완전히 결정이 안 된 상태에서 사회주의 국가 중국이 2022년 차차기 중국 지도자를 벌써 거론하고 있습니다.

43세에 중국 교통부 장관을 역임한 중국 고속도로의 총 설계사인 신장위구르 지역의 장춘셴(張春賢 장춘현) 당서기, 티베트 경제성장의 새로운 역사를 완성한 티베트 지역의 장칭리(張慶黎 장경려) 당서기, 리틀 후진타오라 거명되는 내몽고 후춘화(胡春華 호춘화) 당서기가 대표적인 주자군입니다. 모두 49~55세 연령대로 소위 7080의 중심 세력 나이입니다. 공통점은 소수민족 독립과 연관된 소수민족이 많이 거주하는 곳에서 정치수련을 받고 있습니다. 앞으로 10년간의 활동에 평가는 국민이 할 것입니다.

최근 중국은 특이하게도 소수민족관리정책과 국가성장정책을 잘 접목해 소수민족으로부터 먼저 인정받은 지도자를 국가 지도자급의 후보로 평가하는 기준이 된 것 같습니다. 이렇듯 예비후보자들 간의 치열하고도 당당한 경쟁이 중국 정치, 경제성장의 기반이 된 것을 부정하기는 쉽지 않을 것입니다.

▼ TIP

※ 중국에는 두 개의 만리장성이 있습니다. 하나는 실제 석축으로 쌓은 만리장성이고 또 하나는 책으로 쌓은 만리장성입니다. 저는 한 국가의 정치, 경제성장과 국민 문화 성장의 원동력이 책이라 생각합니다.

베이징 지인에게 중국 최대 서점을 소개해 달라고 하였습니다. 베이징에서는 신화서점(新華書店)일 거라 생각하였습니다. 시내 중심 서쪽 지역에 있는 시단(西單 서단) 도서성(圖書城)을 안내해 주었습니다. 얼마나 책이 많기에 서점을 도서성이라 하였을까요? 들어가 보니 책이 성 담벼락처럼 정말 정말 많았습니다. 책만큼 공자의 후손들도 많았습니다. 그곳에서 중국의 미래를 살짝 엿보았습니다.

CHAPTER 095 중국의 권력기구-1
전국인민정치협상회의

      2012년 3월 중국은 양회(兩會)라 하여 두 가지 회의를 개최하고 있습니다. 이로 말미암아 베이징시는 보안에 비상이 걸렸고 세계경제는 중국의 양회에 귀 기울이고 있습니다.

 전국인민정치협상회의(全國人民政治協商會議, 줄여서 政協 정협)와 전국인민대표대회(全國人民代表大會, 줄여서 全人代 전인대)를 합쳐 '양회'라고 부르며 이 양회는 중국 연중 최대의 정치행사입니다.

 먼저 3월 3일 개막한 정협은 중국 최고 국정자문기구로 올해의 주요 정책 방향을 결정합니다. 정협은 1949년 9월 21일 구성되어 제1차 전체회의를 열고 중화인민공화국의 성립을 선포하고 수도와 국기를 결정하는 등 신(新)중국의 탄생에 중요한 역할을 하였습니다. 1954년 전인대가 구성되기 전까지는 국회의 역할을 수행하였습니다. 현재는 전인대보다 영향력은 떨어집니다. 중국은 다당협력제를 표방하고 있어 정협은 중국에서 집권당인 공산당 이외의 각 정당이나 정파의 대표, 군, 각 직능대표, 지역대표들이 모여 국정 전반의 현안을 논의하고 수렴하며 사전 조율을 하는 역할을 합니다.

 여기서 채택된 내용은 전국인민대표회의에 보내서 결정토록 하는 일종의 정책 브레인기구이자 자문기구입니다. 조직 구성은 전국위원회와 상무위원회로 구분되며 전국위원회는 매년 전인대가 개최되기 이틀 전에 열립니다. 위원은 중국공산당과 각 민주당파, 무당파 인사, 인민단체, 각 소수민족과 각계 대표, 홍콩과 마카오 교포 그리고 타이완 교포와 귀국 교포 대표 및 특별 초청 인사 등 2천여 명입니다. 임기는 전인대 대표와 마찬가지로 5년입니다.

이번 양회에 한국은 물론 전 세계가 관심을 갖게 되는 이유는 현 후진타오 국가주석을 비롯한 제4세대 지도부의 마지막 회의이기 때문입니다.

올해 10월에는 제5세대 중국 지도부가 탄생합니다. 중국 정부는 2012년의 정책목표로 '안정 속에서 성장'이라는 두 가지를 모두 추구하겠다는 정책을 밝혔습니다.

안정적인 권력이양과 민생안전, 지속적인 경제발전 등의 정책들이 주요 논제가 될 것으로 전망합니다.

CHAPTER 096 중국의 권력기구-2
전국인민대표대회

　　　　　　　　　　한국의 국회의원은 2012년 개정되어 300명입니다. 중국의 국회의원은 몇 명이나 될까요?

　중국의 국회 역할은 전국인민대표대회(全國人民代表大會, 줄여서 全人代전인대)입니다. 한국의 국회와는 차이가 큽니다. 전인대는 중국 최고의 헌법기관으로 의결기구인 동시에 집행기구이기도 합니다. 더 중요한 내용은 전인대는 헌법상 중국 최고의 국가권력기관입니다. 따라서 전인대 대표는 국가 최고 권력기관의 구성원이라고 할 수 있습니다.

　구성원은 4개의 직할시, 22개의 성(省), 5개의 자치구에 각각 배정된 인민 대표가 가장 많으며, 인민해방군(軍)에서도 선출한 대표와 소수민족, 농민 등 직능별 대표로 총인원 3천 명을 초과하지 않습니다. 약 90%가 공산당원이며 이들의 임기는 5년입니다. 전인대 전체회의는 매년 한 차례 개최합니다.

　한국은 국회의장이라 하지만 전인대는 상무위원장이라 하고 권력은 중국 국가서열 2위의 막강한 자리입니다. 전인대 의결은 표결을 거쳐 다수결 원칙에 따라 합니다. 전인대의 권한은 헌법 수정, 법률제정, 헌

▲ 2012년 전국인민대표대회 모습

법과 법률의 실시, 감독, 국가주석과 부주석의 선출, 국무원 총리와 국무원 구성원의 임명, 중앙군사위원회 주석의 선출, 최고인민법원장과 최고인민검찰원장을 선출합니다.

아울러 국정 전반에 필요한 국가 예산 및 결산 심사와 승인, 성, 직할시, 자치구 구분 및 승인, 특별행정구의 설치와 그 제도에 관한 결정, 전쟁과 평화에 대한 결정 등 아주 광범위한 영역을 가지고 있습니다.

1975년에 채택된 중국 헌법 제16조에는 전인대를 '중국공산당의 지도하에 있는 국가의 최고 권력기관'이라 규정하였습니다.

이를 통해 전인대는 국가의 직속 기관보다는 중국공산당의 예속하에 있음을 알 수 있습니다. 그러나 1982년 제5기 전인대 제5차 회의에서 채택된 신헌법에는 '중국공산당의 지도하에 있는'이라는 조항은 삭제되었습니다. 하지만 신헌법의 전문(前文)에는 '당의 영도를 포함하는 사항원칙(四項原則)'을 강조함으로써 공산당이 우위(黨優位)에 있다는 원칙에는 변함이 없습니다.

▼ TIP

※ 중국 정부는 올해 10월 제18기 공산당 전국대표대회에서 차기 지도부를 선출합니다. 이 회의에서 국가주석, 총리 등 중국 최고의 권력 서열이 결정되는 9명의 상무위원이 결정됩니다.
아마도 올해 여름 베이다이허(北戴河 북대하)에서 당, 정, 군 최고지도자들이 모여 중국의 향후 10년에 대한 정치, 경제, 문화, 외교 등 중국의 방향을 결정할 것으로 예측합니다.

CHAPTER 097 지도전쟁-1
중국과 한국의 이어도 해상 관할 분쟁

지도전쟁!

국력에 따라 국경선의 위치가 달라지는데 저는 이것을 지도전쟁이라고 하였습니다. 이어도가 태평양 바닷바람보다 더 세찬, 망망대해의 홀로선 외로움보다 더한 고통과 분노로 몸살을 앓고 있습니다.

그런데 최근 중국 정부의 장관급 인사가 이어도(離於島)를 중국 관할 해역의 일부라고 주장하면서 이어도를 놓고 한국과 해상 관할권 분쟁의 조짐을 보이고 있습니다. 한국 정부도 강력하게 대응하고 있지만 분쟁이 쉽게 가라앉지 않을 것 같습니다. EEZ(배타적 경제수역)는 각국 연안에서 200해리 내의 모든 자원에 대해 독점적 경제권리를 인정하는 유엔해양법상의 수역입니다.

그러나 한·중 양국 사이 바다는 400해리가 안 되기 때문에 중첩되는 지역이 나오는데 그 중심에 이어도가 있습니다. 한국은 중간선을 경계 수역으로 삼아야 한다고 주장하며 마라도에서 149㎞ 떨어진 이어도를 우리 EEZ에 포함하였습니다. 이에 대해 중국은 해안선의 길이, 대륙붕의 연장선 등을 감안해 결정해야 한다고 주장합니다.

이어도가 해면 4~5m 수심 아래 있기 때문에 국제법상 영토가 아니므

▲ 독도 태극기! 자랑스럽습니다

로 분쟁이 지속될 것으로 예측됩니다. 이어도는 제주특별자치도 서귀포시 마라도(馬羅島)로부터 남서쪽으로 149km, 중국의 여산도(余山島)에서 287km, 일본 나가사키현 도리시마(鳥島)에서 276km 떨어진 해상에 위치합니다.

망망대해에 있는 수중 암초로 해수면 4.6m 아래 잠겨 있습니다. 섬이 아니라서 파도가 심할 때 일부 암초가 모습을 드러냅니다. 한국은 2003년 수중 40m, 해상 36m의 구조물을 설치하여 각종 해양연구를 하고 있습니다.

한국에서는 이어도, 파랑도(波浪島)라 부르고, 중국에서는 쑤엔자오(蘇巖礁 소암초)라 부릅니다. 1900년 영국 상선 소코트라(Socotra) 호가 발견하여 국제적 영어 표기로는 소코트라 암초입니다.

제주도민에게는 바다에 나가 돌아오지 않은 남편이나 아들이 살고 있는 전설이 있는 섬이자 환상의 섬입니다.

CHAPTER 098 지도전쟁-2
중국과 일본의 해상 영토 분쟁 조어도

국가의 힘이 지도를 만드는 것 같습니다. 중국과 일본의 조어도 해상 영토 분쟁 또한 지도 그리기입니다.

작은 섬 하나가 국가와 국가 간에 큰 분쟁을 가져오기도 합니다. 영국과 아르헨티나는 1982년 포클랜드를 두고 전쟁을 하였습니다. 포클랜드는 아르헨티나 본토에서 약 480Km 정도 떨어져 있고 영국에서는 1만3천Km나 떨어진 곳에 위치합니다. 왜 이 섬을 실질적으로 지배하려 하는지 그것이 의미하는 것이 무엇인지 여러분도 잘 알고 계실 겁니다.

중국과 일본도 무인도 한 곳을 두고 첨예한 대립을 하는 곳이 있습니다. 명칭도 자국 중심으로 만들어져 하나의 섬을 두고 각각 다른 이름으로 불리고 있습니다.

동중국해(東中國海) 남서부 타이완과 류큐 제도 사이에 위치하고 있으며 일본 오키나와(沖繩)에서 약 300km, 타이완에서 약 200km 떨어진 거리에 있습니다. 다섯 개의 무인도와 세 개의 암초(산호초)로 구성된 군도(群島)입니다. 분쟁의 섬 이름은 조어도(釣魚島)입니다.

중국에서는 댜오위타이 군도(釣魚台群島) 또는 댜오위 섬과 부속 도서(釣魚島及其附屬島嶼)라 부릅니다. 타이완에서는 댜오위타이 열서(釣魚台列

嶼)라고 부릅니다. 영어로는 피나클 제도(Pinnacle Islands)라 부릅니다. 국제적으로는 센카쿠 섬(Senkaku Islands)이라고 부릅니다. 일본에서는 이곳을 센카쿠 제도(尖閣諸島 첨각제도, 뾰족한 섬) 또는 센카쿠 열도(尖閣列島 첨각 열도)라 합니다. 이 지역을 중국과 타이완, 일본이 각각 우월적인 영유권을 주장하면서 분쟁이 끊이지 않는 곳이 되었습니다.

분쟁의 도화선은 동서 약 3.5km, 남북 약 2km, 해발 364m밖에 되지 않는 작은 섬들의 부근 해역에 천연가스와 석유가 대규모로 매장되어 있다고 발표되면서부터 급부상하였습니다.

▼ TIP

※ 1884년 영국 해군이 이 군도를 피나클 아일랜드(Pinnacle Islands, 뾰족한 섬)라는 이름을 붙였으며 센카쿠라는 말은 여기서 나온 것입니다.

CHAPTER
099

지도전쟁-3
조어도 역사

중국의 조어대, 일본의 센카쿠 열도, 하나의 섬을 두고 두 국가에서 이름을 달리 부르는 기구한 역사를 가진 이 섬의 역사를 살펴보았습니다.

이 섬은 명나라 초기(1403년)에 출판된 『순풍상송(順風相送)』이란 책에 '조어서(釣魚嶼)'란 이름으로 역사에 처음 등장합니다. 1863년에 작성된 황조일통여지전도(皇朝一統輿地全圖)에는 지금의 푸젠성(福建省) 부속으로 댜오위타이(釣魚台), 댜오위타이 군도(釣魚台群島)로 표시되어 있습니다.

이러한 사실을 근거로 중국 측의 주장은 다음과 같습니다.

1) 1863년에 작성된 지도 '황조일통여지전도(皇朝一統輿地全圖)'에 이미 이 군도는 중국 푸젠성(福建省)에 부속한 댜오위타이 군도(釣魚台群島)로 표시되어 있다.
2) 1895년 청일전쟁 와중에 일본 제국이 무주지(無主地)라며 자국 영토로 강제 편입시킨 것이라 이는 불법이며 당연히 무효이다.
3) 2차 대전 후 개최된 샌프란시스코 강화조약 회의 때 결정된 이 섬의 통치에 대해 중국과 타이완이 참석하지 않은 상황에서 결정된

것이다. 따라서 중국 측은 이 섬들에 대한 미국과 일본의 점거를 승인한 적이 없다.

이러한 중국의 입장에 대한 일본 측 주장입니다.

1) 이 군도는 1884년 오키나와에 살던 고가 다쓰시로(古賀辰四郎)가 발견해 일본 정부가 무주지(無主地)임을 확인하고 1895년 1월 14일 오키나와현(沖繩縣)에 정식 편입하였다.
2) 샌프란시스코 강화조약으로 일본이 타이완은 돌려주고 이 군도를 미국이 오키나와의 관할 안에 두고 통치한 것은 이 군도가 타이완이 아닌 일본의 류큐 제도 부속도서이기 때문이다.
3) 1972년 오키나와현이 미국으로부터 반환될 때 이 섬들도 류큐 제도와 같이 반환되었으므로 센카쿠 제도는 일본 영토이다.

과연 이 문제는 어떻게 해결될까요? 참 어려운 질문입니다.

CHAPTER 100 지도전쟁-4
조어도 분쟁의 시작

이 조어도 분쟁은 청일전쟁(淸日戰爭)이 일어난 1894년 이전까지 거슬러 올라갈 만큼 오랜 역사를 가지고 있습니다. 중국에서는 1873년에 출판된 지도에 중국 영토로 표시되어 있어 조어도가 당연히 중국 영토라고 주장하고 있습니다.

일본은 1895년 청일전쟁 와중에 이 군도를 무주지(無主地)라며 자국 영토로 편입하였습니다. 제2차 세계대전이 끝나자 미국은 이 군도를 자국이 위임통치하는 오키나와의 관할 안에 두었고, 1972년 오키나와가 일본에 반환되자 오키나와와 조어도를 함께 묶어서 오키나와현에 정식으로 편입, 일본이 실효 지배하고 있습니다. 그러나 중국과 타이완이 이것을 인정하지 않기 때문에 현재까지 대립하고 있습니다.

일본은 이 섬이 오키나와현 이시가키시 행정구역에 속해 있다고 합니다. 중국은 타이완성(省)에, 타이완 역시 이란현(縣)에 속한다고 주장하고 있습니다. 대립의 상황으로 보아 단기간에 해결될 것 같지 않습니다. 현재 상황은 일본이 실효 지배하고 있으며 중국과 타이완도 첨예하게 대치하며 영유권을 주장하고 있습니다.

2010년 센카쿠 열도에서 중국과 일본은 해상 영토 분쟁으로 전투기를 출격시키는 등 한바탕 충돌을 한 적도 있습니다. 그리고 이곳에 있는 해서 지하자원은 물론이고 중·일 두 국가 중 한 나라가 이 섬을 차지하게 되면 200해리 영해를 선포하게 될 것입니다. 소유 국가는 해상 영토가 넓어지면서 수산자원은 물론 지하자원까지 확보하기 때문에 양 국가는 첨예하게 대립할 수밖에 없습니다. 조어도가 분쟁의 중심이 되어 중·일 관계가 경색해지면 한국을 비롯하여 동북, 동남아 주변국에는 군사, 경제 등 여러 가지 문제가 발생할 수도 있습니다. 특히 이 지역은 국제해상의 중심지로 무역 의존도가 높은 한국이 많은 영향을 받게 될 것입니다.

▼ TIP

※ 일본 본토에서 최남단에 위치한 오키노토리 섬이 있습니다. 일본은 이 섬을 영토로서의 섬이라고 주장하고 있습니다. 원래 암초였는데 일본이 이 섬에 콘크리트 시설물을 설치하였습니다. 그리고 이곳에 해상 기상관측 장비를 설치하여 섬으로 인정받아 해상 영역 EEZ를 주장하였습니다.
그러자 중국은 오키노토리 섬이 유인도가 아닌 암초라며 일본의 EEZ를 인정하지 않고 있습니다. 암초가 수면 위로 나와 있으면 무인도로 인정하고 그 국가의 영토로 인정하는 2002년 유엔해양법에 따라 일본은 암초를 인공적으로 수면 위로 나오게 하여 무인도를 만든 것입니다.

최근 중국은 센카쿠 열도를 비롯하여 남중국해 시사군도, 남사군도 등 모든 도서를 담은 지도를 새로 만들고 있습니다. 그런데 이어도까지 포함시켰습니다. 일본은 이에 맞서 센카쿠 열도 섬을 국유재산으로 등록하는 등 양 국가 간 영유권 분쟁은 지속되고 있습니다. 좀 더 효과적이고 실용적인 배타적 경제수역(EEZ)기준의 해법이 절실한 시기입니다.

※ 남사군도란 영어로 스프래틀리 군도(Spratly Islands)라 하며 중국어로는 남사군도(南沙群島)로 표기합니다. 남중국해의 남부 해상에 있는 군도로 동쪽은 필리핀, 서쪽은 베트남과 사이에 걸쳐 있습니다. 중국, 타이완, 베트남, 필리핀, 말레이시아, 브루나이가 각각 영유권을 주장하는 곳입니다.

※ 일본의 이시하라 현 도쿄도 지사는 대표적 우익 정치인입니다. 최근 중국과 영유권 갈등을 빚고 있는 센카쿠 섬을 도쿄도가 매입하겠다고 하였습니다. 오키나와 본섬에서 410km 떨어진 어조도(魚釣島), 북소도(北小島), 남소도(南小島) 등 3개의 무인도는 일본인 개인소유로 되어 있습니다.
일본은 안정적 유지 관리를 위해 연간 약 3억 5천만 원으로 일본 정부가 임차하여 관리하고 있습니다. 해저자원이 풍부하고 어장이 좋은 이곳을 이시하라 지사는 국가가 관리해야 한다는 주장입니다. 이에 대해 일본 정부는 중국의 거센 반발에 이곳의 영유권을 주장하는 것은 외교 문제로 이어질 것을 염려해 이시하라 지사와 생각이 다르다고 합니다.

CHAPTER 101 지도전쟁—5
중국의 북한 황금평 특구개발

중국이 북한의 황금평 지역을 개발합니다. 한국은 가만히 보고만 있어야 합니까? 남북통일도 우리의 문제이고 한국은 다른 국가에 원조나 경제를 지원할 충분한 역량과 국력을 가졌는데 말입니다.

2011년 6월 8일 오전 10시 30분 압록강 하구 황금평에서 착공식이 열렸습니다. 이곳은 앞으로 위화도, 신의주 등과 연결되어 경제특구 형태로 북한과 중국의 공동개발 지역이 될 것입니다. 북한과 중국은 각각 신의주와 단동을 중심으로 가장 큰 규모의 변경무역지대를 만들어 가고 있습니다. 이곳은 앞으로도 지속해서 발전해 나갈 지역으로 예상됩니다.

이번 황금평 개발은 중국의 입장에서 보면 중국 내에서 비교적 낙후된 동북 지역의 경제 활성화를 위해 추진된 동북공정 확장정책이라 볼 수 있습니다. 현재 진행 중인 동북공정은 선양, 창춘, 하얼빈 등 대도시 중심에서 중소도시로 옮겨가고 있습니다. 이런 확장으로 볼 때 북한, 중국의 변방경제 중심지인 단동, 신의주 개발은 절대 필수적인 곳일 수밖에 없습니다.

지역개발은 통신, 도시조성, 도로건설, 항만건설 등 여러 조건을 동시에 진행하기도 하지만 앞서 교량, 도로 등 1차적인 인프라 시설을 먼저 하는 경우도 있습니다. 중국 역시 북한과의 장기적 개발의 계획으로 북·중 교역의 물량이 증가할 것을 대비해 2010년 말에 신 압록강대교 건설을 추진하였습니다.

추론해 보면 신 압록강대교 건설 타당성 조사 때 부속적으로 황금평 개발을 예상하고 있었다고 볼 수 있습니다. 아울러 북·중 양국의 황금평 지역과 신의주, 단둥 지역의 변방 경제개발은 양국가의 필수 개발지역으로 선정된 지역임을 확인시켜 주었습니다.

황금평 개발은 중국의 본격적인 북한 투자의 신호탄입니다. 동시에 북한과 중국의 변경 경제성장의 출발점이기도 합니다. 중국의 외국진출 투자기업들이 새로운 투자처를 찾아 한국, 동남아가 아닌 북한을 서성거리고 있다는 것은 황금평 특구개발이 한국의 정치, 경제에 미묘한 영향을 미칠 전초전으로 보입니다.

그리고 앞으로도 지속적으로 전개될 황금평, 위화도, 신의주에 이르는 압록강 프로젝트는 물론이고 훈춘 등 동북 지역의 북·중 경제개발에 있어 한국은 중국과의 경쟁에서 불리한 조건을 가질 수밖에 없습니다.

중국기업의 북한 투자는 북한 노동자 고용을 통해 생산된 제품의 북한 내수시장의 진출, 중국 내수시장의 진출 그리고 대외 수출로 이어질 것입니다. 장기적으로 볼 때 북한 내수시장이 확대되면 북한에 진입하는 제품이 한국기업 제품보다는 중국산 제품이 더 쉽고 저렴하게 진출하게 됩니다.

천안함, 연평도 사건 이후 남북의 교류가 줄어들자 북한은 중국으로 돌파구를 찾고 있습니다. 북한의 중국 의존도가 높아지고 중국 역시 상대적으로 낮은 임금의 북한을 이용하게 될 것입니다. 결국에는 이곳에

▲ 중국과 북한의 경계표시판

서 생산되는 제품이나 혹은 중국에서 생산되는 제품이 한국에도 진출할 것이며 이렇게 될 경우 한국 국내기업의 타격은 불을 보듯 뻔합니다. 이렇게 되면 중국에 있는 많은 한국기업도 중국 내수시장의 확장 목적에 있어 경쟁력에서 밀려 종국에는 중국의 하청기업으로 전락할 것입니다.

 중국 내부적으로 볼 때도 중국인들의 경제성장에 따른 생활수준이 높아지면 중국이 북한산 제품을 많이 수입하면서 한국으로 올 북한 제품이 줄어들면 결국은 한국의 소비제품의 가격상승으로 이어질 것입니다.
 이렇듯 중국의 경제정책이 한국의 정치정책의 변화를 요구하고 있습니다. 한국이 북한에 어떤 정책을 펴는가에 따라 중국이 북한에 어떤 경제정책을 제공할 것인지 충분히 예측할 수 있습니다. 한국도 실용적인 경제정책으로 중국과 북한이란 두 마리 토끼를 잡는 대안을 가져야 합니다.

CHAPTER 102 중국 77학번, 한국 58년 개띠생-1
대학입시 제도

한국의 58년 개띠생은 전후 베이비붐 대표세대입니다. 가족계획 없이 많이 출산하여 발에 차이는 건 58년 개띠생이라는 신조어도 있었습니다. 올해 나이 55세가 되며 대학 입학은 아마 77학번 전후가 될 것입니다. 정치, 경제와 관련한 한국 현대사에 많은 사연을 가지고 있는 학번입니다.

중국에도 사연 많은 학번이 58년생 전후로 대학 입학한 77학번입니다. 중국의 대학 입학시험을 가오카오(高考 고고)라고 합니다. 이 시험제도는 1952년 처음으로 시행된 후 문화대혁명(1966~1976년) 때 중단됐다가 1977년에 회복됐습니다.

문화대혁명 10년 동안 중국 대학에는 입학시험이 없었습니다. 당시 최고 권력을 가졌던 마오쩌둥은 "학교는 혁명가를 양성해야 한다"는 교시를 주장하였습니다. 철저하게 출신성분을 중요시 하고 또 열성당원의 추천제를 통해 노동자, 농민, 군인들을 공산당학교에 입학시켰습니다. 가르치는 내용도 일반적인 학문이 아닌 공산당과 관련된 혁명 교육이었습니다.

마오쩌둥이 사망하고 문화대혁명이 끝나자 덩샤오핑이 실권을 잡으면서 교육개혁도 추진하였습니다. 덩샤오핑은 "지금 중국에 가장 필요한 것은 교육이다."라고 주장하며 12년 만에 현재의 대학 입학시험제도인 가오카오를 부활시켰습니다.

> **TIP**
>
> ※ 저는 6080이란 단어를 조합해서 인용합니다. 60년대 출생, 80년대 학번입니다. 이 시기의 학생들은 70년대 후반 고등학교에 다닐 때 교련이라는 군사예비훈련 수업을 받았습니다. 훈련할 때 별도로 입는 교련복이 있어 누구나 추억이 있을 것입니다. 교복 대용, 외출복, 잠옷, 일할 때 입는 옷, 데이트할 때도 입는 옷으로 사용되었던 소위 만능 옷이 교련복이었습니다.

CHAPTER 103 중국 77학번, 한국 58년 개띠생-2
대학 진학 방법

한국의 대학 입학시험은 중요한 국사(國事)인 것 같습니다. 학생은 물론이고 학부모, 전 국민이 모두 긴장하는 날입니다. 영어 듣기 시험 보는 시간에는 대한민국의 차들이 경적을 울리지 않을 정도입니다. 세계 토픽감 교육열기라 하겠습니다.

중국의 신학기는 한국과 달리 매년 9월에 시작합니다. 중국도 대학 입학을 위한 시험을 보는데 이를 가오카오라 하며 매년 6월경에 지방에 따라 2~3일간 실시합니다. 중국 역시 대학 입학시험을 보는 날은 국가의 대사로 전국이 움직입니다. 중국의 대학입시는 문화대혁명이 끝난 1977년에 부활하였습니다. 지금 시행하고 있는 중국의 대학 입학시험의 특징은 크게 3가지로 요약할 수 있습니다.

1) 지방마다 출제 문제가 다릅니다. 각 성, 직할시가 자체적으로 문제를 제출하여 실시합니다.
2) 이 성적으로 세 군데 대학을 지원할 수 있습니다. 1순위 지원 대학에 실패하면 2순위, 3순위 낮은 등급 대학으로 내려옵니다.
3) 대학마다 지방출신 입학 할당이 있습니다. 예를 들어 올해 베이징

대학이 5천 명을 모집하면 베이징시 출신 1천 명, A성 출신 300명, B성 출신 200명, 성별 등 상황을 고려하여 입학 할당을 공고합니다.

500점을 받은 A성 출신이 그 성에서 301등이고, B성 출신이 450점을 받고 B성 199등이면 B성 출신이 베이징대학에 합격이 됩니다. 때문에 성적 점수에 대한 불만이 많습니다.

내륙지방 성(省) 지역의 성적 상위 10%가 상하이시 50% 수준이 되는 곳도 있습니다. 그리고 1천만 명이 거주하는 베이징시에 베이징대학 1천 명이 할당되지만 1억 인구가 있는 산둥성에 300명이 할당되는 경우도 있습니다. 이로 인한 지역 간의 불평도 많습니다. 그러나 지역에 할당제도를 주기 때문에 어느 한 지역에 편중하지 않고 지역의 인재가 전국에서 골고루 명문대학 진출이 가능한 것은 지역인재의 발굴이라는 장점이 작용하기 때문입니다.

중국에서는 출신 대학이 직장이나 미래를 보장하기에 유명대학에 입학하려는 중국의 교육 열기는 한국만큼이나 뜨거운 것 같습니다.

CHAPTER 104
중국 77학번, 한국 58년 개띠생-3
엘리트 77학번

올해 중앙일간지 자료에 2011년 아시아대학 순위가 발표되었습니다. 베이징대(4위), 칭화대(8위), 서울대(13위) 순이었습니다.

중국은 77년에 대학 입학한 학생에게 최고의 엘리트라는 칭호를 주었습니다. 그중 베이징대, 칭화대 등에 입학한 학생은 수재 중의 수재였습니다.

문화대혁명 이후 중국에서 대학이 정상적으로 시험을 치르고 입학생을 모집한 것이 77년입니다. 이때 고등학교를 졸업하고 정상적으로 진학하였다면 58년 전후 출생이 됩니다. 따라서 77학번은 정규교육을 제대로 받은 첫 입학생입니다.

새로운 대학문화에서 문화대혁명과 관련된 이념 교육이 아닌 진정한 대학교육을 받은 학번입니다. 중국에서는 이들에게 '엘리트 77級'이라는 칭호를 사용하고 있습니다. 중국에서는 한국과 달리 학번 표시를 級(등급 급, 중국어로는 지)으로 합니다. 한국의 88학번은 중국에서 88級으로 표기합니다.

현재 중국의 대학 입학시험 합격률은 최근 수험생 1천만 명에 약 6백

▲ 후진타오 중국 주석이 졸업한 칭화대학교 정문

여 만 명이 4년제와 전문대학에 진학을 하니 60% 정도입니다. 하지만 77학번 당시의 합격률은 560만 명 중 약 28만 명 정도로 5%밖에 되지 않아 이들을 호칭하는 '77엘리트'가 어색하지 않습니다.

이들은 지금 50대 초중반으로 자국 내뿐만 아니라 세계 곳곳에 학자, 정치가, 경영인 등 전문성을 갖춘 집단으로 성장하였습니다. 한국에서도 58년생 전후 출신 76~79학번이 정부와 민간기업 등의 중심 지도부에서 최고의 역량을 펼치고 있습니다. 한국 개띠생과 중국 77학번은 비슷한 시기에 출생하여 닮은 점이 많습니다.

극히 정상적이지 않은 사회와 문화의 환경을 극복하고 각각 한국과 중국의 현재와 미래를 운영하고 설계하는 왕성한 활동과 역할을 담당하고 있습니다.

CHAPTER 105 중국 77학번, 한국 58년 개띠생-4
77학번 유명인사

중국 77학번 선두주자로 리커창(李克强 이극강) 국무원 부총리, 장이머우(張藝謨 장예모) 영화감독 등이 있습니다. 77학번 대표적 인물인 리커창은 얼마 전 한국을 방문하기도 하였습니다. 2012년 개편될 제5세대 중국 지도부 국무원 총리로 거론되고 있습니다.

국무원 총리 자리는 중국이라는 거대한 배의 국무와 행정을 총괄하는 중국 정부 최고의 국가기관 수장의 자리입니다. 상무부장(장관)을 거쳐 충칭 직할시 서기로 재임 중 보직을 해임당한 보시라이(薄熙來 박희래)도 같은 학번입니다.

베이징올림픽 개막을 지휘한 세계적 영화감독 장이머우는 국민당 장교 출신인 아버지 신분 때문에 곤란을 겪고 27살 늦깎이에 77학번으로 베이징 영화학교에 입학하였습니다. 이외 한국의 영화배우 장동건이 주연한 '무극' 영화감독 천카이거(陳凱歌 진개가), 노벨 평화상을 받은 류샤오보(劉曉波 유효보) 등이 있습니다. 이들 학번은 사춘기 나이에 중국은 문화대혁명 시기를, 한국은 유신 시기를 각각 체험하였습니다.

77학번과 58년생의 공통점은 한국은 민주제도가 뿌리를 내리는 유신 말기 정치 환경입니다. 중국은 문화대혁명 이후 개혁개방을 시작해 자본주의 경제를 받아들인 정치, 사회 환경에서 대학을 다니고 사회적 성장을 하는 시기였다는 것입니다. 이런 특이한 사회 환경, 국가 환경을 경험한 분들이 현재 한국과 중국의 미래를 설계하는 중심에 있습니다.

▼ TIP

※ 역사와 민족은 달라도 환경은 닮은 점이 너무 많은 것 같습니다. 격동의 시기를 극복한 선배들의 지혜는 소중합니다. 58년 선배와 2000년도 IT학번세대가 함께 모여 선배는 과거의 경험을 통해 현재와 미래를 훈수하고, 후배는 과거의 역사를 통해 미래를 설계하면 얼마나 좋을까요?
77학번과 58년생을 대표하는 양국 지도부가 한자리에 앉아 실용적인 한·중 관계와 아시아의 미래를 토론한다면 참 멋있지 않겠습니까?

CHAPTER 106 88올림픽과 중국 국민소득

　　　　　　　　　　1988년 서울올림픽이 열리던 해 당신의 생활수준이나 환경은 어떠하였는지요? 그렇다면 2012년 지금의 중국 생활수준은 어떠할까요? 숫자로 나타난 소득금액은 현재 중국의 국민소득과 한국의 88년 소득과 비슷합니다. 그러나 24년 전의 물가측정, 사회변동, 환율, 도시 환경을 지금과 비교하면 차이는 있을 것입니다. 그러나 그 시절 그 생활을 한 번 회상해 보시기 바랍니다.

　결혼 후 알게 된 내용입니다. 서울올림픽이 개최된 시기에 대학을 졸업하고 언론사에 취직한 아내의 월급봉투에 40만 원대 급여 내역이 적혀 있었습니다. 연봉이 1천만 원이 되지 않았던 시기입니다.

　지금 대기업 대졸 초년생 1~2개월 월급보다 조금 넘는 액수이지만 그래도 이 돈으로 손가락에 침 틱틱 묻히면서 5만 원은 방세, 5만 원은 재형저축, 2만 원은 기름보일러 연료비 등등 용처로 분류하였던 모습이 생각납니다. 그래도 이 시기가 신혼부부라는 강력한 쌍끌림으로 인해 금전은 사실 조금 부족한 듯해도 사는 재미가 있었던 시기입니다.

　더 재미있는 사실은 월급을 통장에 입금해 주는 것이 아니라, 세금 정산 후 10원 단위까지 넣은 노란색 중봉투를 받아왔습니다. 잔돈은 으

▲ 하나의 꿈, 하나의 세계를 주제로 한 2008년 북경올림픽

레 빨간색 돼지 저금통 밥(?)으로 그대로 골인하였죠.

그렇다면 인구가 13억이나 되는 2012년 현재 중국의 1인당 국민소득은 얼마나 될까요? 참고로 한 나라의 국민소득을 생산의 범위와 평가방법 등에 따라 국내총생산(GDP)과 국민총생산(GNP)으로 구분합니다.

국민소득 통계는 한 국가의 경제 수준과 그 국민의 생활수준을 엿볼 수 있는 통계이기도 합니다. 소득은 개인이나 국가에 있어 인간이 추구하는 삶의 가치를 높이는 데 필수 요건의 하나라고 생각합니다.

중국이 이번에 설득력 있고 근거 있는 통계를 발표하였습니다. 중국 공산당 정부에서 운영하고 각 나라 언어로 제공하는 인터넷 사이트 중국망(中國網)이 있습니다.

2011년 2월 초 중국 행정단위인 22개의 성, 4개의 직할시, 5개의 자치구의 국내총생산(GDP) 통계를 종합한 결과 평균 5천5백 달러에 근접하였다고 공식 보도하였습니다. 1978년은 중국이 세계에 문을 개방한 시기입니다. 흔히 말하는 개혁개방의 원년입니다. 당시의 중국 1인당 국민소득 즉, GDP는 100달러였습니다.

34년이 경과한 2003년에 1천 달러로 10배 성장하였습니다. 험난했던 개혁개방의 성과를 예측할 수 있는 시기입니다. 탄력이 붙은 중국의 경제성장은 이 시기부터 확연한 성과를 보입니다. 3년 만인 2006년에 2천 달러를 그리고 또 4년만인 2010년에는 4천 달러를 넘었습니다. 연평균 10% 이상의 성장을 하였다고 볼 수 있습니다.

이러한 고속성장이 마침내 지난 2011년에 50배 성장한 5천 달러를 넘어섰습니다. 전년대비 25% 성장입니다. 그리고 5천 달러의 의미는 아주 많습니다. 중진국 반열에 올라서는 것은 물론 사회적 지출이 증가하는 시기입니다. 중국의 자동차 특수와 주택수요 등 사회 곳곳에서 경제성장과 소득증대의 결과를 증명하고 있습니다.

베이징대, 칭화대와 함께 베이징 3대 메이저 대학의 하나인 인민대학 금융증권연구소장은, "중국은 앞으로 10년 동안 연평균 8% 성장해 위안화가 절상되는 것을 감안하면 2019년 이전에 1만 달러 시대가 열릴 것으로 예상한다"고 전했습니다.

▼ TIP

※ 한국은 88 서울올림픽이 개최된 다음 해 5천 달러를 넘어섰습니다. 그리고 2007년에 선진국 대열인 2만 달러를 넘어섰습니다. 한국에서 올림픽 이후 두드러진 현상이 마이카 붐이었습니다.

저도 뒤 트렁크가 절단면 형태로 만들어진 꼬리 없는 프라이드를 생애 최초로 이 시기쯤에 구입하였습니다. 세차를 매일 한 기억이 있습니다. 2~3일 출장 가면 차 커버를 씌워놓고 갈 정도였습니다. 운전하는 그 자체가 남과 다르게 보임을 으스대던 시기입니다.

92년으로 기억합니다. 엘란트라라는 풍뎅이 마크를 단 차가 나오더니 갑자기 내가 다니던 회사 빈터가 자동차 전시장으로 변하더군요. 소위 주차전쟁이 시작된 원년이랍니다. 그렇다면 현재 중국에서 돈을 벌 수 있는 아이템은 무엇이 있을지 한국의 산업성장과 비교하면 몇 가지 좋은 답안이 나올 것 같습니다.

CHAPTER 107 중국의 부자도시

중국에서 소득이 가장 높은 지역과 도시는 어디일까요?

그렇다면 한국에서 가장 소득이 높은 도시는 어디입니까?

제가 살고 있는 창원시 그리고 거제시와 울산광역시 등의 도시를 연상하면 무엇이 떠오릅니까?

부자도시다. 그렇습니다, 저도 높은 점수로 동의합니다.

돈이 많은 도시나 소득 높은 도시를 빗대 '길에 다니는 강아지도 1만원짜리 지폐를 물고 다닌다', '길에 떨어진 동전은 허리 다칠까 줍지도 않는다' 등 비유하는 내용이 많습니다.

통계라고 하는 것은 어떠한 근거를 제시하기 위한 가장 신뢰성 있는 자료라 생각합니다. 통계에 해당되는 내용의 수집된 자료로 정해진 시점이나 가상하여 주어진 설정을 기준으로 하여 일정한 모델과 체계에 따라 분석하여 결과를 찾아냅니다. 그리고 통계는 이렇게 하여 파악된 대상 내용을 기술이나 숫자를 활용하여 회화적이나 수량적, 서술적으로 나타냅니다. 통계가 잘 된 국가가 선진국이라는 표현도 합니다. 그래서 통계는 한 국가의 신뢰 근본이 되기도 합니다. 어떤 기관에서 발표하는

▲ 도시 소득이 높은 북경의 야경

가도 신뢰성에 있어 매우 중요합니다.

사실 중국에서 통계의 인용은 가끔 혼란을 주기도 합니다. 저도 논문을 작성하면서 통일된 통계가 없어 곤란을 겪은 적이 많습니다. 그러나 최근의 중국 통계는 중국 경제성장 만큼이나 수준이 높아졌습니다.

중국 정부기관이 운영하는 인터넷 사이트인 중국경제망(中國經濟網)이 2011년 기준, 중국 내 31곳의 성·시·자치구를 대상으로 소득 통계를 분석한 결과가 나왔습니다. 기준에 따라 조금 차이는 있을 것입니다. 그래서 이런 도시나 성이 중국 내에서 소득이 높은 지역이구나 하는 의미와 단순한 참고 내용으로만 이해하셨으면 합니다.

이 자료에 따르면 중국에서 소득이 가장 높은 도시는 상하이입니다. 1인당 시민소득은 연간 약 1만8천元(현재 1元=180원으로 환산하면 약 320만 원 정도)입니다. 다음이 동부해안 저장성(浙江省)과 베이징시로 약 1만6천元입니다. 남부지방의 부자 마을 광둥성과 인접 푸젠성을 비롯하여 중

동부지방의 부자 마을 상하이시를 둘러싸고 있는 장쑤성(江蘇省)이 약 1만3천元 전후 정도입니다.

텐진(天津)시 1만2천元, 산둥성이 1만1천元으로 뒤를 잇고 있습니다. 베이징, 상하이, 텐진과 함께 중국 4대 직할시의 하나로 서부 내륙지방에 위치한 충칭(重慶)시와 동북 3성의 관문인 랴오닝성 다롄시가 1만元을 넘기는 중국 내 부자마을에 진입하였습니다.

▼ TIP

※ 중국에서는 빈부의 격차 문제를 '동과 서' 혹은 '남과 북'으로 표현합니다. 동남쪽 해안지방은 외국기업의 투자가 많은 지역으로 도시화가 빨리 이루어진 지역입니다.
그리고 중국 서부지방과 북쪽 지린성, 헤이룽장성 등은 아직 개발이 덜 되거나 외국의 투자기업이 상대적으로 많이 진출하지 않은 곳입니다. 상대적으로 동, 남쪽에 비해 낙후되어 있습니다.

※ 충칭(重慶) 시내에 가면 특이한 강물을 볼 수 있습니다. 한쪽은 황토색이고 다른 한쪽은 푸른색입니다. 그 강의 색 대비가 너무도 선명합니다. 황토색 강물은 오염이 아니라 양쯔강에서 흘러온 강물이고, 오른쪽 푸른색 강물은 자링강(嘉陵江 가릉강)에서 흘러온 물입니다. 서로 다른 강물 색이 만나는 곳이 충칭의 조천문 부두입니다. 충칭은 장강 삼협댐 유람이 시작되는 곳입니다. 경사로움이 쌍 겹으로 일어나는 도시(雙重喜慶)가 충칭입니다.

CHAPTER 108 중국의 최저임금

　　　　　　　　　　2012년 초부터 중국 전 지역이 임금 인상으로 기업이 혼수상태입니다. 최저임금의 인상은 연금, 보험료 등이 자동 비율로 인상되기 때문에 기업의 부담은 가히 폭탄 맞았다는 표현이 어울릴 듯합니다.

　일률적으로 전 직장, 전 지역이 동일한 한국과 달리 중국은 각 도시별로 최저임금을 달리하고 있습니다. 지역마다 최저임금이 다르기 때문에 국민에게 공평한 권리를 차등한다는 모순도 있지만 지역의 경제, 물가 수준에 비례하여 임금을 달리하는 탄력성이 장점이 될 수도 있다는 것이 일반적인 견해입니다.

　베이징시는 2012년부터 최저임금을 월 1,160元(1元은 약 180원)에서 1,260元(226,800원)으로 인상하였습니다. 그리고 베이징시는 임시노동자의 시간당 최저임금과 법정공휴일 시간당 최저임금이 중국에서 가장 높은 도시입니다.

　남부 최대의 성장 도시 중 한 곳인 선전(심천)시 정부는 2012년 2월 1일부터 최저임금을 월 1,500元(270,000원)으로 전년대비 약 20% 인상하였습니다. 쓰촨성이 23%, 장시성(강서성) 22%를 인상한다고 발표하였습니다.

중국 최저임금은 2010년에 전국의 대부분 성(省) 정부가 평균 23%, 2011년에는 평균 22% 인상되었습니다. 저장성, 광둥성, 상하이시, 베이징시, 텐진시, 장시성, 푸젠성, 산둥성 등이 비교적 임금이 높은 지역입니다.

"에게~ 에게~ 중국 근로자 1명 임금이 겨우 23만 원, 역시 싼 임금이구나" 하겠지만 결코 싼 임금이 아닙니다. 100만 원 월급 한국인 한 명을 고용하는 한국기업에 비해 23만 원 중국인을 고용하니 인건비 절약이라는 단순평가는 절대 착오입니다. 임금이 인상하면 여기에 수반되는 의료보험료, 산재보험료, 연금 등도 동반 인상하게 됩니다. 기업주 부담이 적지 않습니다.

임금의 20% 인상은 사용자 입장에서는 실지 급여의 40% 인상을 가져옵니다. 특히 저임금을 바라보고 중국에 진출한 한국의 중소기업은 임금 상승 폭탄을 견뎌내지 못하고 한국으로 되돌아오는 기업이 적지 않습니다.

중국은 최저임금 인상이 심각한 사회적 문제인 빈부격차 축소와 내수 확대를 통한 경제성장을 자극한다고 합니다. 그러나 최저임금만을 무리하게 올리는 것보다는 정부가 경제발전에 정열적으로 연구하고 정책을 개발하는 것이 우선이 아닐까 생각합니다.

▲ 청도시 식당의 직원 모집공고와 급여 수준

임금인상으로 인해 급여가 오르면 손에 쥐는 풍요함으로 기분까지 넉넉해집니다. 그러나 주택을 구입하거나 시장을 방문하거나 세금 고지서를 받는 순간, 공공 물가상승 등으로 손에 쥐는 풍족감을 보다 더 충격적으로 소멸시켜 버립니다.

▼ TIP

※ 중국은 1가구 1자녀라는 계획생육(計劃生育) 정책을 도입한 지 30년이 지났습니다. 도시 지역의 노동력 부족이 심각해지고 있습니다. 노동력의 부족은 결국 임금의 큰 변화를 예고합니다.
한국기업이 중국에 진출하려면 단순한 저임금과 풍부한 노동력을 활용하기보다 14억 인구의 거대 내수시장을 공략한다는 목표설정을 가져봄이 어떨까 생각합니다.

CHAPTER 109 브릭스(BRICS)를 아시나요?

일반인들은 조금 생소한 단어입니다. 그러나 어려운 해석이 필요하지 않습니다. 미국과 유럽 중심의 세계경제에 영향력을 주는 신흥개발국 5개 국가의 첫머리글자를 합성한 것입니다.

- B 브라질, 인구 약 1억 9천만 명
- R 러시아, 인구 약 1억 4천만 명
- I 인도, 인구 12억 명
- C 차이나, 인구 13억 명
- S 남아프리카 공화국, 인구 약 5천만 명

원래는 BRICs라 하여 브라질, 러시아, 인도, 중국 4개 국가를 지칭하였지만(여기서 소문자 s는 4개 국가의 복수 개념), 작년에 남아프리카 공화국(South Africa)이 아프리카의 대표주자로 참여함에 따라 자연스레 복수라는 의미의 s가 남아공의 첫 글자 S로 변경되면서 명칭도 BRICS가 되었습니다.

놀라운 사실은 2010년 각종 기준이나 통계에 따라 이들 5개국의 인구가 약 30억에 근접하여 지구촌 70억 인구의 절반이 조금 못 되는 그야말로 어마어마한 규모입니다. 특히 이들 국가는 지구촌 국내 총생산 합계의 22%를 차지합니다. 이들 국가의 지도자가 국제통화기금(IMF)과 세계은행의 독주를 견제할 '브릭스 개발은행'을 창설하기 위하여 2012년 3월 29일 인도 뉴델리에 모였습니다. 개발도상국과 신흥국가의 자본을 가지고 브릭스 개발은행이 설립되면 서구 중심의 세계경제 질서가 혼란스러워지거나 새로운 세계경제 관리체계가 나올 것으로 저는 예측합니다.

중국의 대표적인 국가 기관지인 인민일보가 BRICS의 새로운 해석을 제시하여 흥미를 끌고 있습니다. 영문 이니셜은 나라 이름을 상징하는 것이 아니라 브릭스가 나아갈 방향을 비유하는 내용이라고 설명하였습니다.

- B Bridge(다리) 선진국과 후진국 간 교량 역할을 함.
- R Responsibility(책임) 인류사회의 발전에 책임지고 기여하겠다.
- I Innovation(혁신) 금융위기, 중동사태, 글로벌 이슈에 대한 혁신적 해법제시
- C Confidence(자신감) 세계경제의 중심이 될 수 있다.
- S Synergy(시너지) 브릭스 구성원 간 협력을 통한 시너지 효과

이 국가들 중에서 맏형 역할을 하고 지도국의 위치를 차지하고 있는 나라는 단연 중국입니다. 중국은 브릭스가 미국 등 서구 중심의 세계질서에 대응할 수 있는 한 축이라는 점에서 외교적으로 매우 중요하게 여기고 있으며, 이 브릭스가 결집력이 강해질수록 중국의 세계경제 영향력도 비례하여 커질 것으로 예측합니다.

▼ TIP

※ 세계경제 금융의 양대산맥으로 IMF와 세계은행이 있습니다. 세계은행은 세계 각국이 일정지분을 가지고 있습니다. 세계은행 총재는 187개 회원국 중 자본 출자비율 85% 이상의 회원국 지지를 받아야 총재임명이 됩니다. 미국은 단일 국가로 15.85%로 절대적 비중을 차지하기 때문에 세계은행의 총재는 미국이 지명한 인사가 총재가 될 가능성이 가장 높습니다.

차기 세계은행 총재에 한국인 출신 '김용' 다트머스 총장을 미국이 추천하였습니다. 그러나 브릭스는 미국 측 지명인사가 자동 임명되는 관행에 반대한다고 합니다. 저는 한국인으로서 이번 세계은행 총장 선임에 관심을 갖지 않을 수가 없습니다. 결과는 4월 18일 발표되었는데 역시 생각대로 김용 후보가 총재가 되었습니다. 반기문 유엔사무총장에 이어 또다시 한국의 위상이 한 단계 더 높아지는 상큼한 뉴스입니다.

CHAPTER 110 중국 화폐 이야기-1
화폐 종류

중국의 민족 구성은 한족을 제외한 56개의 소수민족으로 이루어졌습니다. 우리와 직접적인 관련이 있는 조선족도 소수민족 중 하나입니다. 그런데 중국 화폐에 조선족 출신 모델이 있습니다. 혹시 얼마짜리 지폐인지 알고 계시는지요?

교통과 통신의 발달로 외국여행이 일반화되었습니다. 외국을 여행하게 되면 그 나라 화폐를 유심히 살펴보시기 바랍니다. 화폐에는 한 나라의 역사, 국가 상징물, 국민이 인정하는 위인, 국가의 미래 등 여러 가지 의미가 있는 도안이 많습니다.

중국의 화폐는 위안(元)입니다. 중국 화폐 단위 부호는 ¥을 사용하는데 일본 화폐 단위 엔(円)과 같습니다. 중국의 법정화폐는 인민폐(人民币 런민비)이고, 영어 약자로는 RMB(Renminbi)입니다. 인민폐의 화폐 단위로는 元(위안), 角(지아오), 그리고 分(펀)이 있습니다. 元은 주로 문어체에서 사용하고, 대화를 하는 구어체는 콰이(块)라고 말합니다. 角도 생활 속에는 마오(毛)라고

▲ 조선족 모델의 중국 2각(角) 지폐

표현합니다. 즉, 문어체 사용 한자 발음과 대화체 사용 한자 발음이 각각 다르다는 것을 이해하시면 됩니다. 가령 상점에서 물건을 구입할 때 3元(싼 위안)이라는 표현보다는 3块(싼 콰이)라고 합니다. 하지만 대화체로 말하여도 의사소통에는 큰 지장이 없습니다.

최근 중국국민의 소득 증가로 각(角)과 분(分)의 사용이 차츰 쇠퇴하고 있습니다. 조만간 이 지폐는 역사의 유물로 넘어갈 것 같습니다. 원 단위 화폐는 1원, 5원, 10원, 20원, 50원, 100원으로 모두 6종이 있습니다. 현재 중국 돈 1元은 한국 돈 약 180원 정도 됩니다.

한국 지폐는 5만 원권이 가장 큰 금액입니다. 하지만 중국은 100원이 가장 큰 단위입니다. 우리 돈으로 환산하면 약 1만8천 원 정도 됩니다. 그래서인지 한국인은 중국화폐가 한국화폐에 비해 상대적으로 단위가 낮다고 생각해 과소비를 하는 경우가 종종 있습니다.

중국에 장기 거주한 제 경험으로 볼 때 중국인들은 지갑을 사용하지 않고 화폐를 그냥 접어서 주머니에 넣고 다니는 것을 많이 보았습니다. 그리고 야간에 택시를 타고 100원짜리 지폐를 주면 택시기사는 구겨보거나 비벼봅니다. 왜냐하면 위조화폐인지 구분하기 위해서입니다.

▼ TIP

※ 현재는 많이 유통되지 않지만 1각, 2각, 5각의 지폐가 있습니다. 앞면은 국가 휘장을 한 도안입니다. 그러나 뒷면은 모두 소수민족 초상화 도안을 한 지폐입니다. 이 중 2각 지폐 앞면에는 두 명의 여자 초상화가 있습니다. 한복을 입은 분은 조선족입니다. 중국에는 56개의 소수민족이 있는데 민족 간의 융합을 위해 배려한 것 같습니다.

CHAPTER 111   중국 화폐 이야기-2
화폐 인물 마오쩌둥

2005년 8월 31일 중국의 유통화폐에 변화가 있었습니다. 새롭게 도안된 신화폐의 등장입니다. 이 시기 이전을 구화폐라 하는데 파란색 계통에 크기도 지금과 차이가 많이 납니다.

구화폐는 1원, 2원, 5원, 10원, 50원, 100원 등 모두 6종이며 100원짜리 지폐 외에는 소수민족의 얼굴로 도안이 되어 있습니다. 가장 큰 단위인 100원짜리 도안에는 마오쩌둥, 저우언라이, 류사오치(劉少奇 유소기), 주더(朱德 주덕) 등 4명의 중국 지도자 얼굴이 있었습니다. 그러나 신화폐는 6종류 중 2원짜리를 없애고 대신 20원짜리를 추가하였습니다. 그리고 100원짜리뿐만 아니라 50원, 20원, 10원, 5원, 1원 등 6종류 지폐 앞면에 마오쩌둥 단일 초상화로 디자인되었습니다. 뒷면은 화폐 금액에 따라 도안이 모두 다릅니다. 중국 화폐의 각종 도안을 살펴보겠습니다.

1) 1원 지폐 : 항저우에 있는 서호의 석등입니다.
2) 5원 지폐 : 중국에서 일출이 가장 아름답고, 하늘에 임금이 되었음을 알리는 태산입니다.
3) 10원 지폐 : 장강 삼협댐입니다.

▲ 신화폐(左), 구화폐(右)

4) 20원 지폐 : 산수가 가장 아름답다는 구이린(계림) 전경입니다.
5) 50원 지폐 : 티베트 라싸에 있는 달라이 라마 궁전인 포탈라궁 전경입니다. 아마도 소수민족을 배려한 정책인 것 같습니다.
6) 100원 지폐: 베이징 톈안먼 광장 변에 있는 인민대회당입니다.

6종의 지폐는 모두 다른 색을 띠고 있습니다. 이 중 단위가 가장 큰 100원 지폐는 중국인이 좋아하는 붉은색 계통입니다.

한국의 화폐는 4종입니다. 1천 원, 5천 원, 1만 원 그리고 가장 큰 5만 원 지폐입니다. 특이하게도 한국에서 가장 큰 화폐 5만 원짜리 지폐의 주인공은 신사임당으로 여성입니다.

▼ TIP

※ 타이완 화폐는 모두 5종입니다. 100원은 쑨원(孫文 손문)의 초상화, 200원은 장제스(蔣介石 장개석) 총통의 초상화입니다. 그런데 500원은 야구하는 모습, 1천 원은 과학 공부하는 어린이, 2천 원은 위성접시가 도안되어 있는데 타이완의 고액화폐는 인물위주가 아닌 것이 특이합니다. 한국은 2천 원 지폐가 없는데 중국은 20원, 타이완은 200원과 2천 원 등 1과 5 사이에 2가 들어가는 화폐가 있습니다. 아마 계산의 편리성을 위해 3의 홀수보다는 사용하기가 편리한 것 같아 적절한 단위로 2를 사용한 것 같습니다.

CHAPTER 112

주식 이야기-1
중국의 증권거래소

중국에는 홍콩, 상하이, 선전(심천) 세 곳에 증권거래소가 있습니다. 이 중 홍콩의 증권거래소는 1947년에 설립되었으니 벌써 65년이 지났습니다. 자본시장이 일찍 발달한 영국의 자치령으로 자본주의 영향을 많이 받았기 때문이라 생각합니다.

중국 본토에 증권거래소가 설립된 것은 개혁개방이 한참 지난 이후입니다. 중국은 외국자본 유치를 위해 1990년 12월 상하이 증권거래소를, 1991년 7월에 선전에 증권거래소를 개설하였습니다. 이 두 도시에 증권거래소가 개설된 것은 각각의 특징이 있습니다.

베이징은 중국의 정치 중심지입니다. 반면에 상하이는 중국의 최고 최대의 경제 중심 도시입니다. 상하이에 증권거래소를 설치한 것은 한 국가의 기준이므로 이해가 되지만 선전은 조금 예외입니다.

선전은 홍콩과 근접한 신흥도시로 개혁개방 최대의 성과 도시이자 상징 도시입니다. 아마 이곳에 증권거래소를 개설한 것은 홍콩과 이웃한 도시로 홍콩과 함께 세계적인 국제금융도시로 성장을 배려한 것이 아닌가 생각합니다.

중국의 주식상장은 중국 회사법상 3년이 지나고 3년 연속 흑자를 내어야만 상장이 가능합니다. 그리고 상하이와 선전의 거래소에는 각각 A주, B주로 구분되어 있습니다.

A주는 중국 내국인만 투자할 수 있는 주식입니다.

B주는 중국의 기관투자와 외국인 전용 투자 주식입니다.

홍콩주식은 H주라 하는데 이는 내·외국인 모두 투자할 수 있습니다.

▼ TIP

※ 중국은 1992년 외국인 전용 B시장을 설립하였는데 중국 국유기업 최초 외국상장은 1993년에 상장된 칭다오(청도) 맥주입니다. 맥주 브랜드로는 중국을 대표하는 세계적 맥주입니다.

중국 증권감독위원회는 금년 4월에 외국 기관 투자자에게 부여하는 투자 한도를 3백억에서 8백억 달러로 대폭 확대하였습니다. 궁극적 확대 이유는 증시 활성화와 더 많은 외국자본을 유치하기 위함으로 보입니다.

CHAPTER 113 **주식 이야기-2**
주가 상승과 하락을 나타내는 색상

중국의 증권거래소 객장을 가보면 한국과 비슷한 실내구조입니다. 방문객을 위한 소파와 주요 종목의 시세를 나타내는 전광판이 설치되어 있습니다.

최근에는 중국도 맞춤 상담을 중시하듯 소형 룸 단위로 구분된 객장이 증가하고 있습니다. 제가 중국에 주재원으로 근무하던 1999년경에 시내 증권사 사무실에 간 적이 있습니다. 낚시 의자와 비슷한 휴대용 의자를 가지고 와서 객장에 앉아 있던 투자자 모습이 생각납니다.

그리고 객장 안에 설치된 전광판을 보면 주가가 상승한 종목은 모두 붉은색으로 표시되었습니다. 그러나 여기서 붉은색은 붉은색을 좋아하는 중국의 문화와는 아무런 근거가 없습니다. 자본경제가 늦게 도입된 중국은 유독 증권에서만은 이렇다 할 중국문화가 반영된 것이 많지 않습니다. 아니, 저의 지식으로는 거의 없는 것 같습니다.

중국 주식시장은 서양과 일본의 긴 역사와 달리 이제 20년 남짓 됩니다. 세계경제의 밝은 전망으로 전 세계의 주식시장이 동시에 상승한 날이 있습니다. 이날 한국의 증권거래소는 물론 중국 상하이와 선전(심천)

▲ 주식 하락은 청색, 상승은 붉은색을 나타낸다

의 증권거래소 주식 전광판은 온통 붉은색이었습니다. 그런데 같은 날 미국 월가 주식 전광판에는 주식상승을 나타내는 전광판이 온통 청색이었습니다. 한국, 일본, 중국은 주식상승을 붉은색으로 표기합니다.

그러나 미국을 비롯하여 영국, 프랑스, 독일, 호주 등의 국가는 주식상승을 청색으로 표기합니다. 이런 차이를 알고 계셨나요? 이 때문에 인터넷으로 미국이나 영국 등 외국 주가 그래프를 살피다가 우리나라 주가 차트를 보면 혼동이 일어나기도 합니다.

▼ TIP

※ 미국에서는 경쟁자가 적고 성장기회가 많은 시장을 블루오션(파란 바다)이라 합니다. 반대 개념을 레드오션(붉은 바다)이라 합니다. 그리고 대형 우량주를 블루칩이라고 표현합니다. 그런데 주식시장에서는 반대로 표기하는데 한국은 일본의 증권방식을 도입하였기에 큰 의미가 없이 그대로 색상을 정하였다고 합니다.

※ 한국에서 주식이 상승하면 증시가 단풍 빛을 가지고 있다 합니다. 미국에서는 반대로 피로 물든 날이라 합니다.

CHAPTER 114 주식 이야기-3
한국·중국·일본 주식

한국이나 중국이 주가 상승을 붉은색으로 표시하는 데에는 분명 이유가 있을 것입니다. 하지만 그 이유에 대한 설득력 있는 근거나 인정되는 해석은 아직까지는 확실하지 않은 것 같습니다.

일본 주식시장의 역사는 메이지유신 시대까지 거슬러 올라갑니다. 그런 까닭에 한국과 중국은 아시아 지역에서 가장 먼저 주식시장이 발달한 일본 영향으로 일본식 표기법을 받아들였기 때문이라는 설명이 유력합니다. 그러면 일본은 주가 상승을 왜 붉은색으로 하였을까요? 그 이유는 일본의 국기 색깔에서 비롯한 것입니다. 그래서 주가 하락을 붉은색으로 하면 부정적 의미가 있어 그 반대로 상승을 붉은색으로 표시했다고 합니다.

또 다른 해석은 한국과 중국 등 동북아시아 국가에서는 전통적으로 빨간색은 적극적인 양의 기운, 파란색은 소극적인 음의 기운을 상징하기 때문이라는 해석도 있습니다. 내용은 그러하지만 설득력이나 근거가 부족한 것 같습니다. 이 설명에 인정하느냐는 친구들의 질문에 저도 이야기로만 알고 있다 하고 꼬리를 내립니다.

동창모임이나 사회 친목을 하면 모임에서 재무를 선출합니다. 재무는 보통 회원들에게 회비를 받고 식사비나 행사비 등의 지출을 회계장부나 재무장부에 입출금 기록을 합니다.

한국의 어느 상점이나 기업 그리고 작은 모임이나 단체도 수입과 지출을 기록하는 금전출납부를 많이 사용하고 있습니다. 그런데 장부를 기록하다 보면 수입회비가 지출보다 모자라는 경우 마이너스를 표기하거나 혹은 붉은색으로 표기합니다. 표현은 '이번 달 적자(赤子)다.'라고 합니다. 반대로 수입이 지출보다 많은 경우를 흑자(黑字)라 합니다. 이렇듯 모자라면 붉은색 즉, 적자(赤字)로 표기하고, 지출 후 잔액이 있으면 흑자로 표시하기에 붉은색의 용도가 좋은 것인지 색의 사용에 혼란스러움이 있습니다.

한국에서는 경기 동향을 말할 때 긍정적인 효과가 예상되면 청신호(靑信號), 부정적으로 예상될 때는 적신호(赤信號)라고 표현합니다. 이럴 때는 파란색을 좋은 의미로 보는 거죠. 어려운 상황이 전개되면 암담하다고 합니다. 어둡다는 의미이죠. 그러나 조금 호전되면 밝아온다 합니다. 어떤 경우에는 붉은빛이 조금 보인다 하는 표현도 사용합니다. 이때 붉은빛은 희망이 됩니다. 일출을 상상해 보십시오. 모든 것이 붉은색입니다. 건강에 이상이 오면 적신호가 왔다고 합니다. 이때 붉은색은 건강에 있어서는 희망이 아닌 부정이 됩니다. 색의 사용도 상황에 따라 다양한 해석을 가져오는 것 같습니다.

주식 이야기-4
주가상승장 소(牛), 주가하락장 곰(熊)

미국 뉴욕에 Wall Street가 있습니다. 우리는 이를 월가라고 표현합니다.

이 거리의 중심부에 가면 뉴욕 도시가 금융을 상징하듯 뉴욕시의 대표 상징물이자 일종의 랜드마크 역할을 하는 황소 동상이 있습니다.

주식시장에서는 주가가 상승할 땐 강세장이라 하여 소(Bull market)에 비유합니다. 그 이유는 황소가 싸움을 할 때 뿔을 밑에서 위로 치켜세우는 자세 때문입니다. 이 모습이 주식시장에서 주가가 아래에서 위로 올라간다고 주식의 상승이나 호재를 표현합니다.

반대로 주가의 하락을 비유할 때는 하락장이라 하여 곰(Bear market)을 비유합니다. 그 이유는 곰은 싸움을 할 때 두 발로 서서 앞발을 가지고 위에서 밑으로 내리칩니다. 이 모습이 위에서 밑으로 떨어지는 주식의 하락장 혹은 악재의 상징이 되었습니다.

곰은 한국인에게는 단군신화 전설의 주인공입니다. 소는 한국인의 일상생활에 희로애락을 가진 스토리가 많은 동물 중 하나입니다. 이렇듯 두 동물은 한국인과 밀접한 관계가 있는데 주식시장이라는 링 위에서 서로 싸워야 하는 대립의 동물이 되었습니다.

> **TIP**
>
> ※ 곰은 중국의 상징적인 동물입니다. 그런데 주식시장에서 곰은 하락하는 미련한 동물로, 황소에게 져야 하는 동물로 비유되니 중국 입장에서는 조금 씁쓸레할 것 같습니다. 그러나 분명한 사실은 주식시장에서 곰과 중국은 아무런 관련이 없다는 것입니다.

CHAPTER 116 | 주식 이야기-5
주식시장에 소와 곰이 등장하게 된 배경

중국에서 곰은 국가의 상징적 동물입니다. 중국과 미국의 국가 정상이 만날 때 두 국가 우호상징으로 중국이 선물한 동물도 곰입니다. 중국의 자이언트 판다는 국가 중점 보호동물이기도 합니다. 그런데 중국에서는 이렇게 소중하고 좋은 의미가 많은 곰이 왜 주식시장에서는 좋지 않은 의미로 쓰이게 되었을까요?

곰이 주식시장에서 하락을 의미하게 된 것은 18세기 초입니다. 미국 보스턴에 곰의 가죽을 파는 시장이 있었습니다. 겨울 날씨가 꽤 추우면 옷을 만드는 곰 가죽이 품귀 현상으로 가격이 올라갑니다. 상인들은 곰 가죽을 며칠 후에 주겠다면서 돈을 미리 받았답니다. 곰 가죽값이 폭등하자 곰 사냥꾼들이 곰을 더 많이 잡아오자 수요와 공급법칙에 따라 곰 가죽 가격이 하락합니다. 이때 상인들은 사냥꾼에게 싼 가격에 곰 가죽을 사서 주문자에게 비싼 값으로 공급하여 이득을 보았습니다. 오늘날 공매도의 원리로, 이런 근거로 곰을 잡기도 전에 곰 가죽을 판매한 것에서 유래하여 곰 가죽은 약세장을 상징하게 되었습니다.

소가 주식시장에서 상승을 의미하게 된 것은 하락을 상징하는 곰이 등장한 이후 19세기 중반입니다. 미국 월 스트리트의 언론사는 하락을 상징하는 동물 곰이 있는데 반해 상승을 나타내는 동물이 없어 고민하였습니다.

  곰에 대항할 수 있는 동물을 찾았는데 그것이 바로 황소입니다. 황소의 치솟은 뿔이 강한 상승장을 나타낼 수 있는 상징으로 손색이 없다고 본 것입니다. 그 이후 오늘날 전 세계 주식시장은 상승장을 황소로 사용하고 있습니다.

> ▼ TIP
>
> ※ 주식이 상승도 아니고 하락도 아닌 보합을 나타내는 상징적 동물을 만들면 어떨까요? 재미있는 표현이 많을 것 같습니다.
>
> "황소와 곰이 연일 싸우고 있는데(상승과 하락을 오가다가), 증시 종료를 앞두고 보합동물이 나타나 황소와 곰을 한 방 뻥 차버렸습니다. 오늘 주식은 '보합동물'이 곰의 끈질긴 내리침에도(악재) 불구하고 소의 뿔로(호재) 지탱하여 장을 잘 지켰습니다."라고 아나운서가 주식시장 상황을 설명할 것입니다.

일곱 번째 이야기

한자를 알면 세계가 보인다

알아야 면장을 하지 ▌성기 ▌일요일의 유래 ▌미국에 간 중국의 고사성어 ▌
차부뚜오 ▌이런 한자 丘ㅏ 보셨나요? ▌서울의 중국어 표기 ▌
외래어의 중국 개명 ▌한자로 표현하는 감탄사 ▌바둑 프로기사와 한자 ▌
숫자 0에 대하여 ▌숫자 8에 대하여 ▌하늘의 숫자, 황제의 숫자 9 ▌
10월 10일 대만 국경일의 유래 ▌우공

CHAPTER 117 알아야 면장(面牆)을 하지

에고~ 에고 "뭘 알아야 면장을 하지, 그것도 모르냐?"

상대방으로부터 구박당하거나 바가지 긁을 때, 핀잔을 줄 때 가끔 인용하던 표현입니다. 친구 사이라면 무엇을 모르거나 혹은 특정 사안에 지식이 부족하면 그렇게 심한 표현은 아니지만 이런 구박을 당합니다.

요즘 면장은 공무원 직급으로 5급이며 사무관이라고 합니다. 행정고시 합격하면 첫 발령이 5급인데, 9급부터 임용되면 20~30년이 걸리는 직급이기도 합니다. 5급이면 면장 외 동장 혹은 시, 군청의 실무 과장 정도의 직급으로 중요한 위치입니다.

창원 인접 도시 장유면은 인구가 10만이 넘는다고 합니다. 이곳 면장은 인구수로 볼 때 인접 소도시 시장, 군수보다 더 많은 식구를 거느린 최고 대빵(?)입니다.

'알아야 면장을 하지.' 이 말뜻을 학식이 있어야 행정 단위 기관인 시, 군, 면의 책임자인 면장(面長)이 된다거나 혹은 '출세나 성공하려면 공부하라'는 뜻으로 알고 있는 분이 많은 것 같습니다.

또 다른 분은 이 표현이 비유하는 해석이 어떤 일을 하려면 그것에

▲ 시단(西單 서단) 서점 입구

관련된 학식이나 실력을 최소한 면장 정도의 소양이나 자질을 갖추고 있어야 한다고 답하는 분도 많았습니다. 크게 틀리지는 않습니다. 그러나 이 말뜻의 출처를 알면 왜 면장이라는 표현을 하는지 이해가 될 것입니다.

실제 면장의 뜻은 담벼락을 마주한 듯 견문이 좁은 상태를 면(免)한다는 면면장(免面牆)을 줄인 면장(面牆)이란 원뜻이 있습니다. 담벼락을 마주 대하고 서 있으면 앞이 보이지 않을 뿐 아니라 행동 또한 우스꽝스럽습니다. 견문이 좁음을 비유적으로 암시한 것입니다. 그래서 알아야 면장을 한다는 것은 알아야 벽을 보고 서 있는 상태에서 벗어날 수 있다는, 공부하라는 뜻입니다.

이 면장이란 말의 용어는 공자의 『논어(論語)』 양화(陽貨) 편에 유래합니다. 공자가 아들 백어(伯魚)에게 물었습니다. "너는 시경 첫머리에 수신제가의 사례들을 노래한 주남과 소남을 공부하였느냐? 백성이 만일 주남과 소남을 공부하지 않으면, 담벼락에 얼굴을 마주 대하고 서 있는 것과 같다. 즉, 공부하면 담벼락에 얼굴을 마주하지 않아도 되니 면장(免牆)이 된다."라고 하였습니다.

『명심보감(明心寶鑑)』 근학편(勤學篇)에 송(宋)나라 휘종의 가르침 내용에도 면장이 있습니다. '배운 사람은 곡식과 벼와 같고, 배우지 않은 사람은 쑥대와 잡초 같다. 곡식이여, 벼여! 나라의 좋은 양식이요, 온 세상의 보배로다. 쑥대여, 잡초여! 밭가는 이가 미워하고 싫어하며, 김매는 자는 수고롭고 힘이 드는구나. 후일 면장(面牆)하여 배우지 않은 것을 후회한들 그때는 이미 늙어버린 후일 뿐이다.'

CHAPTER 118 성기(星期)

　　　　　　　　　　　패밀리 레스토랑 TGI Friday's의 중국어 발음은 '씽치우찬팅'입니다. 한자로 星期五餐廳(성기오찬청)으로 표기합니다. 이 한자의 뜻은 금요일의 식당입니다. 성기오(星期五)는 금요일, 찬팅(餐廳)은 식당이라는 중국어 표기입니다.

　중국에서는 월요일을 성기1(星期一), 화요일은 성기2(星期二), 수요일은 성기3(星期三), 목요일은 성기4(星期四), 금요일은 성기5(星期五), 토요일은 성기6(星期六) 그리고 일요일은 성기7(星期七, 혹은 星期天 성기천)로 표현합니다. 따라서 Friday(금요일)는 성기5, 레스토랑을 찬팅으로 표현하여 합성된 단어임을 알 수 있습니다. 월요일 성기(星期) 하나, 화요일 성기 둘, 수요일 성기 셋… 성기 하나, 성기 둘, 우리 발음으로 표현하면 조금 거시기(?)합니다.

　중국어 학습 초보 과정에서 배웁니다. '안녕하세요'는 '니하오마'입니다. 익숙지 못한 상태에서 빨리하면 '니하마'가 됩니다. 우리말로 2인칭 당신을 지칭할 때 '너' 혹은 경상도에서는 '니'라고 합니다. 니하오마가 '너는 하마다.'라는 우리말 발음대로 우스운 표현이 되었습니다.

　그리고 먹다를 중국어로 표현하면 吃(흘)이며 발음은 '츠'입니다. '당신 많이 드세요'는 '니츠바' 하면 됩니다. 그런데 얼굴을 찡그리고 경상도 억센 발음으로 '니츠바' 하면 우리말 표현으로 '니(너) 나를 때려봐.' 하는 뜻도 되겠지만, 중국어 발음의 뜻은 '너 밥 처먹어.'라는 신경질적인 언어가 됩니다. 부드러운 소리로 '니츠바' 하면 '많이 드세요'입니다. 중국어는 우리말과 달리 발달한 존칭어가 적기 때문입니다.

▼ TIP

※ 면적이 큰 중국인만큼 재미있는 것도 많고 특이한 것도 많습니다. 기네스북에 올라간 것도 많이 있습니다.
세계에서 가장 큰 화장실인 화양측소(花樣厠所)가 중국 충칭시에 있습니다. 그 규모가 4층 전체 통 건물로 약 2천 명이 동시에 사용할 수 있다고 합니다. 2천 명이 동시에 '쏴' 하고 볼일을 보면 그 소리가 나이아가라 폭포수 같은 굉장한 위용이 되지 않을까 하는 호기심이 생깁니다.

CHAPTER 119 일요일의 유래

달력에 숨겨진 비밀을 소개할까 합니다. 많은 사람이 달력을 주의 깊게 보지 않거나 평소 무관심하게 보았을 것입니다. 달력에 일주일 표시가 요일별로 월, 화, 수, 목, 금, 토, 일로 되어 있으면 이는 잘못 만들어진 달력입니다. 즉, 틀리게 표기한 달력입니다. 반드시 일, 월, 화, 수, 목, 금, 토 순서로 써야 합니다. 전달하는 요지가 일요일이 먼저 시작되어야 합니다.

일, 월은 동서양 모두 해와 달을 의미하며 화~토는 동양에서는 음양오행, 서양에서는 신과 별의 이름을 붙인 것입니다. 그리고 일요일을 프랑스, 이탈리아, 스페인 등의 국가에서는 '주의 날'이라 하고 독일, 영국에서는 '태양의 날'이라 합니다.

영어로 일요일은 Sunday라 하여 Sun은 태양을 뜻하고, 월요일은 Monday인데 Mon은 Moon으로 달을 뜻합니다. 그런데 중국에서는 유독 일요일만 성기천(星期天), 성기일(星期日)이라 하여 하늘의 날, 태양의 날이라 합니다. 나머지 월요일~토요일까지는 월요일(星期1), 화요일(星期2)에서 토요일(星期6)은 아무런 의미 없이 별 하나, 별 둘, 별 셋… 숫자로 정해 버렸습니다.

CHAPTER 120 미국에 간 중국의 고사성어-1
클린턴의 고사성어

중국의 고사성어(故事成語)가 미국 백악관에서, 국무부에서 메아리치고 있습니다. 여러 상황을 구구절절(句句節節) 설명하는 것보다 한두 가지 고사성어를 인용하여 표현하면 모든 뜻이 함축되어 전달되는 통쾌한 맛이 있습니다.

고사성어를 적절하게 인용하면 대화의 깊이가 깊어집니다. 고사성어 한마디에 수백 페이지를 능가하는 철학도 있습니다. 직접적인 표현보다는 간접적인 뜻이 많고, 은근하면서도 부드럽고 때론 강하기도 합니다. 깊은 의미가 있으며 비유와 시사하는 뜻을 한마디로 함축하고 절제하면서 그 뜻에 또 다른 지혜가 담겨 있습니다.

미·중 전략 경제회의에서 미국 국무부 장관 힐러리 클린턴이 중국과의 관계를 풀어나가기 위해 마음을 전하려고 공개 연설에서 인용한 중국의 고사성어를 소개합니다.

어떤 의미가 있는지 미·중 관계를 유념하시면서 생각해 보시기 바랍니다.

1) 동주공제(同舟共濟) : 같은 배를 타고 고난을 함께 넘는다.

▲ 도로 위에 물로 붓글씨 연습을 하는 모습, 참 실용적이다

2) 인심제 태산이(人心濟 泰山移) : 마음을 함께 하면 태산도 움직인다.
3) 수도동귀(殊途同歸) : 길은 달라도 이르는 곳은 같다.
4) 봉산개도 우수가교(逢山開道 遇水架橋) : 산을 만나면 길을 만들고 강을 만나면 다리를 놓는다.

▼ TIP

※ 일설에는 힐러리 장관이 중국어를 배운 적은 없다고 합니다. 그러나 비서나 보좌관 중에 중국통이 많아 중국의 마음을 움직이고 환심을 사는데 이 고사성어를 사용하도록 권유하였답니다. 이에 대한 중국의 반응은 만족을 넘어 감탄까지 하였습니다.

CHAPTER 121 미국에 간 중국의 고사성어-2
오바마의 고사성어

오바마 미국 대통령이 미·중 전략 경제 협의 때입니다. 중국의 환심을 사고 친밀감과 관심을 끌기 위해 중국의 고사성어를 멋지게 인용하여 중국인의 마음을 확 끌어당겼습니다.

오바마는 "산 중에 난 좁은 길도 계속 다니면 길이 되고(山徑之蹊間 介然用之而成路), 산 중에 난 길도 다니지 않으면 곧 풀이 우거져 길이 막힌다(爲間不用 則茅塞之矣)."라는 문장을 인용하였습니다.

이 말은 중국인들도 좋아하는 『맹자』의 진심 편에 나오는 한 구절입니다. 산 중의 길을 빗대 양국 간이 자주 만나 대화를 나누어야 정(情)도 쌓인다는 의미를 전달하였습니다. 아울러 소통을 통해 양국 간의 협력이 필요하다는 것을 강조하기 위해 인용한 것으로 여겨집니다.

티모시 가이트너(Timothy Geithner) 미국 재무장관도 멋진 고사성어를 인용하였습니다. '행복은 함께 향유하고 어려움도 함께한다(有福同享 有難同當)'입니다.

중국의 어려운 고사성어를 인용하면서 중국과의 관계 개선 의지를 보인 미국 측의 노력은 효과적이었습니다.

다이빙궈(戴秉国 대병국) 중국 국무위원은 오바마 대통령의 고사성어에 대해 오바마의 대선 캐치프레이즈인 "YES WE CAN(우리는 할 수 있다)"
로 화답하였습니다.

근래 보기 드문 멋진 국제간의 대화라고 생각합니다.

> ▼ TIP
>
> ※ 오바마는 미국 최초의 흑인 대통령입니다. 참 소탈하고 편안한 대통령으로 인식되어져 있습니다. 백악관 집무실에서 아이와 함께 놀고 있는 사진을 본 적이 있습니다. 오바마가 아이에게 90도 인사를 합니다. 마치 아이가 "오바마, 정치 잘하고 있나?" 하는 것 같습니다.
> 세계를 움직이는 영향력이 가장 큰 사람은 미국 대통령이고, 대통령을 움직이는 사람은 세상의 아이들이 아닌가 생각해 봅니다.

CHAPTER 122 차부뚜오(差不多)-1
차부다(差不多)의 의미

　　　　　왕초보 단계에서 중국어를 배우면 "차부다(差不多, 차부뚜오)"라는 대답의 대화가 많이 등장합니다. 차부다에는 중국의 서민사회와 관련된 스토리가 있습니다. 그리고 차부다의 말뜻은 외국인의 입장에서 한 마디로 표현하기가 참 어려운 단어입니다. 그러나 정작 중국인들은 대화를 하면 수십 번도 더 인용합니다.

　중국인의 사회생활에서 행동으로 표현하는 것이 만만디(漫漫地 만만지)입니다. 이 말뜻을 굳이 우리식으로 해석하면 '세월아 가거라, 하다 보면 되겠지'입니다. 그리고 사고(思考)로 표현하고 보여주는 것으로 차부다가 있습니다. '대충 그렇고 그런 거다, 그렇게 알면 된다, 그저 그렇다, 거의, 대체로, 아마도, 그럴 것이다, 이것도 저것도, 이래도 저래도' 등입니다. 오히려 한국의 '아무거나, 너 마음대로 해라' 보다 더 답답한 경우도 있습니다. 또한 한국인의 사고방식으로 보면 '아니면 말고, 난 상관없어, 알아서 해라, 좋은 게 좋다, 너 하는 대로' 등등… 말로는 기준 잡기가 어렵습니다.

　그러나 일상생활에 YES, NO를 요구하는 대답방식에 차부다가 개입하면 정말 답답한 대답입니다. 아니 동문서답, 서문동답, 남문북답… 이

▲ 중국 전통 찻집 풍경

라고 하겠습니다.

　사실 저도 차부다의 의미를 차부다식으로 하였습니다. "뭐 그까짓 것 대충 알면 되지~." 그렇다고 만만디와 차부다가 부정의 뜻만 있는 것은 절대 아니라는 점도 강조합니다.

　그럼 이제 빙빙 도는 차부다식 설명보다 이해하기 쉽게 사례를 들어 보겠습니다. 국수 면을 사오라고 했는데 우동 면을 사왔습니다. 어머니가 아이에게 바꿔오라고 합니다. 아이는 "물에 넣고 삶아 먹는데 별 차이가 있나요?" 합니다. 같은 면이고 점심으로 배불리 먹으면 되지.

　파를 사오라고 하였는데 양파를 사왔습니다. 어머니가 아이에게 다시 바꿔오라고 하니 아이는 "에이, 요리하는데 파나 양파나 뭐 큰 차이가 난다고…" 합니다. 파든 양파든 양념으로 사용하면 되지.

　어떤 일이든 그저 대충 하면 되지 뭘 그 정도 가지고 따지고 하는가? 큰 차이가 나지 않는다는 한자 차부다는 중국 사회의 여러 단면을 보여주는 표현입니다.

　우리 한국인의 생활 속에도 이와 유사한 사례가 많이 있습니다. 제법 큰 규모의 회사라면 대부분 구내식당이 있습니다. 매일 메뉴는 바뀌어도 당일의 식사 메뉴는 선택권이 없습니다. 그러나 가끔 외부 식당에 식사하러 가면 메뉴 선택에 스트레스를 받는 경우가 있습니다.

"오늘 점심 메뉴 뭐로 할까?"

"아무거나 해라!"

"어디 가서 먹을까?"

"너 가고 싶은 데, 아무 데나 가자!"

겸손이 지나쳐 먹고 싶은 음식도 못 먹고 결국은 고참이 시키는 거 따라갑니다. 그러나 이것보다 더한 결론은 결국 내 의지와 상관없는 '아무거나'라는 기상천외한 메뉴에 방점을 내립니다.

참 어려운 선택입니다. 얼마나 세태를 풍자하면 식당에 가서도 "여기 아무거나 2인분 주세요" 할까요?

차부다의 방식이 아닌 방식으로 차부다의 정의를 내려볼까요? 조금 직설적으로 표현하면 책임모면을 위한 표현이고 좋지 않은 결과에 대해 책임을 지지 않으려는 일반적 행동의 결과를 표현하는 것 같습니다. 하지만 저는 생각이 다릅니다.

차부다가 꼭 무기력한 중국을 표현하는 것은 아닙니다. 이 차부다를 미화하면 '중용', '과유불급'을 인용하여 비교할 수 있습니다. 따라서 보편적으로 생각하는 '이게 좋다, 저게 좋다, 아무거나 니 마음대로'라는 주관성 없는 사고방식은 이제 배제해야 할 시기인 것 같습니다.

CHAPTER 123

차부뚜오(差不多)-2
호적(胡適)의 차부다 선생

차부뚜오 선생과 중국인에 관한 이야기입니다.

북경대학 총장까지 역임한 후스(胡適 호적)는 중국을 비유하여 차부다 선생이라는 글을 썼습니다. 이 글의 등장인물 차부다 선생은 매사에 뭐든지 대충대충 하는 사람입니다. 그러나 이러한 행위도 긍정적인 면, 부정적인 면이 양존합니다.

차부다 선생을 긍정적으로 보면 크게 모나지 않고 적당한 조율과 중립입니다. 또한 융통성도 있습니다. 대인관계도 피해를 주지 않아 무난합니다.

그러나 반대로 부정적인 면을 보면 어떠한 상황이나 사태를 정확하고 중심 있게 판단하지 못해 실수를 많이 합니다. 우유부단하므로 대충대충 판단과 행동으로 손해를 자주 봅니다. 이러한 양면 중 긍정적인 면보다는 부정적인 면에 당시 중국의 시대 상황이 적용되었습니다. 차부다 선생은 꼼꼼하거나 정확하지 못하고 무엇이든 대충대충 하였습니다.

두 개의 눈을 가지고 있어도 정확히 보지를 않았고, 귀가 두 개 있어도 정확히 듣지를 않습니다. 심지어 코가 있지만 냄새를 맡는 것에 무관심하였고 입이 있어도 맛에 대해 무감각입니다. 공부를 시켜도 공부에 관심이 없으니 공부하면서 시간을 보내거나 멍하게 시간을 보내거나 하루가 가는 것은 마찬가지라 여겼습니다.

어쩌면 많은 중국인들이 차부다 선생의 행위를 닮고 배워서인지 결국은 중국이라는 나라가 만만디와 차부다로 인해, 게으르고 대충대충이라는 자랑스럽지 못한 닉네임을 가졌습니다.

▼ TIP

※ 점심시간이 부족한데 많은 시간을 요하는 음식을 달라고 하면 눈치를 보듯, 적당하게 현실적인 것이 오히려 좋을 때가 있습니다. 업무에 시달려 부장, 차장, 대리 등 상사는 급하게 간편한 김밥을 시키는데 신입사원 한 명이 "저는 돈가스 주세요" 하면 그것은 개성입니까? 아니면 분위기 모르는 젊은 이입니까?

CHAPTER 124 차부뚜오(差不多)-3
차부다 선생의 중국생활

차부다 선생의 글 내용을 살펴보면 조금 엉뚱하게 생각하고 바보스럽게 표현하는 한국의 '만득이 시리즈' 혹은 '사오정'과 비슷한 표현이 있습니다.

첫 번째 소개할 이야기입니다.

차부다가 환전가게에서 회계 업무를 보게 되었습니다. 기본적으로는 회계장부를 쓸 줄도 알고 셈을 할 줄도 알지만 숫자는 늘 정확하지 않았습니다. 십(十) 자를 천(千) 자로 쓰고 천을 십으로 쓰곤 하였습니다. 주인은 화가 나서 그를 노상 꾸짖었지만 그는 다만 멋쩍게 웃으며, "천은 십보다 한 획이 많을 뿐 별 차이가 없지 않은가요?"라며 조심스레 말하였습니다. 십과 천의 숫자에는 990의 차이가 있는데 이를 모르는 것인지 답답합니다.

두 번째 이야기입니다.

어느 날, 차부다 선생이 중요한 일로 기차를 타고 상하이로 출장을 가게 되었습니다. 기차역에 느긋하게 도착했으나 그만 2분이 늦어 기차를 놓치고 말았습니다. 그는 어이가 없다는 듯 멀어져 가는 기차를 멀거니 바라보며 고개를 갸웃거리며 한 마디 하였습니다. "내일 떠나는 수밖

▲ 차부다적 여유를 즐길 수 있는 북경의 노사차관(老舍茶館)

에 없겠는걸. 오늘 가나 내일 가나 어차피 일만 보면 되니 별문제 없겠지. 그런데 철도청은 지나치게 빡빡하군. 아니 8시 30분에 떠나나 8시 32분에 떠나나 겨우 2분 가지고, 도착하면 큰 차이도 없는데 말이야."
그는 이렇게 중얼대며 천천히 집으로 향했으나 마음속에서는 끝내 의문이 풀리지 않았습니다.

어째서 기차가 2분 더 기다려서 그를 태우지 아니했는지, 베이징에서 상하이까지 10시간 정도 걸리면 2분 정도는 얼마든지 단축할 수도 있다는 의미가 포함된 것 같습니다.

어떤 이는 차부다 선생은 매사에 얽매이지 않고 달관했었다고 합니다. 사람들은 한결같이 그가 일생 편협하지 않고 계산하지 않았으며 따지고 들지 않았으니 참으로 덕행을 지닌 사람이었다고 하였습니다.

그리하여 사람들은 사후에 법호(法號)를 지어 그를 원통대사(圓通大師)라 일컬었습니다. 그의 명성은 점점 멀리 퍼져서 해가 갈수록 더욱 널리 알려져 헤아릴 수 없을 정도로 많은 사람이 그의 행동을 본받았습니다. 중국인 모두가 하나같이 차부다 선생을 닮게 되었으나 중국은 이로 인해서 결국 게으름뱅이 나라가 되고 말았습니다. 역설적 의미가 깊습니다.

문화의 차이는 서로 존중해야 하고 좋은 문화는 수입하여 배우는 것이 올바른 방법이라 생각합니다. 중국이 개혁개방을 하여 이제는 세계경제의 양대 국가로 성장하였습니다. 이제 사회를 살펴보아야 할 시기가 된 것 같습니다. 현재까지야 성장의 결과가 좋으니 이러한 것도 긍정적인 면으로 해석이 많이 기우는 듯합니다.

차부다 선생은 일상의 생활을 게으름이나 무관심으로 보내지 말고 먼 미래를 보는 여유를 가지라고 할 것 같습니다.

CHAPTER 125 이런 한자 乒乓 보셨나요?

'메이드 인 차이나 – 탁구테이블'이 미국과 영국 두 정상의 에피소드에 주연이 되었습니다.

'乒乓' 이런 한자 보셨나요? 발음은 병병이지만 핑퐁을 입력하여도 乒乓이 검색됩니다. 무게가 2.7g인 둥근 공을 손에 들면 감각이 있을까요?

셀룰로이드를 재료로 하여 만든 공을 가지고 공간만 있으면 비가 와도 큰 어려움 없이 남녀노소 즐기는 실내 운동 중 하나인 탁구를 잘 아실 겁니다. 한자로 탁구는 卓球입니다. 영어로는 Table tennis입니다. 그런데 영어 표기로 Ping-Pong도 있습니다. 한자 탁구를 중국식으로 발음하면 '주치우'입니다. 그러나 중국어로 탁구는 乒乓球(핑팡치우)를 더 많이 사용하고 있습니다.

핑퐁외교란 말을 들어보셨나요? 1969년 미국의 닉슨 대통령은 중국과 소련의 사이가 악화되자 중국 마오쩌둥 정부와 외교관계를 형성하기 시작하였습니다. 이때까지 적대국 관계를 유지해 온 미국과 중국의 외교관계를 우호적으로 변화시킨 것을 대신하는 표현입니다.

세계 정치의 중심에 있는 미국과 영국 두 정상이 탁구를 통한 외교와 친밀관계를 과시하였는데 재미있는 돌발뉴스가 언론에 화제입니다. 보도된 내용의 요지는 2012년 3월 14일 캐머런 영국 총리가 미국을 방문하면서 오바마 대통령 부부에게 탁구대를 선물하였습니다. 당시 영국 총리실은 이 탁구대는 '진정한 영국 제품'이라고 소개하였습니다.

▲ 영국 총리가 오바마 대통령에게 선물한 탁구대

'진정한'이란 단어를 강조한 이유는 오바마 부부가 캐머런 부부에게 고급 바비큐 기기를 선물로 주면서 모든 부품이 '미국에서 제조된 것'이라고 말한 데 대한 화답이었습니다. 아울러 영국 총리실은 탁구대가 2012년 런던올림픽 개최를 앞둔 상황에서 영국에서 마련할 수 있는 가장 적합한 선물이라고 덧붙였습니다.

그리고 캐머런 총리는 탁구대를 선물하면서 "작년 오바마 대통령이 영국을 방문했을 때 영국 학생들과 탁구를 한 추억을 다시 떠올릴 수 있을 것"이라고 하는 등 여러 가지 의미를 덧붙였습니다.

미국과 중국 두 정상이 지난해 5월 영국 런던의 한 학교에서 탁구 시합을 해 화제를 모았던 적이 있었습니다. 이 탁구대는 영국 던롭사에서 설계했으며 '던롭' 상표와 함께 테이블 끝 부분에 각각 미국과 영국 국기가 인쇄돼 있습니다. 그런데 선물한 지 일주일도 지나지 않아 탁구대의 '진정한' 고향이 중국이라는 사실이 드러났습니다. 판매점 측이 탁구대가 '진정한 영국 제품'이 아니었다고 말한 것을 지난 2012년 3월 19일 중국 신문망이 보도하였습니다.

이번 탁구대 국적을 둘러싼 소동은 중국 제품이 세계 곳곳에 얼마나 깊숙이 퍼져 있는지를 드러내는 단적인 예라고 하겠습니다. 그리고 오바마와 캐머런 총리와의 탁구대 해프닝은 세계 곳곳에 자리한 중국 제품의 영향력과 제조업이 몰락한 유럽의 현주소가 대비되는 대목으로 풀이할 수 있습니다.

CHAPTER 126 서울의 중국어 표기

서울의 중국어 발음은 소우얼(首爾 수이)입니다. 한자는 首爾(간체자로는 首尔로 씀)입니다.

서울의 공식지명 변천에 대해 알아보았습니다. 백제 때 하남위례성이라 불렀습니다. 신라 때는 한양이라 하였으며 이 지명은 고려 때까지 이어집니다. 조선 때는 한성이라 불렀으며 일제 강점기 때는 경성이라 하였습니다. 광복 후에는 주체화된 호칭으로 '서울'을 사용하였습니다.

그러나 중국은 한국의 서울을 호칭할 때 한자 표기를 漢城(한성), 중국어 발음 '한청'으로 하였습니다. 명칭의 중요성을 인식 못한 우리 정부도 한중 수교 이후 교류가 빈번해지자 서울의 한자 표기 한성에 대해 새로운 이름의 필요성을 절실히 느꼈습니다.

서울의 한자 표현 한성은 중국이 조선과 사대 관계에 있을 당시의 한성을 그대로 사용하였기에 사대주의 성격이 강해 우리의 정서와 맞지 않습니다. 또 서울신문사가 한성신문사로, 한성대학교가 서울대학교로 표기되는 등 혼란도 발생하였습니다.

한문은 표의문자로 뜻과 발음을 근사치에 가깝게 하여 표기를 제작합니다. 결국 한국에서 서울을 '소우얼'로 제정하여 중국에 요구하였습니다. 사실 중국어 개정은 중국인을 위해 중국이 만들어야 하는 것을 한국에서 만들어 중국에 요청하는 모양이 되었습니다.

> ▼ TIP
>
> ※ 중국이 새로운 표기를 받아들일지의 여부는 중국어권 국가의 권리로 혼란이 있는 등 여러 가지 난제가 있어 쉽게 승인이 나지 않았습니다.
> 자기들이 제정하지 않았던 이유도 있었죠. 그래서 쉽게 승인을 해주지 않아 한국에서는 공식적으로 사용해도 중국은 인정하지 않아 여전히 한성으로 표기했습니다. 결국 2004년 무렵, 한국의 적극적인 노력을 통해 중국과 협의하여 서울을 한청에서 소우얼로 결정하였습니다.

CHAPTER 127 외래어의 중국 개명

중국에서 영문이나 외래어는 반드시 한자로 표기하고 상표 등록을 하여야 합니다. 작명을 하다 보면 영문발음에 가까운 한자어를 조합하거나 상표와 전혀 상관없는 부르기 쉬운 한자를 표기하는 등 제각각입니다. 그래도 상품이나 기업 이미지와 비슷한 발음에 뜻까지 좋다면 금상첨화 아닐까요?

영문 발음의 한자 발음과 한자를 해석하면 그 뜻이 잘 작명된 대표적인 중국어 브랜드를 소개합니다.

세계인이 즐겨 마시는 음료 코카콜라입니다. 한자로 可口可樂(가구가락)입니다. 중국어 발음은 커커우커러입니다. 해석해 보면 맛이 좋아 입이 즐겁다 입니다. 역시 세계적 음료인 펩시콜라는 한자로 百事可樂(백사가락)입니다. 중국어 발음은 바이스커러입니다. 백 가지 즐거움이 있다는 뜻입니다.

우리 생활 속에 밀착한 대형생필품 판매점은 한자로 표기하면 易買得(이매득)이고 중국어 발음으로는 이마이더입니다. 물건을 쉽게 사서 가질 수 있다는 뜻입니다.

빵으로 유명한 가게 브랜드입니다. 한자로는 多樂之日(다락지일)이며 중국어 발음은 뚜어러즈르입니다. 즐거움이 많은 날을 의미합니다.

위 사례는 중국 발음이 원음과 비슷하고 해석도 의미가 있어 소비자가 쉽게 기억하여 매출에 결정적인 역할을 하고 있습니다. 그저 발음이 좋고 한자 뜻이 좋아서 지은 이름이 회사나 상품의 이미지에 맞지 않는다면 소비자는 혼란에 빠질 것입니다. 중국에 진출할 경우 중국 이름 작명의 중요성을 꼭 인식하시기 바랍니다.

CHAPTER 128 한자로 표현하는 감탄사

　　　　　　　　멋진 자연경관을 보고 어떤 감탄사를
토하는지요? 저는 일반적으로 "와~아" 합니다. 가끔은 "이~ 야~" 하기
도 합니다.

　우리말을 비롯하여 영어나 일어 등 모두 각각의 감탄사가 있습니다.
소리를 내면 비슷한 것도 있지만 표현을 할 경우 약간의 차이가 있습니
다. 중국어 역시 '오, 와, 아' 단 한마디의 감탄사가 있는가 하면 장문의
감탄사도 있습니다.

　한자는 표기 그 자체가 깊은 뜻이 있기에 한자어를 통한 중국만의 독
특한 감탄 표현을 할 때 언어학적으로 유리한 점이 많은 것 같습니다.
천하제일의 절경을 보고 절제된 단어로 수많은 수식어와 미사여구의 장
문을 한 방에 날린(?), 그러면서도 모든 것이 함축된 단어가 있습니다.

　중국 최고의 일출 전망으로 알려진 태산 정상에 가면 '과연(果然)'이라
는 한자가 바위에 새겨져 있습니다. 果然의 사전 뜻은 '굳셈이 그러하다'
입니다. 앞뒤 설명 없이 '과연' 태산이다. 이 함축된 표현에 과연 태산의
기백에 비유됩니다.

　그리고 중국 5대 명산의 한 곳인 황산 계곡에 가면 '절정(絶頂)'이라는

▲ 한자 감탄사 장관(壯觀), 다퉁 현공사

표현이 있습니다. 絕頂의 사전 뜻은 '최고다, 비교할 곳이 없다'입니다. 황산의 수려한 풍경에 이보다 더 나은 수식어가 필요할까요? 최고로 기분 좋음에 비유됩니다. 황산을 본 느낌은 어떻습니까? 정말 절정입니다.

중국 산시성(山西省) 다퉁시(大同市 대동시)는 일반인들에게는 잘 알려져 있지 않은 곳입니다만 중국 여행을 즐기는 분이라면 반드시 가보아야 할 명승지가 있습니다. 운강석굴로 더 잘 알려진 다퉁시에는 숨은 명승 관광지로 공중에 매달린 듯한 사찰 현공사가 있습니다. 이 사찰을 보고 감탄한 표현은 '장관(壯觀)'입니다. 壯觀의 뜻은 '드러남이 장대하다' 입니다. 수직의 절벽 위에 매달려 드러나 있는 사찰의 모습과 일치하는 표현인 것 같습니다.

장관이다, 과연 장관이다, 과연 장관이 절정이다. 자연의 웅장(雄壯)함을 보고 와~ 웅장하다, 대단하다, 이런 표현보다 이제 '과연, 장관, 절정, 혹은 웅장' 한 마디를 한 뒤 뒷말의 여운을 남기면 얼마나 운치 있어 보입니까? 한자 하나의 표기에도 주변여건과 환경에 맞게 표현한 중국의 절제된 언어가 아주 매력 있습니다.

CHAPTER 129 바둑 프로기사와 한자

수담(手談)**이라고 하면** 한자 그대로 손으로 나누는 대화입니다. 우리는 바둑을 달리 표현하여 수담이라고 합니다. 수화(手話)와 착오가 없기 바랍니다.

바둑을 두는 프로기사는 평소 자기가 좋아하는 문구를 액자나 표구로 만들어 좌우명으로 삼는다고 합니다. 더러는 바둑을 둘 때 자신의 좌우명을 부채에 새겨 넣고 대국에 접하는 경우도 많이 보았습니다.

부채는 휴대가 간편하여 언제 어디서나 펼쳐보기가 용이하여 자신의 중심을 잡는데 중요한 역할을 한다고 합니다. 바둑계의 대표적인 프로기사들이 좋아하는 한자입니다. 무슨 뜻이 담겨 있는지 프로기사의 성격과 비교하여 보시기 바랍니다.

- 조남철 9단 : 수담망우(手談忘憂)
- 이창호 9단 : 성의(誠意)
- 조훈현 9단 : 무심(無心)
- 김인 9단 : 구현(鉤玄)
- 유창혁 9단 : 우일신(又日新)

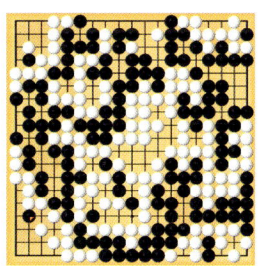
▲ 바둑을 인생의 축소판이라 한다

- 조치훈 9단 : 소심(素心)
- 임해봉 9단 : 무아(無我 타이완 프로기사)
- 마샤오추 9단 : 수의(隨意 마음 가는 대로, 중국)
- 루이나이웨이 9단 : 몽(夢 중국 여류기사에서 한국으로 옴)
- 다카와가쿠 9단 : 유수부쟁선(流水不爭先 흐르는 물은 다투지 않는다, 일본)
- 사카다 에이고 9단 : 유현(幽玄 그윽한, 미묘한, 일본)

약간의 차이는 있겠지만 이 중 김인 9단의 구현(鉤玄)이 '현모함을 낚다'라는 뜻으로, 프로기사 중 최고의 표현이라고 합니다. 이런 글을 보면 바둑판이 왜 인생의 축소판인지 이해가 될 것입니다.

▼ TIP

※ 저는 기원 바둑 5급, 인터넷 바둑 1급, 훈수 바둑 3단 정도의 실력을 가진 바둑 예찬론자입니다. 바둑을 두면 많은 시간이 소비된다고 하는 분들도 있는데 저는 바둑 한 판을 한 권의 독서로 비교하면서 자주 즐기는 편입니다. 일상의 업무가 바빠 기원에 가는 시간은 1년에 1회도 안 되고 제 연구실에서 가끔 주말에 친구를 불러 두기도 합니다. 지인 사무실에 놀러 가 바둑판이 있으면 업무에 지장을 주는 눈치를 받으면서도 꼭 바둑 한 판을 두자고 요청합니다.

하지만 최근에는 인터넷이 편리해 밤늦은 시간 혼자서 즐기지만 마주 보고 두는 것에 비교할 수는 없는 것 같습니다. 조훈현, 이창호 국수를 본 적은 있지만 대국을 해본 적은 없습니다. 사실 한 번 도전하고 싶습니다. 나의 바둑 인생 판이 어떻게 전개될는지….

CHAPTER 130 숫자 0(零)에 대하여

해가 바뀌려는 문턱에서 서성거리고 있습니다. 미처 다 보내지 못한 2011년의 끝자락이 초라해 보입니다. 1월에 비해 꿀릴 것도 없는 소중한 날들인데 말입니다. 남아 있는 3일을 붙잡아 두고 가지 말라고 애원하고 싶습니다.

2011년 12월 다음에 13월이 오거나 아니면 2012년 0(영)월부터 시작하면 어떤 혼란이 올까 바보 같은 숫자놀이를 합니다. 수백, 수천 년 내려온 사회적 약속, 문화적 약속을 변화시킨다는 것은 참 어려운 일입니다.

숫자 '0~9'는 1400~1500년 전 인도에서 처음 발명되었지만 아라비아로 전파된 후 활성화되어 아라비아 숫자라 부릅니다. 숫자 '0'은 한자로는 零(영)이라 씁니다. 비 우(雨)+우두머리 령(令)으로 합성된 한자입니다. 세부 해석을 하면 떨어질 영, 비를 거느린다, 조용히 내리는 비, 우수리, 남은 수 뜻이 있습니다. 없다는 '0'에 거느린다는 令이 있으니 뭔가 해석이 조금 어렵습니다.

0은 없다(無 무)의 개념도 있습니다. 옛날 중국에서 비를 내리게 하는 것이 임금의 역할이라면 비를 거느리는 것도 임금이 하는 것인지라 숫자의 시작 0을 왜 零(거느리다)으로 표기하였는지 아직 이해하지 못하고 있습니다. 하지만 숫자 0은 인류역사의 위대한 발명품입니다. 인간의 문명활동에도 획기적인 변화를 주었습니다.

1~9 뒤에 붙어 어떠한 큰 숫자도 만드는 마법의 수이기도 합니다. 숫자 0은 더하기(+) 빼기(-)에서는 있어도 없어도 그만인데, 곱하기(×) 나누기(÷)에는 모든 것을 없애버리는 가장 두려운 존재가 되는 수이기도 합니다. 또한 1 이전의 숫자로 1보다 우선하면서 계량의 계산 기준점이 되는 수입니다.

▼ TIP

※ 숫자 0의 발음도 혼란스럽습니다. 영화 007시리즈는 영영칠로 읽지만(수학적 의미), 제 휴대번호 010은 영일영이 아닌 공일공(기호적 의미)으로 읽기 때문입니다. 그리고 숫자를 적어야 하는 비고란에 아무 숫자 없이 비워져 있으면 'O, 영'이라 표현합니다. 한국에서는 시험을 보고 한 문제도 맞추지 못하면 0점(빵점)이라 하여 좋지 않은 뜻으로도 쓰이고 있습니다. 'O'이 둥근 빵을 닮아서 빵점 하는 걸까요? 또 자정을 0시라고도 하니 혼란스럽기도 합니다.

※ 1등은 가장 훌륭한 성적입니다. 그런데 왜 어떤 대회건 가장 유력한 우승후보를 말할 때 1순위 하지 않고 0(영)순위라고 할까요?

CHAPTER 131 숫자 8(八)에 대하여

1년 중 여덟 번째 달은 8월입니다.
1년 중 평균 기온이 가장 높은 달이라 열대야로 잠 못 이루는 날들이 많은 시기가 8월입니다. 가을이 오는 입추, 마지막 더위가 기승을 부리는 말복, 그리고 모기 입도 비뚤어진다는 처서도 대부분 8월에 있습니다. 8월은 더위가 막바지에 이르는 달로 오곡백과가 여물어가는 시기이기도 합니다. 낮은 여름이면서 밤은 가을이 멀지 않았습니다.

8이란 숫자는 10명 중 1등에서 줄을 세우면 뒤에서 세는 게 빠릅니다. 밋밋해 의미가 없는 숫자 같은 착각이 듭니다. 그러나 놀라지 마십시오. 1~9까지 숫자 중 중국인들이 가장 좋아하는 숫자가 8입니다. 그 이유는 8의 발음이 재물을 모으고 재산을 증식한다는 공희발재(恭喜發財)의 發의 발음과 비슷하기 때문입니다. 공희발재의 중국어 발음은 '공시파차이'입니다.

회사 주재원으로 중국에 거주한 저에게 연초가 되면 중국 친구들은 경상도 지방의 강한 발음과 비슷하게 "리 시엔성 꽁씨파차이 꽁씨파차이"를 몇 번이나 외치면서 인사를 나눈 적이 많았습니다.

'파차이(發財)'는 돈을 번다는 의미입니다. 8의 발음도 '파'입니다. 이렇게 발음이 같으니 '8 = 發, 파 = 파'와 연결시켰습니다. 그리고 전화번호 끝자리나 차량번호 8888을 가지려고 경매시장에서 수백만, 수천만 원의 프리미엄이 붙여져 거래되고 있는 것이 현실입니다.

2008년 8월 8일 오후 8시 8분 역사적 사건이 있었습니다. 베이징올림픽 개막식이 시작된 시간입니다. 중국인들이 8이란 숫자를 얼마나 좋아하는지 짐작할 수 있습니다.

하늘의 숫자, 황제의 숫자 9(九)

이번 9월에는 민족 대명절 추석이 있습니다.

이슬이 내리는 백로도 있고 낮의 길이가 짧아지고 밤이 길어지기 시작하는 추분도 있는 달입니다. 지루했던 장마와 여름 무더위가 서서히 물러가면서 가을의 담장을 넘는 시기입니다. 그래도 아직은 늦더위가 남아 있어 잔서지절(殘暑之節)이라고도 합니다.

음력 9월은 구추(九秋) 또는 국월(菊月)이라고도 합니다. 가을볕은 딸을

▲ 중화인민공화국만세 · 세계인민대단결만세. 좌우 글자도 9자이다

쬐이고 봄볕은 며느리를 쬐인다는 말이 있듯이 가을볕은 선선하여 활동하기 좋은 시기입니다. 가을 햇빛에 잘 자란 가을 상추는 문 걸어 잠그고 먹고 가을 아욱은 계집 내쫓고 먹는다(가을 상추와 아욱국이 특별히 맛있다는 표현)고 하였듯 가을철에는 입맛이 당겨 많이 먹게 되나 봅니다.

천고마비는 말만 살찌는 계절이 아닙니다. 육체의 살보다 정신의 살을 찌우는 독서하기 좋은 계절입니다.

> ▼ TIP
>
> ※ 아 참, 가을바람은 총각바람 봄바람은 처녀바람이라고, 가을에는 남자가 봄에는 여자가 바람나기 쉽다고 합니다. 머슴아들 가을바람 조심하여야겠습니다.
> ※ 중국에서 숫자 9는 영원히 오래(久)라는 장수의 뜻이 있습니다. 하늘의 숫자, 황제의 숫자라고도 합니다. 특히 숫자 8과 함께 중국인이 아주 좋아합니다. 9를 얼마나 좋아하였던지 자금성 내 건축물의 규모도 9,999칸을 지었습니다.

CHAPTER 133 　10월 10일 타이완 국경일의 유래

10월 10일은 타이완의 국경일입니다. 10자가 중복되어 쌍십절이라고도 합니다. 1911년 10월 10일 중국 후베이성 우창(武昌 무창)에서 쑨원을 주축으로 중국 민족 자산계급이 참여하였습니다. 이들은 청조(淸朝)를 무너뜨리고 2천 년간 계속된 전제정치 즉, 봉건 정치를 종식하자는 혁명을 했습니다. 그 결과 새로운 민주공화 정치의 중화민국이 탄생하였습니다. 이 혁명을 우창(武昌 무창)봉기라 하고 혹은 이 해가 간지로 볼 때 1911년 신해년(辛亥年)이라 신해혁명이라고도 합니다.

타이완에서는 최초로 봉기가 일어난 10월 10일을 기념하며 '쌍십절(雙十節)'이라 하여 국경일로 지정하였습니다. 그러나 중국 본토는 10월 1일을 국경일로 하고 있습니다. 1949년 10월 1일 톈안먼 광장 앞 고루에서 마오쩌둥이 중화인민공화국 건립을 선포한 날입니다.

올해로 타이완은 건국 100주년이 됩니다. 후진타오 중국 주석도 신해혁명은 중국과 타이완의 소중한 역사이자 공동자산이라 평가하며 베이징에서도 대대적인 100주년 기념행사를 하였습니다.

저는 지난 2011년 8월, 방학 중 타이완 건국 100주년을 맞아 타이완

이곳저곳을 견학하였습니다. 이번 타이완 방문은 17년만입니다. 많은 것이 변하였습니다. 모두 기억의 저편에 있었습니다. 그러나 타이완에 중국 본토에서 온 엄청난 숫자의 관광객을 보고 여러 생각이 들었습니다. 남북한도 저들처럼 자유롭게 왕래할 수 있다면 얼마나 좋을까 생각합니다.

▼ TIP

※ 타이완 국기는 '청천백일만지홍기(靑天白日滿地紅旗)'입니다. 중국 국기는 '오성홍기(五星紅旗)'입니다.

CHAPTER 134 우공(盂空)

숨 가쁘게 1년을 달려와 이제 앞뒤를 한 번 뒤돌아볼 수 있는 언덕의 정상에 온 것 같습니다.

중국의 숫자 문화에도 11은 1과 1의 조합이고 10을 넘는 두 자리 복수 숫자라 특별한 해석이 없어 조금 싱거운 달(?)입니다. 양손을 다 사용하여도 11을 못 만드니 세상의 관심 밖에 있는 것처럼 보이지만 11월도 사실 아주 중요한 시기입니다.

11월에는 입동과 소설이 있는 달입니다. 농촌을 기준으로 하면 추수동장(秋收冬藏)이라는 표현이 더 어울리는 시기인 것 같습니다. 한자는 꼭 전해져 오는 고사성어가 아니라도 상황에 맞게 만들 수 있는 매력이 있습니다.

우공(盂空, 빈 그릇)은 타인에게 널리 알려지지 않았지만 카페나 수필에 저의 별칭으로 사용하는 이름입니다. 그냥 쉬운 말로 '빈 그릇'입니다. 저 자신의 모자람이 많아 가득 채우거나 더 배우겠다는 뜻도 있고, 항상 타인을 위해 다 주어버리고 난 후의 빈 그릇이란 뜻도 있습니다. 그러나 아직은 타인을 위해 빈 그릇이 되지 못한 상태입니다.

입동은 겨울이 시작됨을 알리는, 겨울의 문턱에 들어서는 절기입니다. 입동이 지나면 가정의 1년 준비인 김장도 해야 합니다. 소설에는 첫눈이 내린다고 하죠. 소설 추위는 빚을 내서라도 가져와야 한다는 말이 있습니다. 소설에 날씨가 추워야 보리농사가 잘된다는 뜻으로 추울 때는 추워야 한다는 의미입니다.

 아 참, 11월 11일 날짜표시가 생긴 것이 비슷해 요즘 신세대들이 좋아하는 '빼빼로 데이'라 하고 또 우리 쌀을 소비하자는 운동으로 '가래떡 데이'라고 합니다.

▼ TIP

※ 11년 11월 11일 11시 11분 11초를 늘어놓으니 '1'이 모두 12개가 되는군요. 12년 12월 12일 12시 12분도 늘여놓으니 숫자놀이가 재미있게 전개됩니다. 이런 현상은 1년에 한 번 만나는 시간이죠. 베이징올림픽은 2008년 8월 8일 저녁 8시 8분에 개막식을 하였습니다.

여덟 번째 이야기

음식은 중국이다

중국인이 좋아하는 한국 요리 ▎중국요리 화과 ▎
중국요리 모기 눈알 ▎중국요리 곰 발바닥 ▎중국요리 불도장 ▎
중국요리 기스면 ▎중국요리 마파두부 ▎중국의 엽기음식 ▎
순대 이야기 ▎만두 이야기 ▎커피 이야기 ▎가비를 좋아한 임금

CHAPTER 135 중국인이 좋아하는 한국요리

중국인이 좋아하는 한국요리에는 무엇이 있을까요? 이 글을 읽기 전에 1~3위를 예상해보시면 어떨까 생각합니다. 1년에 1천만 명 가까운 외국인이 한국에 여행을 옵니다. 여행의 3가지 묘미는 먹는 것, 보는 것, 사는 것이라고 합니다.

2011년 한국을 방문한 중국인 여행객을 상대로 설문조사를 한 결과, 중국인들이 한국에 와서 제일 즐겨 찾는 음식 1~10위까지를 살펴보았습니다.

1) 중국인이 좋아하는 한국요리 1위 : 삼겹살
숯불이나 가스 불 위에 철판을 놓고 구워서 상추에 올려놓고 고추와 마늘, 파절이 등을 된장과 함께 쌈으로 먹는 모습과 과정이 그렇게 부러울 수가 없다고 합니다. 고기 구워야지, 쌈을 싸야지, 이런 식사 풍경은 여유 있는 분이 하는 거라고 표현하네요. 중국 표현으로 만만디라 합니다.

2) 중국인이 좋아하는 한국요리 2위 : 떡볶이
떡볶이는 한국의 대표적 길거리표 국가 대표급 간식입니다.

▲ 중국인이 가장 좋아하는 한국요리 삼겹살

라라라(辣 매워매워매워) 하면서 먹은 후 혀가 얼얼해도 먹고 나면 답답하던 가슴이 뻥 뚫리는 느낌이라니 맛에 대한 표현 한 번 멋집니다.

3) 중국인이 좋아하는 한국요리 3위 : 김치와 김치를 이용한 요리. 식사하면서 김치를 먹거나 고기를 먹은 후 김치찌개 혹은 김치볶음밥 등 김치가 재료가 되는 요리를 선택하였습니다.

중국인이 아닌 한국에 관광 온 외국인을 대상으로 설문조사를 하여도 한국의 최고 먹거리 음식은 역시 삼겹살, 김치 및 김치요리, 떡볶이 순입니다.

1~3위 순서는 조금 바뀌어도 3가지 요리가 다 포함됩니다. 중국인이나 외국인에게 이 음식은 뭔가 매력이 있음에 틀림없는 것 같습니다.

외국인이 삼겹살 구이를 추천한 이유를 살펴보았습니다. 단체나 개인적으로 한국에 여행을 와서 식사할 때 한국의 전통음식이라며 복잡하게 차려진 그리고 가격도 비싼 한정식을 추천합니다. 그러나 특색이나 뚜렷한 특징이 없고 반찬 가짓수만 많아 인기가 없다고 합니다. 그러나 삼겹살 구이는 가격도 저렴하고 서민들이 손쉽게 이용하면서 한국인의 회식 문화도 느낄 수 있고 또한 숯불구이란 기구를 체험하는 것이 인상적이었다고 합니다.

제 생각에는 중국인이나 외국인이 식당에 도착하면 먼저 메인 요리로 삼겹살 구이를 야채나 김치와 함께 먹도록 합니다. 그리고 김치찌개, 된장찌개 등 찌개 종류와 함께 식사를 추천하면 자연스레 외국인이 좋아하는 한국요리 1위로 삼겹살과 김치가 선택될 것입니다.

떡볶이 요리는 시내를 도보 관광하거나 야시장 등에 가면 가볍게 간식으로 먹는다고 합니다. 떡볶이는 한국의 패스트푸드 3총사로 김밥, 순대와 함께 어느 지역에서나 쉽고 편리하게 먹을 수 있는 요리로 맵고 자극적인 것이 매력일까요?

4위는 비빔밥, 5위는 삼계탕, 6위는 소갈비, 7위는 냉면, 8위는 보쌈, 9위는 돼지갈비, 10위는 김밥 순입니다.

몇몇 외국인 중 겨울에 한국을 여행한 분은 순대나 호떡 등 길거리 음식도 좋았다고 합니다. 그리고 감자탕, 간장게장, 도토리묵, 콩국수, 바나나 우유 등의 요리와 식품도 좋다고 추천한 외국인의 의견도 많았습니다.

▼ TIP

※ 한국말을 배운 지 얼마 되지 않은 외국인이 시내 관광을 다니다가 할매 뼈다귀탕 간판을 보고 한국인은 할머니 뼈를 먹는 줄 알고 야만인이라 하였답니다. 그럼 '진짜 할매 뼈다귀탕', '원조 할매 뼈다귀탕' 간판을 보고는 어떤 표현을 할지 궁금합니다.

CHAPTER 136 중국요리 화과(火鍋)

나이는 더 먹어도 임은 하나 더 생기지 않는가?

12월은 1년 중 해가 가장 짧은 달, 반대로 밤이 가장 긴 동지가 있는 달입니다. 겨울 동지 팥죽 먹고 나니 반갑잖은 나이만 더 먹었네. 세월 가는 것에 초조감이 있는 달이 12월입니다.

겨울밤은 안식을 주기도 하지만 독수공방하는 사람에게 긴 밤은 견뎌내기가 무척 힘이 듭니다. 동지섣달 긴긴밤에 앉았으니 잠이 오나, 누웠으니 잠이 오나, 할 일이 뭐 있나요? 그래서 긴긴밤 헤매다가 겨울 별미를 먹었나 봅니다.

메밀국수에 겨울 저장음식의 으뜸인 배추김치, 무김치를 썰어 넣어 먹든가, 동치미 국물에 국수나 찬밥 말아먹으면 최고의 겨울철 별식이지요. 또 이냉치냉이라고 겨울에 먹는 평양식 물냉면도 제법 맛있습니다. 버릴 것 하나 없는 명란젓(명태 알), 창란젓(창자) 한 종기면 따뜻한 밥 두세 공기는 기본입니다.

겨울은 한가해서 직접 요리를 만들어 먹기도 합니다. 겨울은 추위를 이기는 따뜻한 음식이 많습니다. 가장 대중적인 겨울 음식은 뜨거운 국물이죠. 국물로 배를 채워 몸을 따뜻하게 합니다.

　중국의 대표적인 겨울 음식으로는 지역 구분 없이 국민 음식 양고기 샤부샤부(火鍋 후어궈)입니다. 쇄양육(涮羊肉 쑤아이양러우)은 각종 야채와 양고기를 함께 데쳐 먹는 요리입니다.

　겨울의 일본은 어묵탕이나 나베(냄비에 해산물, 두부, 야채 넣고 끓인 것)를 많이 먹습니다.

> **TIP**
>
> ※ 한국인들은 피곤하거나 지친 몸을 위해 여름날 보양식을 많이 먹습니다. 이에 반해 중국은 겨울에 보양식을 많이 챙겨 먹고 한 해를 지내는 서로 다른 문화풍습이 있습니다. 한국인들은 겨울에도 시원한 것을 많이 먹습니다. 겨울 동치밋국도 별미입니다. 그리고 겨울에 이 무를 먹고 트림을 하지 않으면 인삼을 먹은 것보다 효과가 있답니다.
>
> 중국은 추운 겨울날 따뜻한 샤부샤부를 많이 먹습니다. 음식은 가장 기본적인 보약입니다.

CHAPTER 137 중국요리 모기 눈알-1
재료 수집

중국에는 이상한 요리가 많은데 그 중 가장 호기심을 끄는 요리가 모기 눈알 요리가 아닌가 싶습니다.

여름철 우리 몸에 달라붙어 피를 뽑아 먹는 그 녀석, 내 피를 앗아간 그 녀석을 잡아 그 녀석의 눈알로 요리를 한다는 게 정말 끔찍한 일(?)이 아닌가라는 생각도 듭니다.

두 번에 걸쳐 모기 요리를 소개합니다. 이 요리는 중국 내륙지방 쓰촨 성이나 충칭 지역에서 유명합니다. 음식의 재료로 모기 눈알을 분명히 사용합니다. 그런데 직경 1mm도 안 되는, 손에 잘 잡히지도 않는 크기인데 어떤 요리를 해먹을까 궁금하지 않습니까?

깨보다 작은 모기 눈알로 만든 요리는 청나라를 수렴청정하여 국가의 권력을 흔든 여걸 서태후가 자신의 여름 별장 이화원에서 즐겨 먹었답니다. 그리고 영국 엘리자베스 여왕이 중국을 방문하자 최고급 요리로 접대한 것들 중 하나가 모기 눈알 요리라 합니다.

▌재료를 구하기까지
1) 먼저 깊은 산 속에 박쥐가 서식하는 동굴을 찾습니다.

2) 박쥐는 모기를 주식(主食)으로 많이 잡아먹습니다.

3) 그런데 모기를 잡아먹은 박쥐는 모기 눈알만은 딱딱한 성분으로 되어 있어 소화를 시키지 못합니다.

4) 따라서 박쥐 배변 배설물에 모기 눈알이 섞여 나옵니다.

5) 이 배설물은 동굴 속 바위 위에 떨어지고 시간이 흐르면서 배설물이 딱딱하게 굳어집니다.

6) 이때 채집을 전문으로 하는 사람이 이 배설물(박쥐의 마른 변)을 납작한 칼로 긁어서 채집해 갑니다.

7) 이 배설물을 식당에 팔고, 주방장은 이 배설물을 물에다 담가 놓습니다.

8) 물을 머금은 배설물이 흐물흐물해지면 손으로 변 찌꺼기와 깨알 같은 모기 눈알을 분리합니다.

9) 요리를 한 후 먹습니다.

▼ TIP

※ 여름에 자신의 발이나 팔을 미끼로 하여 모기에게 피를 헌혈하십시오. 그리고 어느 정도 피를 먹인 후(?) 일격에 모기를 잡으세요. 실제 모기를 한 번 보시면 눈알이 얼마나 작은지 알 수 있을 겁니다.

CHAPTER 138   중국요리 모기 눈알-2
양식 모기

인도네시아에서 생산되는 커피 루왁(긴 꼬리 사향 고양이)을 들어보셨나요? 일명 '멍키 커피'를 아시는지요?

커피의 익은 열매를 긴 꼬리 사향 고양이가 먹으면 잘 익은 부드러운 커피 열매 껍질은 소화가 됩니다. 그러나 우리가 커피로 사용하는 딱딱한 씨 부분은 소화되지 않은 채 커피 알 상태 그대로 배설됩니다.

이 열매가 고양이나 원숭이 소화계통을 지나 몸속에서 침 및 위액과 섞여 소화 기관을 지나는 동안 일종의 발효 과정을 거쳐 갑니다. 그리고 내장에서 화학 반응하여 키틴질로 변화되어 배설되는 것으로 여겨집니다. 위장 속에서 최상의 소독과 화학 과정을 거쳐 가니 어떤 변화가 발생하는 원리입니다.

▮모기 요리 종류

모기 눈알도 아마 이런 과정을 거치므로 엽기적인 맛(?)이 있는 것이 아닐까 하는 생각을 해봅니다. 속설에 모기 눈알과 새우 눈알을 채취하여 먹으면 눈이 흐려진 사람에게 좋다고 합니다. 그러나 이 설을 뒷받침할 정확한 문헌이나 자료는 저도 잘 모릅니다.

채로 걸러서 선별된 검은 깨보다 작은 모기 눈알은 보통 중국 내륙 충칭 지방에서는 수프로 먹지만 홍콩 등 광저우 지방에서는 고명처럼 올려 깨소금처럼 비벼 먹기도 합니다.

저도 중국에 근무할 때 먹어본 경험이 있습니다. 한국의 부추 같은 것을 넣고 끓인 계란탕 비슷한 수프 타입에 검은 후춧가루 같은 것이(이게 바로 모기 눈알) 있어 아무런 생각 없이 후루룩 한 입에 마셔버렸습니다. 모기 눈알을 먹은 소감은 이 사이에 꺼득꺼득 찡기는(?) 기분이고 계란 야채탕 맛만 느꼈습니다.

가격은 이상하리만치 비쌉니다. 요즘은 채집이 잘 안 돼 부르는 것이 가격으로, 일명 시가로 계산할 정도로 귀하다 합니다.

가을에 송이 채취하면 시가로 부르듯이….

▌양식 모기 눈알

모기 눈알 요리 재료도 자연산과 인공산(양식)이 있답니다.

자연산(?)은 가격이 상당히 고가이지만 채집이 쉽지 않은 것이 더 문제입니다. 그래서 요리 가격의 대중화를 생각해 낸 게 모기를 양식하는 것이었습니다.

동굴 속이나 웅덩이에 썩은 닭고기를 풀어놓으면 먹이가 풍부해 모기가 모이게 됩니다. 이 모기는 일명 양식 모기가 됩니다. 이때 며칠 굶주린 박쥐를 동굴이나 웅덩이 부근에 풀어놓으면 배고픈 박쥐가 모기를 잡아먹습니다. 글쎄요, 자연산과 양식의 맛 차이가 있을는지….

CHAPTER 139 중국요리 곰 발바닥

곰 발바닥 요리를 소개합니다. 요리치고는 조금 특이합니다. 그리고 일반인들은 '정말 이런 요리가 있을까?' 하고 의문을 가지는 요리입니다. 미리 말씀드리지만 곰 발바닥 요리는 실제로 있습니다.

곰 발바닥 요리는 중국 남부 아시안게임이 열린 광저우를 중심으로 한 광둥 지방의 요리입니다. 이곳은 지네, 전갈, 모기 눈알 등 악식(惡食)과 특별음식으로 유명한 지역입니다.

곰은 간, 쓸개 등이 약으로 사용되지만 요릿감으로는 곰 발바닥이 대표적입니다. 곰 발바닥을 요리해서 먹는 이유를 살펴보면 웃음이 절로 납니다.

1) 곰이 뒤 두 발로 선다.
2) 앞 두 발 중 왼발은 나무를 잡고 오른발은 벌꿀 집을 툭툭 건드리면서 꿀을 긁어모은다.
3) 꿀을 긁고 만지는 오른쪽 앞 발바닥에 벌들이 침입자로 인식하여 벌침을 마구 쏜다.

4) 곰 발바닥은 두꺼워서 벌침에 감각이 없다.
5) 곰은 계속해서 꿀을 긁어먹고 또 벌침 맞는 것을 반복한다.
6) 오랫동안 벌침에 쏘인 발바닥에는 로열젤리의 영양가가 풍부하다.
이 발바닥을 잘라서 몇 가지 요리를 한 것이 곰 발바닥 요리입니다.

▼ TIP

※ 요리의 종류에는 여러 가지가 있지만 일반적으로 삶은 발바닥 살점에 여러 재료를 섞어 만든 요리, 한국의 족발 형태로 삶은 후 뜯어 먹는 요리 등 다양하게 조리합니다.
이상한 음식이 이상한 사람들에게 이상한 가격으로 많이 판매되고 있다는 것에 새삼 놀람을 금할 수 없습니다.

CHAPTER 140 중국요리 불도장(佛跳牆)

삼계탕은 한국인들이 여름 더위에 많이 먹는 대중 보양 음식 중 하나입니다. 중국에도 최고의 보양 음식, 영양음식으로 손꼽는 별미 요리로 불도장(佛跳牆)이 있습니다. 사실 이 요리는 가격 면에서 대중 요리가 아닌 부유층을 위한 최고급 요리에 속합니다.

불도장은 쉽게 풀어쓰면 '수행 중이던 스님이 이 음식 향기에 참지 못하고 담장을 뛰어넘었다'는 음식입니다. 얼마만큼 맛과 향이 있기에 고기를 먹지 못하는 스님도 담장을 뛰어넘었을까요?

불도장은 청나라 때 처음 만들어진 요리로 남부지방의 광둥성과 푸젠성에서 유행하였습니다. 상어지느러미 수프 형태도 있고 여러 재료가 먹기 알맞게 그릇 속에 건더기로 된 것 등 식당에 따라 재료에 따라 조금씩 차이가 있습니다. 보편적으로 해삼, 전복, 상어지느러미, 상어 입술, 생선 부레, 새우, 인삼, 버섯, 죽순 등이 사용되지만 이것 외에 사용하는 재료도 수십 가지가 넘습니다.

불도장은 식당에 가서 쉽게 먹을 수 있는 요리가 아닙니다. 식당에 따라서, 먹으러 오는 손님의 음식 금액에 맞추어서 재료를 준비하기 때

▲ 마트에서 손쉽게 구입하여 가정에서 편리하게 요리할 수 있는 불도장

문입니다. 가격과 시간에 있어 부담스럽습니다. 그래서 '불도장 주문은 시간을 기다리는 것이 아니라 기간을 기다려야 한다'는, 인내심이 필요한 음식입니다.

짧게는 두세 시간에서 길게는 하루 내지 이틀 혹은 며칠의 예약기간이 필요합니다. 사전에 예약하여야만 식당에서 재료를 준비합니다.

불도장은 일반인이 먹기에는 가격이 부담스럽습니다. 이전에 중국의 모 호텔 가격표를 보았더니 "뜨~악!" 주먹만 한 항아리 그릇 불도장 요리 4인분 가격이 우리 대학 구내식당 3천 원짜리 음식을 약 700명이 먹을 수 있는 점심값에 해당하더군요. 호텔이 아닌 주변 식당에 갔더니 여기도 1인분이 1천 원짜리 컵라면 300개 값, 그것도 주문하고 2시간을 기다려야 한답니다. 결국 다른 사람이 먹는 것 냄새만 맡고 돌아서는 수모를 겪은 부끄러운 추억이 있답니다.

▼ TIP

※ 최근에는 관광객의 편리성을 위해 준비된 재료로 아주 저렴한 대중 금액에 즉석에서 만들어 주는 식당도 많이 있습니다. 중국을 관광하는 외국인이 애용할 수 있는 기회이지만 왠지 요리법이나 재료에 있어 정통 불도장은 아닌 것 같습니다. 그러나 인심 좋은 주인이나 가이드를 만나면 중국 음식문화와 불도장 스토리는 덤으로 얻을 수 있는 기회가 있습니다.

CHAPTER 141 중국요리 기스면(鷄絲麵)

　　　　　　　　한국의 직장인이나 주부들에게 비 내리는 날 좋아하는 대표적 메뉴가 무엇이냐고 물어보면 대부분 국물 있는 면 종류를 추천할 것입니다.

　국수, 칼국수, 수제비, 우동, 짬뽕 등은 면 종류 음식의 대표 주자입니다. 이 중 왕 대표 면 요리는 칼국수가 아닐까 생각합니다. 얼큰한 땡초와 다져진 양념장을 넣고 후루룩후루룩, 생각만 해도 군침이 입안 가득합니다. 아울러 이런 면 종류는 전문으로 하는 중국 요리점이 아니라도 시중의 분식점이나 전문 국숫집에 가면 쉽게 먹을 수 있습니다.

　이것보다야 대중성이 덜 하지만 면 애호가들이 즐겨 먹는 것이 있습니다. 일반 대중식당이 아닌 중국 요릿집에 가면 메뉴판 한편에 잘 보이지 않은 듯 자리 잡은 '기스면(鷄絲麵 지스미엔)'이 있습니다.

　기스면은 닭고기를 삶은 후 가늘게 찢어서 고명으로 사용합니다. 이 닭 삶은 물은 기름기를 제거하여 육수로 사용합니다. 이 육수에 소면보다 얇고 가늘게 뽑은 국수와 닭고기, 표고버섯, 야채, 새우 등을 넣어 함께 먹는 우동 형태의 요리로 국물도 깔끔합니다.

기스면 명칭의 한자 표기는 계사면(鷄絲麵)입니다. 한자어 계사면의 중국 발음으로는 지스미엔입니다.

한국에 전래된 요리 중 닭이 주재료가 된 중화요리는 깐풍기, 라조기 등이 있습니다. 깐풍기, 라조기에서 기는 닭을 의미합니다. 중국 발음으로 닭을 말하는 '지'의 발음이 한국의 요리세계에서 애매하게도 '지'도 아니고 '계'도 아닌 '기'로 발음되었습니다.

絲(실 사)는 가늘다는 뜻이 있습니다. 닭을 가늘게 찢어서 絲가 들어가는지, 면이 실처럼 가늘어서 絲를 붙였는지는 의견이 분분합니다.

CHAPTER 142 중국요리 마파두부(麻婆豆腐)

중국요리 중 한국인이 좋아하는 칼칼하고 얼큰하게 맛을 내는 두부요리가 있습니다. 중국 내륙 중서부 쓰촨 지방을 대표하는 마파두부(麻婆豆腐 마포더우푸)입니다. 이 요리의 뜻은 얽었다는 의미의 마(麻)와 할머니를 뜻하는 파(婆)로 '얼굴에 얽은 자국이 있는 할머니'가 만들어낸 두부요리입니다.

고추기름에 다진 돼지고기, 홍고추, 청고추를 넣고 볶은 다음 두반장(매운 맛이 나는 중국식 고추장)과 두부를 넣고 졸인 음식입니다. 조리법이 비교적 간단하면서 가격도 저렴하고 맛은 매콤하여 중국인은 물론 한국의 중화요리에서도 한국인들이 즐겨 찾는 대중음식이 되었습니다.

마파두부로 유명한 쓰촨 지방 요리는 중국 8대 요리 발상지의 한 곳으로 매운 요리가 유명한 곳입니다. 쓰촨요리가 얼마나 유명한지는 '백 가지 요리에 백 가지 맛이 있는 곳', '먹는 것은 중국에 있고, 맛은 쓰촨요리'라는 별칭을 갖고 있습니다. 얼마나 매운 요리를 좋아하는지 쓰촨 인들 사이에 후난성(湖南省) 사람들은 '매운 것을 두려워하지 않고', 구이저우(貴州) 지역 사람들은 '매워도 겁을 내지 않는다'고 합니다.

그러나 쓰촨성 지역 사람들은 '맵지 않을까 봐 두려워한다'라는 역설적인 이야기가 있을 정도로 매운 음식이 발달한 곳입니다. 마파두부의 유래를 살펴보았습니다.

중국 청두시에 유(劉)씨 성의 여성이 진(陳)씨 성을 가진 남편을 맞이하였습니다. 그런데 이 여성은 얼굴에 얽은 자국이 있어 주위 사람들은 이 여성을 진마파(陳麻婆)라고 불렀습니다. 마는 얽었다는 뜻이고 파는 노인을 뜻합니다. 요리솜씨가 남달리 뛰어난 진여성은 지금의 남편과 결혼한 후 시내에 들어가는 마을 입구 만복교(萬福橋) 옆에 작은 식당을 개업하였습니다.

상인들은 청두 시내로 들어가기 전 만복교에서 종종 진마파 식당에 들러 끼니를 해결하였습니다. 그리고 청두 시내에서 일을 마치고 변두리에 있는 집으로 귀가하던 일꾼들도 가끔씩 한잔하는 곳이 이곳 식당이었습니다.

그러나 주머니 사정이 넉넉하지 않던 상인이나 일꾼들은 식당에서 파는 비싼 음식 대신 주변의 정육점에서 고기를 직접 사거나, 또 진벽두부방(陳壁豆腐房) 이런 곳에서 두부를 산 뒤 입맛에 맞게 진마파에게 요리를 부탁하였습니다. 또 어떤 상인들은 맛있는 요리를 위해 시장에서 판매하던 식용유를 주면서 요리에 활용하라고 하였습니다. 요리에 남다른 재주를 가진 진마파는 두부와 돼지고기와 식용유를 이용하여 새콤하고 얼얼한 음식을 만들었는데 이것이 바로 지금의 '마파두부' 원조입니다.

진마파가 만든 두부요리가 고달픈 삶을 살아가는 상인들과 일꾼들이 가장 즐겨 찾는 음식이 되면서 주변의 마을에도 소문이 나기 시작하였습니다.

간판도 없이 운영하던 식당이라 사람들은 진마파 얼굴을 특징으로 하여 이 요리이름을 '마파두부'라 불렀습니다.

  장사가 잘되고 요리가 소문이 나자 청두 시내에서 장사하였는데 이 요리를 맛보기 위해 몰려든 사람으로 가게는 언제나 인산인해를 이뤘습니다. 세월이 흘러 진마파가 죽은 뒤, 가족들이 가업을 이어받으면서 '진마파두부점(陳麻婆豆腐店)'으로 상호를 변경하여 지금까지 이어져 내려오고 있습니다.

CHAPTER 143 중국의 엽기음식

외국에 가면 그 나라의 독특한 음식을 먹는 것도 여행의 즐거움 중 하나입니다. 특히 음식문화는 자기들 입장에서는 역사와 스토리가 있는 평범한 문화일 수도 있지만, 외국인의 입장에서 보면 특이한 문화로 보입니다.

미국의 유명한 여자배우 안젤리나 졸리의 아들이 가장 좋아하는 간식이 귀뚜라미입니다. 그리고 각종 식용 벌레를 박스 채 사놓고 먹는다고 하여 외신에 보도된 적이 있습니다.

엽기음식으로는 중국이 으뜸인 것 같지만 나라마다 특이한 엽기음식과 특별 음식이 있어 몇 가지 모아 보았습니다. 개인마다 의견 차이는 있을 것 같습니다.

중국
- 서태후가 즐겼다는 모기 눈알 수프
- 원숭이 골 요리
- 로열젤리가 농축된 곰 발바닥 요리
- 제비집 요리

▲ 음식점에서 판매되는 불가사리

한국
- 전남 지역에서 유명한 썩혀(삭혀)서 먹는 홍어 요리

러시아
- 철갑상어 알 캐비아

프랑스
- 거위 간으로 만든 푸아그라

베네수엘라
- 구운 독거미

남아프리카 공화국
- 기린 바비큐

아프리카에는 여러 가지 음식을 먹지만 문화적인 분류의 복잡성 때문에 구분하지 않았습니다.

> ▼ TIP
>
> ※ 중국 왕푸징(王府井 왕부정) 야시장에서는 지네, 전갈 등을 시식할 수 있습니다. 베이징 최대의 번화가와 야시장에 어울리지 않으면서도 중국에 가는 관광객이 반드시 찾는 곳입니다. 실제로 별별 이상한 곤충을 가지고 튀김을 하거나 구워서 실제 판매하고 있습니다. 베이징에 가면 꼭 왕푸징 야시장을 둘러보기 바랍니다. 이런 다양성을 보고, 듣고, 체험하는 것이 중국문화를 좀 더 이해하는 데 도움이 될 것입니다.

CHAPTER 144 순대 이야기-1
요리법

한국의 대표적인 국민 간식 5가지를 선택하라면 떡볶이, 순대, 만두, 김밥, 어묵이 아닐까 합니다. 만두나 김밥도 식사대용으로 가능하지만 이 중 순대는 식사 때 탕이나 볶음, 전골 등 다양하게 요리되어 우리 식감을 채워주는 음식이기도 합니다. 그런데 한국의 음식 중 중국인이 좋아하는 10가지 품목에 포함되지 않는 굴욕도 체험한 혐오대상(?) 인식을 받는 음식입니다.

원래 순대는 고대부터 하늘에 제사를 지내거나 귀한 손님이 왔을 때 대접하던 음식이었습니다. 다른 나라에서는 찾기 어려운 우리 토종음식일 것 같지만 사실 북방 아시아 대부분의 나라에 순대가 있었습니다.

역사적 근원을 따라가면 순대는 인류의 역사와 함께 발달한, 참으로 오래된 음식 중 하나입니다. 동양의 첫 기록은 기원전 7세기 이전 『시경(詩經)』에 등장합니다. 고대 사람들은 동물의 창자에 고기와 야채, 양념 그리고 그 동물의 피를 함께 넣어서 먹거나 보관하는 법을 알았습니다.

순대 요리법은 6세기 때 중국에 현존하는 가장 오래된 대표적인 종합 농업기술서인 『제민요술(齊民要術)』에 양반장도(羊盤腸擣)라는 순대요리가 기록되어 있습니다. 『제민요술』에는 양의 창자를 잘라 깨끗이 씻고, 양의 피와 양고기를 넣고 여기에 잘게 썬 파와 소금, 마늘, 후추 등을 섞어 양의 창자에 채운 후 요리해서 먹으면 맛있다고 기록되어 있습니다.

원나라의 요리책인 『거가필용(居家必用)』에는 순대를 관장(灌腸)이라 하였습니다. 순대를 만들기 위해서 먼저 창자를 씻어내기 때문에 관장이란 이름을 사용한 것 같습니다.

▼ TIP

※ 『제민요술』은 6세기 전반 중국 위진남북조시대의 책으로 제민(齊民) 즉, 백성을 위한 농업기술 안내서입니다. 오곡, 야채, 과수, 향목(香木), 상마(桑麻)의 종식법(種植法), 가축 사육법, 술·간장 양조법 그리고 가공, 판매, 조리 과정에 이르기까지 상세히 기술하고 있습니다.
『거가필용』은 원나라 시기에 쓰인 작자 미상의 몽고풍 가정요리 백서입니다.

CHAPTER 145 순대 이야기-2
순대의 역사

순대와 관련된 스토리의 문헌이 있습니다.

순대는 원래 臄(순대 갹)이라는 글자를 사용하였습니다. 이 갹은 북송 때 사전인 『집운(集韻)』에 고기를 잘라 창자를 채운 후 구운 것이라고 풀이하였습니다. 이는 동북아시아에서 먹는 순대의 원형이라고 풀이할 수 있습니다.

동양의 첫 기록은 기원전 7세기 이전 『시경』에 등장합니다. 손님접대를 위해 여러 음식을 준비하고 특히 추천 요리로 동물을 잡으면서 채취한 곱창요리와 순대를 준비하였다는 구절이 있습니다.

북송 시기에 순대라는 말의 뜻은 동물을 잡아 살코기 등은 별도로 먹고 또 동물 내장 중 창자는 속에 고기를 잘라 넣은 후 구운 것이라 기록되어 있는데 이것이 오늘날 순대의 원형이라고 봅니다.

또 다른 이야기로는 칭기즈칸의 몽골족이 유럽 대륙 정복 시 전투음식으로 활용하였다는 것입니다. 순대는 보관과 휴대가 용이하도록 돼지의 창자에 쌀과 야채를 혼합해 말리거나 냉동시켜 기동전을 효과적으로 수행하여, 세계를 정복하는 데 일익을 담당하는 데부터 유래한 음식이라는 설도 있습니다. 이때 유럽까지 정복한 몽골족에 의해 이러한 음식문화가 전래되어 동양에서는 순대로, 서양에서는 소시지로 발전한 것으로 추정합니다.

청나라 황실 기록에 따르면 순대가 제사 음식이었다는 내용이 있습니다. 만주족 황실의 제례의식을 기록한 『만주제신제천전례(滿洲祭神祭天典禮)』에 따르면, 제사를 지낸 후 돼지창자에 선지(피)를 채워 혈장(血腸)이라는 것을 만들어 음복하였다고 적혀 있습니다.

『연산군 일기』에 '식용으로 쓸 돼지창자는 전생서에서 기른 것으로 쓰라'는 연산군의 지시가 보이는데, 전생서(典牲署)는 제향에 쓸 동물을 별도로 길렀던 곳입니다. 또 『제물등록(祭物謄錄)』, 『함흥본궁의식(咸興本宮儀式)』 등 각종 제례 관련 문헌에도 소, 돼지, 양의 창자를 사용했다고 나오니 조선에서도 제례 때 사용한 것으로 추정합니다.

▼ TIP

※ 고려 시대 원나라 몽골군이 전투식량으로 사용했던 게데스(돼지창자에 쌀과 채소를 섞어 넣고 말린 전투식량)라는 순대요리가 있습니다. 몽골군이 세계를 정복하는 데 한몫을 한 전투식량입니다.

CHAPTER 146 순대 이야기-3
한국 순대의 역사

중국은 기원전 7세기경 순대라는 표현을 하였습니다.

이런 까닭에 순대의 출발을 중국으로 인정하는 것에 현재로서는 크게 반론을 가지지 않습니다. 그런데 언제부턴가 순대가 한국의 대표적인 전통식품으로 자리 잡았습니다.

한국에서는 순대라는 단어가 1800년대 말 『시의전서(是議全書)』에 처음 등장합니다. 『시의전서』는 조선 말기에 편찬된 저자 미상의 조리와 관련된 책입니다. 돼지고기를 이용한 순대라는 이름이 『시의전서』에 처음 나오는데, 이것이 오늘날 우리가 먹는 순대의 완성형으로 볼 수 있습니다.

이 책은 광범위한 조리법을 비교적 잘 분류, 정리하여 조선 말기 여러 종류의 식품을 한눈에 볼 수 있습니다. 술의 종류, 식품의 종류, 건어물의 종류, 채소의 종류가 많이 수록되어 있어서 식품연구의 귀중한 자료로 활용하고 있습니다.

우리 문헌인 『규합총서(閨閣叢書)』나 『증보산림경제(增補山林經濟)』에는 '소 창자를 깨끗이 씻어 쇠고기와 꿩, 닭고기를 두드려 온갖 양념과

기름장으로 간을 맞추어 창자 속에 가득히 넣습니다. 그리고 실로 두 끝을 봉한 다음 솥에 먼저 물을 붓고 대나무를 가로지르고 그 위에 얹습니다. 물에 잠기지 않게 하며 뚜껑을 덮어 은은한 불로 고아 꽤 익힌 후 꺼내어 식으면 말굽 모양으로 저며 초장에 찍어'라고 기록되어 있습니다.

『규합총서』는 1809년(순종 9년) 빙허각(憑虛閣) 이씨(李氏)가 엮은 가정살림에 관한 내용의 책입니다. 일상생활에서 요긴하게 사용하는 생활의 슬기와 지혜를 적어 모았습니다. 비록 순대가 중국으로부터 전래되었다고는 하지만 한편으로는 이런 사료를 통해 순대는 일찍부터 우리 조상들이 즐겨 먹던 전통 음식임을 알 수 있습니다.

요즘 즐겨 먹는 소시지도 순대가 유럽으로 건너가 유럽의 생활에 맞게 변화된 것으로, 순대와 소시지는 어쩜 사촌(?)보다 더 친밀한 관계일 수 있습니다.

▼ TIP

※ 순대는 동서고금을 넘나드는 세계화 음식입니다. 입맛을 잃어버리고 무기력한 어떤 날에는 저도 모르게 순대 요릿집을 찾습니다. 이것저것 야채와 당면을 넣은 순대전골을 주문합니다.
주인은 혼자서 전골을 시키는 저를 보고 고개를 갸우뚱합니다. 보통 2인 이상 식사 주문하여 드시는 양이라면서… 혼자면 어떻습니까? 음식값을 절반 주는 것도 아닌데. 말벗 없는 혼자의 식사이지만 순대 한 점, 두 점 건져 먹는 재미는 또 다른 미식세계의 풍미를 불러옵니다.
더우면 더운 대로, 추우면 추운 대로, 비가 오면 비가 와서 더 감칠맛을 느낄 수 있으니 저의 순대 예찬론은 아마 오래갈 것 같습니다.

순대와 역사적 맥을 같이한다는 표현이 어울릴지 아니면 순대 사촌 동생(?) 이라는 표현이 적절할지 서양의 소시지는 순대에서 시작하였다는 주장에 크게 이의를 달지 않습니다. 순대와 소시지를 넣고 얼큰하게 끓인 찌개가 생각납니다. 퇴근길 회식 메뉴가 순대요리라면 이런 스토리를 알고 식사를 하면 더욱 즐거울 것 같습니다.

CHAPTER 147 순대 이야기-4
선짓국

지난밤에 또 과음하셨나요? 그럼 술을 많이 마셔 쓰린 속을 달래야죠. 술 마신 다음 해장 음식으로 북엇국, 복요리국, 굴국밥, 시금칫국, 우거짓국, 콩나물국, 재첩국 등이 먼저 생각납니다.

이것 외에도 많이 있겠지만 동물의 피를 재료로 이용한 순대와 선짓국도 생각납니다. 선짓국은 소뼈를 푹 고운 국물에 선지, 우거지나 시래기 삶은 것, 콩나물을 넣고 고추 몇 개 듬성듬성 썰어 넣은 뒤 고춧가루를 조금 넣고 얼큰하게 끓인 요리입니다. 특히 추운 겨울날 후~ 후~ 불면서 먹는 것, 상상만 하여도 입안에 군침이 도네요.

선짓국의 한자 표현이 재미있습니다. 선짓국은 대부분 소의 피를 재료로 합니다. 소를 사용하였기에(牛), 피를 사용하였기에(血), 끓인 것을 탕(湯)이라 하여 우혈탕(牛血湯)이라 합니다.

일반적으로 선지의 재료는 동물의 피입니다. 짐승을 잡아서 받은 피를 끓인 후 식히면 말랑말랑하며 탄력 있게 굳어진 덩어리가 됩니다. 이 재료를 중심으로 여러 가지 야채 재료와 함께 섞어서 국이나 찌개를 만들어 먹습니다. 통상 동물의 피를 선지피라고 하지만 선지라는 한자어가 없는 것을 보면 중국에서 전래된 음식은 아닌 것 같기도 합니다.

　동물의 신선한 선지에는 철분을 비롯하여 여러 가지 영양분이 함유되어 있어 오래전부터 인간은 동물의 피를 식용으로 사용하였습니다. 그러나 동물의 피로 요리를 하는 것은 나라와 민족 그리고 환경에 따라 달랐습니다.

　우리나라는 선짓국의 주재료가 소의 피입니다. 그리고 돼지의 선지는 순대를 만들어 먹었습니다. 그러나 중앙아시아 유목민은 말의 피를 마셨고, 중국에서는 오리의 피를 주로 먹었습니다.

　13세기 몽골군의 칭기즈칸 부대는 아시아와 유럽 일부를 정복해 영토를 확장합니다. 칭기즈칸이 세계정복을 할 수 있었던 근저에는 훌륭한 인품과 탁월한 지도력, 상황에 맞는 전술, 기동성, 쉽게 적응하는 야외 환경 적응 등 여러 가지가 있습니다. 또 하나 다용도 병참(군수용품)으로 활용한 말(馬)과 관련된 스토리가 있습니다.

　말이 살아있을 때는 이동의 편리성, 말을 통한 식량수송, 말의 기동력 등 다용도로 활용하였습니다. 그리고 말의 피를 주기적으로 병사에게 공급하여 병사들의 체력유지에 활용하였습니다.

　말이 쓰러지게 되면 말의 가죽은 병사들의 피복으로, 말의 피와 말고기는 병사들의 식량으로, 말의 뼈는 화살촉으로 만들어 사용하였습니다. 칭기즈칸의 대륙정벌에 말의 이야기가 자주 등장하는 것도 이런 이유 때문입니다.

　중국에서는 주로 오리 피로 선지를 만들어 먹습니다. 중국 시내 재래시장에 가서 선짓국 달라고 하면 오리 피로 만든 선지를 줍니다.

　한국에서는 선지에 우거지 등을 넣고 끓여 식사 시 탕으로 많이 먹지만 중국은 선지로 두부를 만들어 먹습니다.

　닭 잡아먹고 오리발 내민다, 오리고기를 잘못 먹으면 손가락이 붙는다는 옛말이 있습니다. 이 말뜻을 보면 오리고기가 좋지 않은 것 같습니다. 그러나 궁중에서는 오리를 고급 요리로 인식하고 오리탕이나 국, 전골, 구이의 재료로 오리를 사용하였습니다.

▼ TIP

※ 선지는 장 기능을 돕고 피를 맑게 하고 조혈작용을 합니다. 철분과 단백질이 많이 함유되어 있어 철분의 체내 흡수를 도와주는 섬유질이 필요하기에 우거지나 무청, 콩나물과 함께 요리합니다. 우리 선조들의 지혜가 돋보입니다.

※ 술을 좋아하는 분에게 좋은 정보를 제공하겠습니다. 술에 취하지 않는 방법은 과음(過飮)하지 않는 것입니다. 평범한 진리가 가장 위대합니다.

CHAPTER 148 만두 이야기-1
한국만두와 중국만두

태풍 메아리가 베란다 창문에 서성거립니다. 장시간 문을 닫았더니 미처 나가지 못한 습기에 기분도 몸도 약간 찌부둥 합니다.

이런 날 면 종류 요리를 먹으면 좋겠다는 아내의 말에 작은 실눈이 희망을 본 것 같습니다. 한국에서 면 요리의 대표선수는 칼국수와 수제비 혹은 국수와 만두가 아닐까요?

오늘은 만두에 대해 이야기할까 합니다. 만두의 표기 방법은 한국과 중국이 완전히 다르다고 몇 번 밝혔습니다. 중국에서 "만두(饅頭 만터우) 주세요" 하면 속에 아무것도 없는 밀가루로만 만든 어른 주먹만 한 크기의 빵을 줍니다. 중국에서는 소를 넣지 않고 증기에 찐 떡을 만두라 부르며 소를 넣은 것은 교자(餃子 지아오즈)라고 부릅니다. 하지만 우리나라는 밀가루로 만든 피(껍질) 속에 각종 소를 넣고 만든 것을 만두라고 부릅니다.

이런 차이로 인해 한국에서 만두는 중국의 餃子(교자)에 해당합니다. 앞으로 중국을 여행하면서 한국에서 먹는 것과 같은 만두를 먹고 싶다면 "교자 주세요."라고 말해야 합니다.

만두라는 이름의 유래도 여러 가지가 있습니다. 대표적인 것이 제갈

▲ 거부리 만두

량(諸葛亮 주거리앙)과 관계있는 이야기입니다. 제갈량과 부하들은 멀리 남만을 정벌하고 돌아오는 길에 심한 풍랑을 만나게 됩니다. 이때 종자(從者)가 만풍(蠻風)에 따라 사람의 머리 49개를 수신(水神)에게 바쳐야 한다고 진언합니다. 제갈량은 사랑하는 부하를 죽일 수가 없어 만인의 머리 모양을 밀가루로 빚어 제사를 지내라고 합니다. 그랬더니 얼마 후 풍랑이 가라앉았다는 고사가 전해집니다. 이것이 만두의 시초라고 합니다.

▼ TIP

※ 중국의 한 가정에서 망나니 아들이 하도 속을 썩여 이 아들을 멍멍이보다 못하다는 표현을 빌려 구불리(狗不理 거부리)라 하였습니다. 그런데 이런 애칭으로 1858년 설립된 스토리가 있는 만두(교자)집이 있습니다. 몇 번이나 갔었지만 제가 특별하게 느끼는 교자의 맛은 없었습니다. 그러나 이런 구불리 스토리를 알고 교자를 먹으니 함께한 사람과 유쾌한 대화는 물론 식감까지도 더 높아지는 것 같았습니다.

중국 여행 중 구불리 만두를 한 번 드시는 것도 그 나라 문화를 체험하는 것 이상의 효과가 있다고 생각합니다.

CHAPTER 149

만두 이야기-2
만두피와 만두소

교자는 중국에서 춘절(설날)에 먹는 대표적인 음식입니다. 마치 한국 사람들이 떡국을 먹는 것과 같은 풍습입니다.

중국의 교자는 피를 얇게 밀어 배추, 두부, 사탕, 대추, 땅콩, 찹쌀떡 등을 넣고 반달 모양이나 둥근 모양으로 만든 음식입니다. 기호에 따라, 지방에 따라 '만두소'라고 하는 만두피 속에 넣는 재료가 다릅니다.

만두 모양을 잘 살펴보면 우리 인체 구조와 닮은 것이 있습니다. 무엇인지 아시겠어요? 바로 귀입니다. 추운 날씨가 되면 귀가 얼었다, 혹은 추위에 귀가 떨어져 나간다는 표현을 합니다. 그리고 뜨거운 것을 잡으면 순간적으로 손이 제일 먼저 가는 곳이 귀입니다. 그 이유는 귀가 우리 인체에서 가장 온도가 낮기 때문입니다.

중국 북부지방의 겨울은 매우 춥습니다. 귀가 떨어질 정도로 춥습니다. 그래서인지 중국에서는 추운 날씨에 만두를 먹으면 귀가 생긴다고 명절에 만두를 먹는 풍습이 있습니다.

옛날부터 중국인들은 음식 하나하나에 의미를 부여하면서 그 음식을 즐겼습니다. 즉, 스토리를 만드는 것이었습니다. 만두 역시 여러 의미와

뜻을 지니고 있습니다. 만두 스토리 몇 가지를 알려드리겠습니다.

만두피에 속을 넣고 반으로 포개 붙이는 것은 입을 막는다는 뜻으로, 말을 하지 않으므로 해서 모든 나쁜 일을 미리 방지한다는 의미입니다. 만두소의 재료인 두부와 배추의 흰색과 푸른색은 편안과 안전을 상징합니다. 그리고 또 만두소에 사탕을 넣는 건 달콤하게 살아라, 대추는 자식을 가져라, 땅콩은 득남해라 등의 의미가 있습니다. 간혹 돈 많이 벌라는 의미에서 만두소에 동전을 넣기도 합니다. 이 동전이 든 만두를 씹으면 부자가 된다고 합니다.

한국에는 조선 영조 때 이익(李瀷)의 글에 만두 이야기가 나오는 것으로 보아, 조선 중기 이전에 중국에서 들어온 것으로 추측할 수 있습니다. 초기 한국에서 만두는 상용식이 아닌 겨울, 특히 정초에 먹는 절식이었습니다. 경사스러운 잔치에는 고기를 많이 넣은 고기만두를 만들어 먹는 특별 음식이었지만 지금은 사시사철 장소 구애 없이 먹을 수 있는 국민 간식이 되었습니다.

한국 속담에 '떡 먹자는 송편이요, 소(속) 먹자는 만두'라는 말이 있습니다. 만두는 껍질이 얇고 소(속)가 많이 들어가야 맛이 있다는 이야기입니다. 만두소(속)는 재료를 잘 다져서 섞고 양념하여 만드는데, 육류로 쇠고기나 돼지고기, 닭고기, 꿩고기 등이 쓰입니다. 채소로는 김치, 숙주, 당근, 오이, 양파 그 밖에 두부, 당면 등을 사용합니다. 기호에 따라 가정에서는 특별한 재료를 넣기도 합니다. 웰빙 식품이며 저의 기호식품 중 하나입니다.

> **TIP**

※ 17년이 지났습니다. 중국에서 유학생활을 할 때, 어느 휴일날 저의 가정교사 부모님께서 저를 초청하였습니다. 가족도 없이 혼자서 타국 생활하는 것이 안쓰러웠나 봅니다. 집안에 들어서니 만두피와 속을 내놓고 기다리고 있었습니다.

저는 당연히 오늘 만두탕이나 만두요리를 먹는구나 생각하였죠. 그런데 가정교사 아버지께서 "이 선생, 이리 와서 우리 만두 만듭시다." 하는 것이었습니다. '어? 나는 손님인데…' 하지만 재미있을 것 같아 저도 만두를 만들었습니다. 똑같은 만두피에 속을 넣는데 만들고 나면 생긴 모양은 천차만별이었습니다.

중국 생활을 한 지 1~2년이 지난 후에 왜 저에게 같이 만두를 만들자고 했는지 그 이유를 알게 되었습니다. 만두를 만들면서 이런저런 세상이야기, 한국이야기 등등을 하였습니다. 한국에서는 차나 과일을 내놓고 대화를 하는 게 일반적입니다. 그때 저는 주방에서 직접 만두를 찌고 접시에 담아냈습니다. 내 집에 온 것처럼 편안하게 생각하라는, 그리고 대화의 어색함을 만두 만들기로 풀어나가는 그 훈훈한 정은 아직도 저의 기억에 생생합니다. 빈지여귀(賓至如歸)라는 표현이 있습니다. 이 말뜻은 '자기 집에 온 손님을 마치 자기 집(손님 집)에 온 것처럼 부담 갖지 않도록 편안하게 해준다'는 의미입니다. 그리고 성심성의껏 접대해 준다는 의미도 있습니다.

CHAPTER 150 커피 이야기-1
중국과 스타벅스

'스타벅스는 어느 곳이고 간다.'

중국 베이징에 가보셨나요? 그럼 당연히 톈안먼 광장과 마주한 자금성에도 가보셨겠네요. 자금성은 중국인의 자존심이라고 할 수 있는 곳입니다. 자금성 입구 성루는 1949년 10월 1일 중화인민공화국을 선포한 역사적 현장이기도 합니다.

이곳 베이징 자금성 내 정확히 말하면 지금의 매표소 맞은편입니다. 이곳에 한때 미국의 자본을 상징하는 스타벅스가 2000년에 개점하여 영업을 시작하였습니다. 문화재 지역이라 개보수할 수 없었던지 기존 건물을 그대로 사용하여 보기에는 조금 어색하였습니다. 하지만 이 스타벅스 커피숍은 지금은 볼 수가 없습니다. 왜냐하면 자금성의 상징과 미국의 커피숍이 중국민의 정서와 맞물려 여러 가지 논란 끝에 결국 2007년 7월에 철수를 하였기 때문입니다. 저도 이 커피숍에 간 적이 있습니다. 그때마다 일행에게 "이곳에 커피숍이 있는 것은 어색하다"고 말한 기억이 있습니다.

차문화의 강국 중국이 문화와 전통을 넘어 자금성 안에까지 분점을 열었으니 '스타벅스는 어느 곳이든 간다(Starbucks every where)'는 별칭 표현이 무색하지 않습니다.

거대한 고래와 싸우는 웅장한 광경을 묘사한, 1851년 출간된 허먼 멜빌의 소설『모비 딕(백경)』이 있습니다. 여기에 등장하는 커피를 사랑하는 일등항해사 스타벅의 이름을, 그리고 바다요정인 세이렌을 심볼로 하여 녹색으로 된 로고를 가진 스타벅스는 세계에서 가장 큰 다국적 커피 전문점이 되었습니다.

스타벅스는 1998년 3월 타이완에, 중국에는 1999년 1월 베이징에 처음 진출하였습니다. 상하이시는 2000년 5월에 첫 커피점을 오픈하였고 현재까지 30여 도시에 300여 매장이 있습니다. 스타벅스가 아시아에 처음 진출한 것은 1996년 일본 도쿄입니다. 한국은 1999년 이화여자대학교 앞에 오픈한 것이 1호점입니다.

CHAPTER 151

커피 이야기-2
중국과 스타벅스 CEO

　　　　　　스타벅스 커피 CEO '하워드 슐츠'가 중국에서 받은 고귀한 선물을 소개합니다.

　3월의 중순은 지났지만 날씨가 상당히 추워 이른 봄이라기보다는 늦은 겨울이라는 표현이 어울릴 것 같습니다. 그렇다고 늦은 겨울이라 얇은 옷 입기도 어중간하고, 봄이라고 동복을 벗자니 아침저녁의 일교차가 변덕스럽습니다.

　제가 사는 창원 상남동 유흥지 타운은 단일 규모의 상업지로는 전국에서 1~2위를 다투고 있답니다. 집에서 걸어가면 15분 정도 거리인데 차로 가면 평균 30분 걸리는 것은 다반사입니다. 얼마나 교통난이 심한지 이해가 되셨죠? 7시 약속이지만 교통난을 예측하고 6시에 차를 가지고 갔습니다. 아~싸, 이것도 행운인지 우연인지 도로가 텅 비어 있어 약속시간보다 50분이나 일찍 도착하였습니다. 혼자 길에서 기다리기도, 네온사인 불 밝혀지는 유흥지에 서성거리는 것도 어색하여 근처에 있는 대형서점에 갔습니다.

　스타벅스 커피 CEO '하워드 슐츠'의 『ONWARD 온워드 = 앞으로 나아가자』라는 자서전이 서점의 진열대 중앙에 놓여 있었습니다. 이 책은

2000년 경영에서 물러났다가 스타벅스가 2007년 위기에 직면하게 되자 스타벅스를 다시 일으켜 세우기 위해 경영자로 복귀하면서 그동안의 혁신과 도전 과정에 대한 이야기입니다.

『온워드』는 사랑, 자신감, 고통, 희망, 용기 등 5장 33편으로 구성되어 있습니다. 이 책의 제일 마지막 글은 '니하오'입니다. 속독으로 읽다가 중국말이 나오니 본능적으로 시선이 멈추었습니다. 짧은 시간에 대략 본다고 한 것이지만 주특기가 중국어라 그런지 그 많은 내용 중에 중국어 단어가 절묘하게도 저의 시선을 머물게 하였습니다. 그렇게 길지 않은 문장이지만 저에게 많은 감동을 주었습니다.

그 내용을 간략하게 소개하겠습니다.

스타벅스 CEO 슐츠는 중국 상하이 매장을 방문하고 현지 직원으로부터 세상에서 가장 고귀한 선물 4개를 받았습니다.

첫 번째는 1953년 7월 19일 발행된 인민일보

두 번째는 1992년 6월 26일 발행된 인민일보

세 번째는 1998년 3월 28일 발행된 인민일보

네 번째는 2000년 5월 4일 발행된 인민일보입니다.

4일 치 신문 4부입니다. 이 선물은 세계의 커피 대통령 슐츠에게 무슨 의미였을까요?

저는 이런 선물이 세상에서 가장 고귀한 선물이라고 생각합니다. 얼마나 멋있습니까? 이래서 책을 읽다 보면 감동을 넘어 희열의 절정에 이르게 되나 봅니다. 저의 표현을 빌려 '독서는 무한 감동을 주는 것'이 증명된 사례입니다.

첫 번째 신문의 날짜는 하워드 슐츠의 생일날 신문입니다. 슐츠가 태어난 날 중국의 사회를 엿볼 수 있겠지요. 두 번째 신문은 스타벅스가 상장한 날, 세 번째는 타이완에 스타벅스 1호점이 오픈한 날입니다. 마지막으로 네 번째 날짜는 상하이에 스타벅스 1호점을 오픈한 날 신문입니다.

CHAPTER 152

커피 이야기-3
스타벅스 중국어

　　　　　　　　　　　전 세계에 커피숍을 가지고 있으며
세계 다국적 기업으로 자존심 센 스타벅스도 서울 인사동에 있는 스타벅
스 커피숍에서는 그 존엄한 자존심을 한 수 접어야 했습니다.

　스타벅스의 고객들은 스타벅스에서 커피 한 잔을 마시는 경험이 단순
히 커피 한 잔을 사 먹는 일과는 다르다고 합니다. 스타벅스는 거주하는
집을 제1공간, 일하는 곳을 제2공간, 그리고 스타벅스 커피점은 커피를
즐기며 편하게 시간을 보낼 수 있는 자기만의 공간인 제3의 장소라는
의미입니다.

　스타벅스의 중국어 표현은 성파극(星巴克 싱바커)입니다. 星은 별 성으
로 별, 스타(Star)를 의미하는 것 같습니다. 巴는 땅이름, 克는 이기다,
능하다는 뜻입니다. 巴克의 중국 발음은 바커로, 벅스(Bucks)와 발음이
그렇게 가깝지는 않은 것 같습니다. 싱바커는 별을 이기는 땅, 혹은 땅을
이기는 별입니다. 글쎄요, 일등항해사 스타벅이 별을 찾아 항해하였듯
별과 바다가 연관된 스토리는 있는 것 같은데 아직 원뜻의 출처를 찾지
못했습니다.

　이전 톈안먼 안 스타벅스 커피숍은 스타벅스 커피 브랜드 간판을 녹색

▲ 한글 간판인 서울 인사동 스타벅스 커피숍

의 알파벳을 사용하였습니다. 그러나 한국의 서울 인사동 스타벅스 커피숍은 세계에서 유일하게 로마자가 아닌 우리말로 간판을 단 곳입니다.

　인사동 전통문화보존회에서 영어 간판이 우리 문화 보존을 욕되게 하는 영업 전략이라며 지점 개설을 반대하자 이에 대한 타협안으로 한글 간판을 단 스타벅스를 열었다고 합니다.

　맥도날드는 황금색과 빨간색으로 전 세계에 미국의 자본과 국력을 대변하고 있습니다. 이제 녹색의 배경을 가진 바다의 요정 세이렌이 지구촌의 젊은 남녀들을 유혹하고 있습니다. 빵과 커피가 세계를 지배하는데 한국의 떡볶이, 김밥, 어묵은 왜 세계 진출을 하지 못하는 걸까요?

CHAPTER 153 가비를 좋아한 임금-1
커피의 중국말

가비(咖啡)**는 커피를** 표현하는 한자어로 우리말 발음입니다. 중국어로는 '카페이'라고 합니다. 최근에 개봉한 '아름다운 독'이라는 표제의 영화 '가비'는 독특하게도 '커피'를 소재로 하였습니다.

커피는 독특한 풍미가 있는 갈색에 가까운 기호음료입니다.

1970~1980년대 카페인의 의미도 모르고 숭늉 마시듯 대접 한가득 마신 추억이 있을 것입니다.

열매 씨앗을 볶은 후 물을 이용하여 그 성분을 추출하여 만든 것으로 어원은 아랍어인 카파(Caffa)로 말뜻은 '힘'이라고 합니다. 커피의 원산지는 에티오피아의 산악지대로 알려져 있습니다. 그런데 플랜테이션 농업의 대표작물로 남아메리카 브라질, 콜롬비아에 이전 재배되어 지금은 이곳이 중심 생산지가 되어 전 세계에 공급되고 있습니다.

한국에서 커피 도입은 구전의 내용과 사실적인 기록의 내용이 공유되고 있으며 유길준의 『서유견문(西遊見聞)』이 문서로 유일합니다. 책에는 1895년 중국을 통해 조선에 소개되었으며 왕실에서는 '가비차'라고 하였습니다. 서민들은 처음에는 시커먼 색의 물이 쓴맛을 내자 서양의 한약을 달인 것이라 하여 양탕(洋湯)이라 부르기도 하였습니다.

영화 '가비'에 집중하다 보니 이런 대사가 기억납니다. "커피를 마시면서 나누는 대화는 깃털처럼 가벼워야 한다." 이 말뜻을 어떻게 해석해야 할까요? 참 어렵습니다.

커피 마시는 시간만큼은 상대에게 부담이 되지 말아야 하는 것인지, 커피를 마시는 시간만큼은 마음이나 육체가 평온하여야 한다는 것인지 해석하기 어렵습니다. 그러나 두 가지 뜻 모두 좋은 의미인 것 같습니다.

▼ TIP

※ 가비는 커피의 음을 차용한 즉, 음차(音借) 한자어입니다. 중국말로 커피의 한자 표기 咖啡(가비, 카페이)의 우리말 발음입니다.

※ 지난 한 해 한국인들은 추정 250억 잔의 커피를 마셨답니다. 대체 커피에 어떠한 매력이 있기에 이러한 숫자가 산출되는 걸까요? 한국인구 5천만을 볼 때 국민 1인당 연간 500잔을 마셨다는 계산입니다.

※ 중국의 커피 생산은 윈난성(운남성) 지역입니다. 이곳은 해발 1,100m 아열대 고원지대로 중국 전체 생산량의 98%를 차지할 정도로 집중되어 있습니다. 연간 생산량이 세계 800만 톤에 비해 중국은 5만 톤으로 수적으로는 미미합니다.

그러나 중국은 커피 소비국가로 성장하면서 커피생산과 가공기지 건설을 위해 정책을 추진하고 있습니다. 커피가 대중 속으로 보편화되면 수천 년 내려온 차(茶)의 향방이 궁금해집니다.

CHAPTER
154

가비를 좋아한 임금-2
커피 마니아 고종

　　　　　　　고종은 1852년 흥선대원군 이하응의 둘째 아들로 출생하여 1866년 여흥 민씨(민자영)를 왕비(명성황후)로 맞이하였습니다.

　고종이 커피를 좋아하였다는 것을 이해하기 위해 당시의 시대상황을 정리해 보았습니다.

　고종 재임 기간(1863~1907년) 중에는 한국사의 중요한 획을 긋는 역사적 사건이 자주 발생하였습니다. 1876년에는 강화도 조약을 맺어 대외적으로 문호를 개방하였습니다. 1881년은 일본과 청나라에 각각 신사유람단과 영선사를 파견하여 새로운 문물과 제도를 배워 오도록 하였습니다. 특히 신식 군부대의 필요성을 절실히 느껴 일본 군사교관을 초빙하여 신식 군대인 별기군을 창설하였습니다. 그러나 1882년, 기존의 군대가 신식 군대 별기군과의 차별 대우에 항의하는 임오군란을 일으켰습니다.

　1883년은 한성과 가까운 인천항을 개항하였습니다. 인천항에는 지리적으로 근접한 중국 산둥성에서 청나라 사람들이 이주, 이민을 많이 왔습니다. 이들 화교인들은 잡화점과 무역업을 주 터전으로 활동하였습니다. 아마 이때 커피도 무역품의 한 종류로 수입되었다는 설(說)이 있습니다.

1884년은 김옥균을 중심으로 한 개화파가 갑신정변을 일으켰습니다. 이어 1894년에는 조선 봉건사회의 억압적인 구조에 대항해 전봉준이 이끄는 농민운동인 동학혁명이 일어난 해입니다. 매년 큰 사건들이 발생해 고종의 재위기간은 그야말로 격동의 시기였습니다.

한편 동학혁명의 진압을 빌미로 일어난 청나라와의 전쟁에서 승리한 일본은 청나라로부터 조선의 독립을 인정하고, 랴오둥반도와 타이완을 양도받습니다. 그리고 조선에 대한 내정 간섭을 강화하였습니다. 이에 고종은 일본을 견제하기 위해 러시아와 친밀한 관계를 맺었습니다.

1896년은 고종에게 절대적인 좌절을 안겨준 해입니다. 일본이 명성황후를 시해하는 을미사변을 일으켰습니다. 이에 위기를 느낀 고종은 급기야 러시아 공사관으로 거처를 옮기게 됩니다. 이것이 아관파천(俄館播遷)입니다.

고종은 약 1년간 러시아 공사관에서 생활한 후 이듬해 1897년 궁으로 돌아왔습니다. 그리고 국호를 대한제국으로 고치고 스스로 황제라 부르며 근대화 정책을 추진하였습니다. 그러나 1905년 일본의 강압에 못 이겨 을사늑약을 맺었고, 그 결과 외교권을 일본에 빼앗기고 말았습니다.

고종의 재임기간은 유럽 열강의 제국들이 아시아에 진출하여 식민정책을 추진한 격동의 시기이기도 합니다.

이 시기 청나라는 1842년 아편전쟁을 시작으로 태평천국, 양무운동, 청일전쟁, 변법자강 등 내, 외적으로 끊임없는 크고 작은 혼란기를 보냅니다.

이 중 청일전쟁은 단순히 두 나라의 싸움이 아닌 조선이 개입된 청나라와 일본의 전쟁이었습니다. 청일전쟁의 의의는 학자마다 견해 차이가 다릅니다. 그러나 일반적인 청일 전쟁 의의는 동아시아에서 전통적으로 인식되어 온 중국 중심의 국가질서를 무너뜨린 것, 일본의 아시아 진출 시작, 중국은 물론 아시아 전역에 영국·프랑스·독일·러시아 등 제국주의 열강 국가들의 영토분할경쟁의 촉발 등입니다.

▲ 100년이 지난 한국의 커피 도입 역사

이 전쟁 결과, 조선은 오랜 기간 내려온 청나라의 종주권에서는 벗어났지만 동시에 일본 제국주의의 침략 대상이 되었습니다.

CHAPTER 155

가비를 좋아한 임금—3
커피의 한국 전래

즉석에서 커피를 만들어 주는 바리스타의 한자 표기는 咖啡吧員(가비바원, 카페이바위웬)입니다.

영화 '가비'의 대사 중에 몇 가지 한자 표기어가 등장합니다. 커피의 중국 표기는 가비(咖啡, 카페이, Coffee)입니다. 중국말로는 카페이, 한자의 우리말 발음은 가비입니다.

명성황후 시해사건 후 고종은 러시아 공사관으로 거처를 옮기는데 이를 아관파천(俄館播遷)이라 합니다. 여기서의 아는 한자 아(俄)로 러시아를 뜻합니다. 러시아의 한자 표기는 露西亞(노서아) 또는 俄羅斯(아라사) 중국어 발음은 어로스입니다.

한국에 커피가 전래된 스토리는 여러 가지 설이 있습니다. 고종의 재임기간인 1876년 부산, 1880년 원산에 이어 1883년 인천이 개항합니다. 인천은 서울의 배후도시로 정치적, 군사적으로 중요한 역할을 하는 위치입니다. 1883년 인천항이 개항되고 청나라 조계지가 설치되면서 중국인들이 인천으로 이주, 이민을 와서 정착하여 중국인들의 생활문화와 공간을 형성한 곳이 현재 차이나타운 역사의 시작입니다.

추측으로 화교를 통한 무역거래 중 커피가 한국에 수입되어 전래되었다는, 공인받지는 못하지만 설득력 있는 설이 있습니다. 이를 뒷받침하는 사실적 내용은 1888년 개항도시 인천에 일본에 의해 대불호텔이라는 국내 최초의 호텔이 세워졌습니다. 많은 무역인들이 붐비는 이곳에서 커피가 판매됐을 것이라는 추측도 설득력이 있습니다.

이런저런 여러 가지 설을 종합해 보면 조선에서는 1880~1890년경 무역을 하는 상인이나 외국에 갔다 온 관료들이 커피의 존재를 알았고 또한 일부 가정에서도 마셨을 가능성이 높습니다.

실제 기록으로 남겨진 역사적인 사실은 1895년 출간한 유길준의 『서유견문』입니다. 이 책에는 미국에 유학을 갔던 유길준이 '조선에서는 숭늉을 일상생활에서 마시는데 서양에서는 커피를 일상적으로 마신다'는 내용이 기록되어 있습니다.

▼ TIP

※ 개인의 기호에 따라 커피에 설탕과 프림을 넣어 마시는 분들이 있습니다. 중국말로 설탕은 사당(砂糖, 스탕)입니다. 프림은 반려(伴侶, 반뤼)입니다. 반려는 짝이란 말인데 커피에 프림은 찰떡 짝궁이라서 이렇게 표현하는가 봅니다.

※ 바리스타(Barista)란 즉석에서 커피를 전문적으로 만들어 주는 사람을 말합니다. 이는 이탈리아어로 '바 안에서 만드는 사람'이라는 뜻이기도 합니다. 칵테일을 만드는 바텐더와 구분해서 주로 커피를 만드는 전문가를 지칭합니다.

가비바(咖啡吧)는 커피숍입니다. 다른 표현으로 가비청(咖啡廳 카페이팅)이라고도 합니다.

원(員)은 일하는 사람을 뜻합니다. 커피숍에서 일하는 사람, 왠지 전문직 바리스타를 커피숍에서 평범하게 서비스하는 일반직원처럼 불리는 것이 조금 어색하게 느껴집니다.

CHAPTER 156 가비를 좋아한 임금—4
최초의 야외 커피숍 정관헌

오늘은 커피 이야기 마지막으로 고종이 가끔 찾아 야외에서 커피를 마셨던 정관헌(靜觀軒), 그리고 한국 최초의 다방이라는 수식어를 가진 정동구락부(貞洞俱樂部)를 간략하게 소개합니다.

고종은 1896년 러시아 공사관(아관파천)에 머물 당시, 초대 러시아 공사였던 베베르의 처형인 손탁(Sontag,A)으로부터 커피를 알게 된 조선 사람 중 최초의 커피 애호가 즉, 커피 마니아입니다.

아관파천이란 명성황후가 시해된 을미사변(乙未事變) 이후 일본군의 무자비한 공격에 신변의 위협을 느낀 고종과 왕세자가 1896년 2월 11일부터 약 1년간 조선의 왕궁을 떠나 러시아 공사관으로 거처를 옮겨 거주한 사건을 말합니다.

손탁은 1902년에 호텔(Hotel)을 경영하면서 정동구락부라는 유럽인과 조선 개화파 중심의 사교 모임 장소를 만들었습니다. 달리 표현하면 우리나라 최초의 다방이라 할 수 있습니다. 구락부(俱樂部)는 영어 클럽(Club)의 일본어 표기입니다.

정동구락부는 사교와 친목을 중심으로 비정치적인 성격을 표방하며 설립하였습니다. 그러나 당시 서울 정동은 미국, 러시아, 영국 등의 공사관이 밀집하여 자리 잡고 있던 곳이라 정동구락부는 미국과 러시아 등 외국 세력을 배경으로 한 새로운 정치집단을 형성하는 곳이 되었습니다.

이러한 환경 속에 조선의 지식인들은 정동구락부에서 세계의 정세를 살피고 서양 문물과 자연스럽게 접촉할 수 있었습니다. 또 서구 열강의 외교관들은 이 모임을 통해 치열한 정보수집과 은근한 심리전을 펼쳤습니다. 정동구락부 역시 사교 장소에서 커피를 국내에 가장 먼저 소개하는 등 서구 문물 도입의 창구 역할을 하기도 하였습니다.

1년 동안 러시아 공사관에서 커피를 마시며 애호가가 된 고종은 덕수궁(德壽宮)에 돌아온 뒤로도 커피 맛을 잊지 못해 사방이 개방된 노천 형태인 정관헌에서 커피를 계속 즐겼습니다. 전용 커피숍(?)이라는 표현이 어울릴까요?

정관헌은 1900년 대한제국 시절 고종이 다과를 들거나 연회를 열고 음악을 감상하는 등의 목적으로 사용하기 위해 덕수궁 안에 지은 회랑 건축물입니다. 궁내의 근대 건축물 중 가장 오래된 것으로 로마네스크 양식이며 발코니가 화려하게 꾸며져 있습니다. 앞과 양옆이 개방되어 있고 지붕만 있는 형태라 꼭 노천 레스토랑, 커피숍 같은 분위기를 만들어냅니다. 고종은 이곳에서 휴식과 함께 담소를 나누며 커피를 마셨다고 합니다.

> **TIP**

※ 노서아(露西亞 루시야), 아라사(俄羅斯 어로스)는 우리가 잘 알고 있는 러시아의 중국어 표기입니다. 독일은 독일어로 도이칠란트(Deutschland), 영어는 저머니(Germany)입니다. 중국어로는 덕국(德國 더구어)입니다. 참 복잡합니다. 그런데 한국에서는 한자를 독일(獨逸)이라고 표기하고 있습니다. 이 말은 일본어의 도이쓰(独逸 ドイツ)를 한국식 한자음으로 읽은 것입니다. 프랑스는 한국에서 佛蘭西(불란서)로 한자를 씁니다. 중국어로는 파구어(法國 법국)로 발음합니다.

이래호의 중국이야기 差不多 · 1

초판 1쇄 인쇄   2012년 7월 10일
초판 1쇄 발행   2012년 7월 15일

지은이 ㅣ 이래호
펴낸이 ㅣ 金泰奉
펴낸곳 ㅣ 한솜미디어
등   록 ㅣ 제5-213호

편   집 ㅣ 박창서, 김주영, 김수정, 이혜정
마케팅 ㅣ 김영길, 김명준
홍   보 ㅣ 김태일

주   소 ㅣ (우143-200) 서울시 광진구 구의동 243-22
전   화 ㅣ (02)454-0492(代)
팩   스 ㅣ (02)454-0493
이메일   hansom@hansom.co.kr
홈페이지 www.hansom.co.kr

ISBN 978-89-5959-317-0 (03900)

*책값은 표지에 표시되어 있습니다.
*잘못 만들어진 책은 구입하신 서점에서 친절하게 바꿔드립니다.